판타스틱
한국사
3

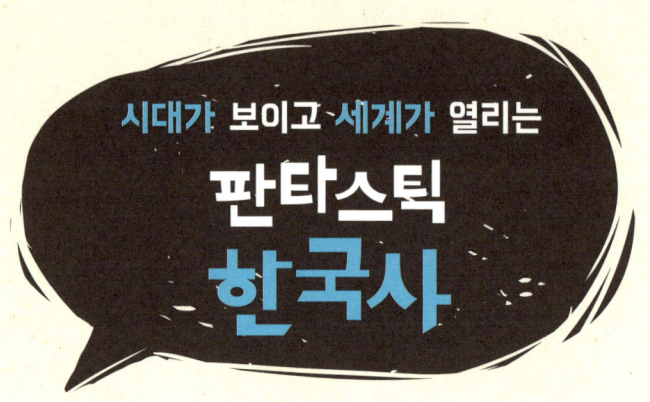

시대가 보이고 세계가 열리는
판타스틱 한국사

조각난 정보 읽기에 지친
우리 아이를 위한 **통 한국사**

각종 별면과 팁, 각주 등 흩어져 있는 역사 정보를 하나의 이야기로 읽는다.

오른쪽 왼쪽에 치우치지 않고
생각의 길을 열어 주는 **균형 잡힌 한국사**

역사적 사실을 사실 그 자체로 전하여 편향된 역사관을 심어 주지 않고 스스로 생각할 수 있는 힘을 길러 준다.

한·중·일을 아우르며 하나로 읽는
세계 속 한국사

우물 안 개구리가 아니라, 동아시아와 세계사 속 한국을 함께 알아보는 〈생생 한중일 역사 토론〉이 진지하게 펼쳐진다.

음악, 영화, 미술, 건축, 문학, 시조 등
역사 읽기의 즐거움이 있는 **융합 한국사**

융합과 통합 교육의 시대에 역사 또한 그 흐름에 따라 분야를 넘나들며
생동감 넘치는 서술로 다각적이고 입체적인 역사 교육을 추구한다.

따로 또 같이 하루에 한 단원씩
읽어 가는 **매일매일 한국사**

방대하고 양이 많은 한국사 어떻게 읽어야 할까?
매일매일 시대별로 일주일씩 30일간 이어지는 한국사 이야기를 따라
옛이야기를 읽듯 차근차근 한 편씩 읽다 보면, 구슬을 꿰듯
하나로 이어지는 한국사와 만나게 된다.

전쟁사, 정치사, 경제사, 생활사,
현장 답사까지 **두루두루 한국사**

전쟁과 정치에 국한된 딱딱한 한국사가 아니라 귀족과 서민들의 생활사,
대중문화, 역사의 현장을 돌아보는 현장 답사 길잡이까지
생생한 한국사와 만난다.

판타스틱 한국사 3

초판 1쇄 발행 2017년 5월 25일 ＼**초판 3쇄 발행** 2023년 4월 10일
지은이 이광희 ＼**감수자** 정태윤 우현주 ＼**그린이** 이경국
펴낸이 이영선
책임편집 김문정
편집 이일규 김선정 김문정 김종훈 이민재 김영아 이현정 차소영 ＼**디자인** 김회량 위수연
독자본부 김일신 정혜영 김연수 김민수 박정래 손미경 김동욱
펴낸곳 파란자전거 ＼**출판등록** 1999년 9월 17일(제406-2005-000048호)
주소 경기도 파주시 광인사길 217(파주출판도시) ＼**전화** (031)955-7470 ＼**팩스** (031)955-7469
홈페이지 www.paja.co.kr ＼**이메일** booksea21@hanmail.net

ⓒ 이광희·파란자전거, 2017
ISBN 979-11-86075-93-7　74910
　　　979-11-86075-90-6 (세트)
이 도서의 국립중앙도서관 출판예정도서목록(CIP)은 서지정보유통지원시스템 홈페이지(http://seoji.nl.go.kr)와
국가자료공동목록시스템(http://www.nl.go.kr/kolisnet)에서 이용하실 수 있습니다.(CIP제어번호: CIP2017009613)

※ 사진을 제공해 주시고 게재를 허락해 주신 분들께 감사드립니다. 일부 저작권자를 찾지 못한 사진에 대해서는
　확인되는 대로 정해진 절차에 따라 사용료를 지불하겠습니다.

파란자전거는 도서출판 서해문집의 어린이 책 브랜드입니다. 페달을 밟아야 똑바로 나아가는 자전거처럼
파란자전거는 어린이와 청소년이 혼자 힘으로도 바르게 설 수 있도록 도와줍니다.

어린이제품안전특별법에 의한 제품 표시
제조자명 파란자전거 ＼**제조년월** 2023년 4월 ＼**제조국** 대한민국 ＼**사용연령** 11세 이상 어린이 제품

시대가 보이고
세계가 열리는

판타스틱 한국사 ③

조선 건국부터 강화도 조약까지

이광희 지음 정태윤 우현주 감수 이경국 그림

파란자전거

감수의 말

나의 삶으로 연결되는 역사를 배우다

    이 책의 감수를 맡은 저는 지금 다섯 살 딸아이를 둔 아빠입니다. 요즘 아이가 '캐리와 장난감 친구들'이라는 영상을 즐겨 봅니다. 그 영상은 '캐리'라는 이름을 가진 어른이 장난감을 가지고 노는 법을 알려 줍니다. 단순히 어떻게 사용하는가를 설명하는 것이 아니라 장난감에 생명을 불어넣어 서로 대화를 합니다. 영상을 다 본 후 아이는 꼭 비슷한 장난감을 가지고 와 놀아 달라고 합니다. 여기에서 새로운 것을 깨달았습니다.
    '아이들은 장난감을 원한 것이 아니라 이야기에 흥미를 갖은 것이구나!'
    아이들은 이야기에 빠져듭니다. 나뭇가지에도 역할을 부여하고 말을 시작하면 아이들은 재미있어합니다. 역사를 배우는 방법도 마찬가지입니다. 딱딱한 역사에 사람이 들어가고 대화를 하기 시작하면 아이들은 흥미를 갖게 됩니다. 이러한 점에서 외계에서 온 토리가 역사 분야 작가인 이 작가에게 한국사 수업을 받는다는 설정의 《판타스틱 한국사》는 아이들이 역사를 재미있게 배울 수 있는 조건을 갖추고 있습니다. 아이들은 마치 주인공 토리가 된 것으로 생각해 책에 푹 빠져들 수 있습니다. 게다가 우주라는 미지의 공간에 대한 호기심은 상상력을 더욱 자극합니다. 토리는 자신의 과거를 숨기려고 하는데, 이 작가에 의해 비밀이 하나씩 드러납니다. 토리가 어떤 외계인인지 알고 싶어서라도 아이들은 책을 놓지 못할 것입니다. 책을 끝까지 읽지 않는 습관을 가진 아이를 둔 부모님은 아이가 끝까지 역사책을 읽는 놀라운 광경을 기대하셔도 좋습니다.

역사를 학습하는 방법은 여러 가지가 있습니다. 연표를 통해 시간의 흐름을 파악하고, 영웅들을 통해 교훈을 얻고, 과거의 삶과 지금을 비교하기도 합니다. 저는 중학교, 고등학교에서 10년간 역사 교사로 생활을 하면서 수업에 대한 고민을 놓지 못했습니다. 초임 때는 교과서 내용을 요약하고 구조화하여 효율적으로 전달하려고 노력했습니다. 이 방법은 시험을 잘 보게 하는 데는 유리하지만 역사를 자신의 삶과 연결시키기는 힘듭니다. 어차피 역사란 과거 사람들이 어떻게 살았는가에 대한 이야기이기 때문에 현재 나의 삶과 관련이 있어야 도움이 됩니다. 지금은 이러한 생각을 수업에 반영하기 위해 학생들에게 질문을 받고 서로 대화하는 시간을 많이 갖습니다.

토리와 이 작가는 단순히 교사 – 학생의 수직적인 형태가 아니라 서로 대화하는 관계입니다. 토리는 단순히 학습자의 역할에서 벗어나 중국, 일본에서 수업을 받고 온 것을 토대로 이 작가에게 도발적인 질문을 던집니다. 외계에서 살아온 것과 지구 사람들이 살아온 것을 비교하고, 지구인의 행동에 의

문을 제기합니다. 이 작가는 토리가 흥미를 느낄 수 있게 대답을 재미있게 풀어냅니다. 장난과 칭찬을 적절히 섞어서 학습자와 친근한 관계를 유지합니다. 게다가 토리는 신비한 능력으로 이 작가를 도와주기도 합니다. 수업할 때와는 역할이 바뀌어 토리가 위험에 빠진 이 작가를 구해 줍니다. 교사와 학생이 구분되지 않는 수업이 가장 이상적인 배움입니다. 이 책을 읽은 아이들은 교사에게 질문하는 것을 망설이지 않고, 나아가 자신의 이야기를 선생님에게 설명하는 것을 두려워하지 않을 것입니다.

이외에도 이 책은 많은 장점을 가지고 있습니다. 교과서에 나오지 않는 재미있는 이야기가 많이 실려 있습니다. 단편적인 사실만을 제시한 교과서와 달리 흥미를 자극하는 역사가 많이 담겨 있습니다. 또한 서로 묻고 답하고 이야기를 주고받으면서 끊임없이 진행되기 때문에 리듬과 호흡이 좋습니다. 아이들이 《판타스틱 한국사》를 통해 역사란 사람 사는 이야기이고, 재미있는 학문이라는 것을 깨닫게 되기를 바랍니다. 첫인상이 좋으면 끝까지 좋은 느낌을 가지고 갈 수 있듯이, '역사'라는 과목에 대해 좋은 인상을 줄 수 있을 것입니다.

정태윤
수원칠보고등학교 역사 교사

추천의 말

다양하고 다각적이며
모두가 하나로 뭉쳐 재미와 신뢰를 더한다!

　우리 역사를 다루는 책에서 외계인이 등장하다니 처음에는 많이 생경했고, 조금은 호기심이 발동했습니다. 자기가 살고 있는 별의 문제를 해결하기 위해 과거의 모습을 하고 있는 지구를 방문해 탐사 중이라는 토리는 중국과 일본을 방문해 역사를 배우고 이제는 한국사를 배우기 위해 이 작가를 찾아옵니다. 어린이 역사책을 15여 년간 써 온 이 작가는 외계인과의 첫 만남에 두려움이 앞섰지만, 결국 자신만의 노하우를 십분 발휘해 외계 소년 토리의 한국사 공부를 돕게 됩니다. 이렇게 《판타스틱 한국사》는 내 마음을 강렬하게 두드렸습니다.

　무엇보다 지구가 토리네 별의 과거 모습이고, 토리네 별이 지구의 미래 모습이라는 상상이 참신합니다. 또한 다양하고 입체적인 설명 방식은 독자로 하여금 역사뿐만 아니라 나, 우리, 사회, 국가, 세계를 전반적으로 아우르며 생각할 수 있게끔 이끌어 나갑니다. 이 지구 절반의 사람, 여성을 제대로 대우해 주지 않던 역사를 반성하면서 고려 시대 여성이 조선 시대보다 훨씬 평등한 삶을 살았다고 알려 주는 이 작가, 지구의 미래에 살고 있는 토리는 남자와 여자가 평등하지 않은 삶을 이해하지 못합니다. 작은 땅덩이에서 시대를 거듭해 오며 개발한 각종 살상 무기를 이용해 그 땅에 터 잡고 살고 있는 사람들의 삶을 송두리째 앗아 가는 전쟁의 역사를 이해하지 못합니다. 급진이니 온건이니, 진보니 보수니 하면서 가치관이나 이해관계가 다르다는 이유로 죽고 죽이는 역사를 토리는 이해하지 못합니다. 과거를 딛고 일어선 지구의 미래는 평등과 평화의 세상입니다!

또한 토리는 우리에게 역사란 무엇인가, 역사는 왜 배우는가를 묻습니다. 지구별에 처음 왔고 한국의 역사가 생소하지만 역사를 진지하고도 재미나게 배워 가는 모습은 마치 한국사를 처음 접하는 우리의 아이들과 별반 다르지 않습니다. 토리와 함께 만나는 수많은 역사 속 인물들. 순간순간 그들이 선택한 길이 옳은지, 나라면 어땠을지 등을 상상하고, 비록 다른 시대를 살고 있지만 역사 속 인물들의 마음속을 들여다보면 그때의 상황과 심경을 가슴으로 이해하게 됩니다. 그 시대를 온전히 이해하고 싶어집니다. 그리고 나는 어떻게 살 것인가를 질문하게 됩니다. 역사 이야기의 마무리는 때론 4구절 시로, 때론 영화로, 때론 역사동화와 접목시키는 센스를 발휘하기도 합니다. 이미 중국과 일본에 다녀온 토리는 해석이 달라서 혼돈되는 문제를 이해하기 위해 한·중·일 3자 대면 동시통역 역사 토론도 진행합니다.

다양하고, 다각적입니다. 그러나 이 모두가 흩어지지 않고 하나로 똘똘 뭉쳐 재미와 신뢰를 더합니다. 역사는 현재와 과거의 대화이면서 서로 다른 세계에 대한 진심 어린 이해이고 성찰임을 알려 줍니다. 토리와 이 작가를 만날 아이들의 모습을 기대하며, 서로를 이해하고 여럿이 함께라면 더 큰 지혜를 나누는 세상을 만들 수 있다는 내공을 길러 주기를 바랍니다.

우현주
경기북과학고등학교 역사 교사, 의정부역사교사모임 회장

차례

감수의 말 • 8
추천의 말 • 11

지구인 출입 금지 다락방 습격 사건 • 16

첫째 날 ---- 새 나라 조선 이야기

첫 번째 이야기	새 나라는 새롭게 • 30
두 번째 이야기	이방원과 왕자의 난 • 42
세 번째 이야기	조선의 성군 세종대왕 • 54
네 번째 이야기	수양대군의 왕위 찬탈 드라마 1막 2장 • 68
다섯 번째 이야기	선비, 화를 입다 • 80
판타스틱 생활사 3분 특강	계획도시 한성과 한성 사람들 • 93

둘째 날 ---- 조선의 위기

첫 번째 이야기	임진왜란, 7년 전쟁이 시작되다 • 106
두 번째 이야기	이순신, 조선 바다를 지켜라! • 120
세 번째 이야기	홍의 장군 곽재우와 의병들 • 136
네 번째 이야기	인조반정, 물러나는 광해군 • 146
다섯 번째 이야기	인조, 삼전도 치욕을 당하다 • 156
판타스틱 생활사 3분 특강	유교의 나라, 공부하는 나라 • 174

셋째 날 ---- 조선의 르네상스

첫 번째 이야기	청나라에 당한 치욕을 씻자, 북벌론! • 186
두 번째 이야기	붕당 정치 시대 탕평책을 펴다 • 196
세 번째 이야기	사도세자는 왜 죽었을까? • 210
네 번째 이야기	정조의 개혁 정치 • 222
다섯 번째 이야기	실학의 시대 실학자 정약용 • 236
판타스틱 생활사 3분 특강	양반의 나라, 농민의 나라 • 254

넷째 날 ---- 조선의 몰락

첫 번째 이야기   홍경래는 왜 봉기했나? • 266
두 번째 이야기   흥선대원군의 개혁 정치 • 276
세 번째 이야기   병인양요와 신미양요 • 286
네 번째 이야기   강화도 조약, 일제 침략의 신호탄 • 304
판타스틱 생활사 3분 특강   《경국대전》으로 보는 조선 사람들 • 318

다섯째 날 ---- 조선 사람 이야기

첫 번째 이야기   아주 특별한 우정 퇴계와 고봉 • 332
두 번째 이야기   조선 최고의 문제적 지식인 허균 • 345
세 번째 이야기   부강한 조선을 꿈꾼 북학파 박제가 • 356
네 번째 이야기   신분의 벽을 넘은 최고 전문가들
                장영실 · 허준 · 홍순언 • 369
다섯 번째 이야기   김정호 조선 땅을 그리다 • 387
판타스틱 생활사 3분 특강   조선 후기의 서민 문화 • 399

여섯째 날 ---- 비행접시 타고 유적 답사

조선 정치 1번지 경복궁 • 414
세계가 인정한 보물 《조선왕조실록》 • 424
다산 학문의 산실 다산 초당 • 432

부록

조선 시대 왕계표 • 440
동아시아의 역사 변천 • 442
연표로 보는 한국사와 세계사 • 444

찾아보기   • 450

다락방 문을 열려다가 문에 붙어 있는 문구를 다시 한 번 읽어 보았다.

'지구인 절대 출입 금지!'

돌아설까? 잠시 고민하던 나는 과감하게 손잡이를 돌렸다.

방 안은 마치 거대한 시시티브이(CCTV) 같았다. 한쪽엔 우주 천체 망원경으로나 관찰할 수 있을 법한 우주의 모습이, 다른 한쪽엔 공상 과학 영화에나 나올 법한 도시가, 나머지 한쪽엔 지구촌 곳곳에 파견된 토리 친구들이 역사 탐구를 하는 모습이 실시간으로 중계되고 있었다.

"아자씨!"

입을 벌린 채 서 있는 나에게 토리가 버럭 소리를 질렀다.

"아자씨, 여기 들어오면 안 된다 그랬지!"

"어, 어, 미안. 거실에 물 마시러 나왔다가 무슨 소리가 들리기에……."

"아자씨가 내 비밀을 알아 버린 이상 가만둘 수 없어. 강의 끝나고 아자씨 데려갈 거야!"

"아유, 너는 무슨 그런 섬찟한 말을 하냐. 한 번만 봐줘라. 아저씨가 강의 열심히 하고 있잖아. 하하하."

우주로 데려간다는 말에 나는 조금 비굴하게 아부를 떨었다.

"각오해. 아자씨 때문에 어떤 일이 벌어져도 난 몰라."

토리가 씩씩거렸다.

"미안해. 근데 뭐 별것도 없는데 난리야. 저건 우주 모니터링하는 거 같고, 저거는…… 너네 별이냐? 우아, 멋진데! 그리고 저건 네 친구들이 역사 탐방하는 모습 같고."

"으이씨, 정말. 빨리 안 나가?"

"나간다, 나가. 근데 어차피 이렇게 된 거 나도 여기서 좀 놀면 안 되겠냐? 저기 우주 화면을 배경으로 컴퓨터 게임이라도 하면 재밌을 거 같은데. 흐흐흐."

멋쩍은 웃음을 흘리며 뒤돌아서 방을 나오려 할 때였다. 어디선가 오줌 마려운 개가 끙끙거리는 듯한 소리가 들렸다. 이 녀석이 개도 키우나? 소리 나는 쪽으로 고개를 돌렸다. 그곳에 몸이 묶인 채 입에 마스크를 쓴 사람이 앉아 있었다! 나는 너무 놀라 토리를 처음 봤을 때처럼 뒤로 나자빠졌다.

"어이쿠!"

턱손이였다. 도대체 저 인간이 여기 왜 있는 거야! 나는 토리와 턱손이의 얼굴을 번갈아 쳐다보았다. 토리는 내 눈을 피해 요리조리 고개를 돌렸고, 턱손이는 나에게 애절한 눈빛을 보냈다.

"오우, 맙소사! 토리, 어떻게 된 거야?"

토리가 우물쭈물 대답을 하지 못했다.

"네가 지금 얼마나 위험한 일을 벌이고 있는 줄 알기나 해? 너 처음에 아저씨한테 뭐랬어. 지구인 해치러 온 게 아니라고 했지? 근데 사람을 납치해 오면 어떻게 해!"

"누가 해친대? 저 인간이 아자씨 끌고 가서 괴롭히기에 화가 나서 살짝 혼내 주려는 것뿐이야. 잘 알지도 못하면서."

토리가 입을 삐죽거렸다.

"내 생각해서 그랬다니 고맙긴 하다만 그래도 이러면 안 되지. 왜 일을 크게 만들어?"

"걱정 마. 강의 끝날 때까지만 여기 가뒀다가 안전하게 돌려보낼 테니까. 먹을 것도 다 준비해 뒀다고. 저기 봐."

토리가 가리킨 곳에 최고급 개 사료 한 포대가 놓여 있었다.

"아유, 진짜. 여태 저걸 드시게 했단 말이야? 당장 갖다 버려. 그리고 너, 어서 말해 봐. 어떻게 된 거야?"

토리는 마지못해 턱손이를 데려온 사연을 털어놓았다.

"지난번 국가걱정원 지하실에서 아자씨 구출해 올 때 저 아저씨도 데려왔어. 혹시 저 인간이 우리를 또 추적할지 몰라서."

"네가 우리와 관련된 데이터 다 날려 버렸다며? 국가걱정원 서버도 다운시키고."

"그야 그랬지. 그래도 혹시 모르니까 수업 끝날 때까지만……."

"안 돼! 어서 빨리 모셔다 드리고 와."

나는 토리의 말을 다 듣지 않은 채 단호하게 말했다. 우리 대화를 듣고 있던 턱손이가 웅얼웅얼 입을 열었다. 은혜 어쩌고 하는 것이 내게 고맙다는 말을 하는 거 같았다.

"은혜는 됐고요, 더 이상 나를 괴롭히지나 마시오. 국가 안보를 위해 불철주야 일하시는 분이 저 같은 사람한테까지 신경 쓰실 시간이 있겠습니까?"

나는 마스크를 벗겨 주며 말했다.

"어서 가세요. 그리고 여기 일은 아예 머릿속에서 지워 버리세요. 보셨다시피 토리와 저는 순수하게, 학문적으로, 우주를 초월한 역사 수업을 하고 있는 것뿐이니까요."

시무룩하게 고개를 숙이고 있던 턱손이가 고개를 들었다.

"그래도 이건 그냥 지나칠 문제가 아닙니다. 국가 안보에 심각한 위협이 될지도 모릅니다. 외계인들이 나쁜 세력과 손잡고 국가 안보를 해칠지도 모르고, 더욱이 역사 수업이라면 대한민국 국정화 교과서로 올바른 역사 교육을 해야 하는데 이 선생은 왠지……."

하, 이 양반이 진짜. 지금 분위기 파악이 저렇게 안 되나.

"여보세요, 국장님. 나라 걱정하시는 마음은 알겠는데요, 저 친구 여기 있다 가도 우리나라 안보에 아무 문제 없거든요. 어서 가셔서 간첩이나 많이 잡으세요."

내 말을 듣고 있던 토리가 불쑥 끼어들었다.

"거 봐. 저 인간 아주 나쁘다니까. 풀어 주면 우리를 또 추적할지도 몰라."
"토리야, 넌 좀 가만있어."
내가 목소리를 높였다.
"같은 지구인이라고 지금 저 인간 편드는 거야?"
토리가 눈을 세모꼴로 치켜떴다.
"편은 무슨 편을 들어. 죄는 미워도 어쩌겠냐. 돌려보내야지. 국장님, 더 이상 우리를 추적하지 마세요. 역사 수업 마치면 토리는 조용히 지구를 떠날 겁니다."
턱손이는 눈을 피한 채 아무 대답도 하지 않았다.
나는 어서 데려다주라고 턱으로 턱손이를 가리켰다. 토리는 아랫입술을 댓 발이나 내밀며 마지못해 고개를 끄덕였다.
내가 턱손이를 일으켜 세워 밖으로 나가려 하자 토리가 "잠깐!" 하고 소리쳤다.
"저 지구인 도저히 못 믿겠어. 잠깐 기다려 봐."
나와 턱손이가 동시에 토리를 쳐다보았다. 토리는 손톱만 한 칩을 하나 가져오더니 그 칩을 턱손이 왼쪽 팔뚝에 댔다. 턱손이가 기겁을 하며 몸을 뒤로 뺐다.
"걱정 마세요. 인체에 해로운 거 아니니까. 이 감지기 칩으로 말할 것 같으면 앞으로 백만 시간 동안 당신의 위치, 당신이 말하는 거, 당신이 보는 거 다 기록해서 나한테 전달하는 장치예요. 만약 당신이 돌아가서 우리를 추적하려는 어떤 움직임을 보인다든가, 내 이름과 우리 아자씨 이름을 입으로 말하거나 글씨로 쓰면 내가 삼 분 안에 날아가 당신을 가만두지 않겠어요. 당신을 목성에 발을 디뎠다가 순국한 최초의 지구인으로 만들어 줄 거라고요!"

토리의 말에 턱손이 표정이 일그러졌다.

"토리야, 고맙다. 이젠 확실히 안심이 된다. 근데 국장님이 돌아가서 이 칩을 제거하면 어떡하냐?"

내 말에 토리가 검지를 좌우로 흔들었다.

"돈 워리. 만약 팔뚝 안에 칩을 제거하려고 손을 대면 내가 원격 조정으로 폭파시킬 거걸랑. 보여 줘?"

토리가 둥근 돔처럼 생긴 천장을 열고 감마건으로 감지기 칩을 발사했다. 칩은 정확히 60도 상공으로 날아갔다. 칩이 보일락 말락 할 무렵 토리가 손가락을 까딱하자 펑 하는 소리와 함께 폭발했다. 턱손이는 덜덜덜 소리가 날 정도로 턱을 떨었다. 그런 턱손이를 보며 토리가 말했다.

"너무 걱정하지 마세요. 내가 하지 말란 거만 안 하면 아무 일 없을 테니까. 그리고 내가 어디서든 리모트 컨트롤 시스템으로 칩을 폭파시킬 수 있다는 사실만은 꼭 알아 두세요."

토리의 말에 턱손이는 에드바르드 뭉크의 〈절규〉보다 더 공포에 질린 표정을 지었다.

토리가 턱손이를 데리고 밖으로 나갔다. 그리고 구 분 만에 큰 바위 하우

스로 돌아왔다.

돌아온 토리에게 내가 물었다.

"괜찮을까?"

"뭐가?"

"턱손이 말이야. 가만있겠냐고."

"가만있지 않으면 자기 몸이 위험해지는데 뭘 어쩌겠어."

"그 칩, 수명이 백만 시간이라며. 그때까지 감시를 당하며 사는 건 좀 심하지 않나?"

"아자씨, 지금 무슨 소리 하는 거야? 하마터면 아자씨가 그 지구인한테 당할 뻔했는데. 나는 지구 역사 탐구 프로젝트 망칠 뻔했고."

할 말이 없었다. 어쩌다 일이 이렇게 돼 버렸는지. 내가 방으로 돌아가려 하자 토리가 나를 붙들었다.

"근데 아자씨, 궁금한 게 하나 있는데 턱손이가 우리 역사 수업에 왜 자꾸 출연하는 거지? 이건 뭐 한 줄짜리 대사밖에 없던 단역 배우가 대사 한번 찰지게 쳐 가지고 다음 회에 비중 있는 역할로 계속 출연하는 거 같잖아."

"하, 고 녀석 참. 그러게, 턱손이는 왜 자꾸 나오는 걸까?"

"그걸 나한테 물어보면 어떡해. 암튼 다시는 우리 앞에 나타나지 않게 조치해 놨으니까 염려 붙들어 매. 헤헤."

"난 너의 지나친 확신이 왠지 불안하구나."

"불안하긴 뭐가!"

토리가 내 등을 떠밀었다.

나는 방으로 돌아와 침대에 누워 생각했다. 여기는 어디고 턱손이는 또 뭘까. 내가 지금 꿈을 꾸고 있는 건 아닐까. 그렇다면 이 꿈에서 언제 깨어날까. 꿈이 아니라면?

이런저런 공상 때문에 잠이 오지 않았다. 나는 토리가 가르쳐 준 대로 눈을 감고 두 손으로 귀를 꼭 틀어막았다.

언젠가 토리가 이런 말을 했다.

"태양계에서 보면 지구는 조그만 우주선 같아. 탑승객 70억 명을 태우고 총알보다 빠른 속도로 태양 주위를 돌고 있는 우주선 말이야. 지구가 우주를 날고 있다는 걸 느끼고 싶으면 눈을 감고 두 손으로 귀를 틀어막아 봐. 그러면 태양 둘레를 돌고 있는 지구의 엔진 소리가 들릴 거야."

귀에서 우웅, 하고 우주선 엔진 소리가 들렸다. 멀리 태양이 보였다. 그 태양 주위를 푸른 구슬 모양의 우주선이 부드럽게 돌고 있었다.

첫째 날

새 나라 조선 이야기

첫 번째 이야기	새 나라는 새롭게
두 번째 이야기	이방원과 왕자의 난
세 번째 이야기	조선의 성군 세종대왕
네 번째 이야기	수양대군의 왕위 찬탈 드라마 1막 2장
다섯 번째 이야기	선비, 화를 입다
판타스틱 생활사 3분 특강	계획도시 한성과 한성 사람들

한눈에 보는 한국·중국·일본

1368	1392	1393	1394	1421	1467
중 명 건국(~1644)	한 조선 건국	한 국호 '조선'이라 칭함	한 한양 천도, 한성이라 부름	중 베이징 천도	일 다이묘 대두, 전국 시대(~1568)
1573	1583	1592	1597	1603	1616
일 오다 노부나가 전국 시대 통일 (~1582)	일 도요토미 히데요시 등극	한 임진왜란 발발 (~1596)	한 정유재란 발발 (~1598)	일 에도 막부 (~1867)	중 후금 건국 (~1912)
1627	1636	1644			
중 후금, 조선 공격 (정묘호란)	중 후금, 국호 청으로 바꿈 한 병자호란 발발	중 청, 명 지배함			

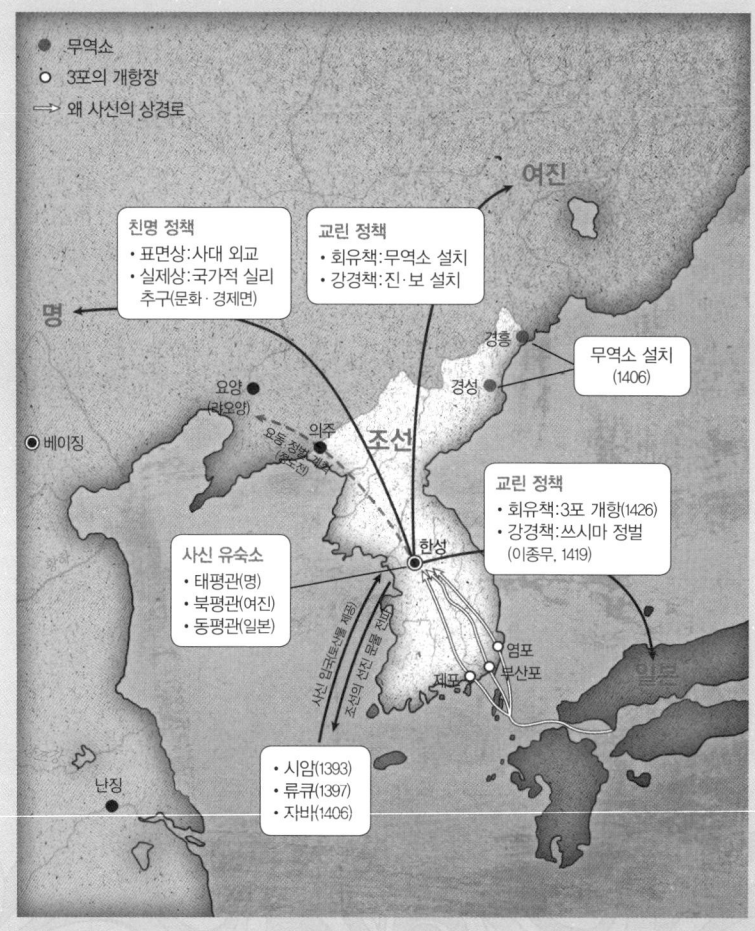

• 조선의 대외 정책

첫 번째 이야기
새 나라는 새롭게

눈을 떴다. 시원한 공기를 마시고 싶어 밖으로 나갔다. 아침 햇살이 파도에 반사돼 반짝거렸다. 섬을 한 바퀴 돌고 나니 머리가 맑아졌다. 큰 바위 하우스로 들어오자 토리가 나를 반겼다.

"아자씨, 밤새 안녕하셨수?"

"그래, 밤새 안녕이다. 턱손이 문제도 잘 해결됐고, 날씨도 화창하고, 오늘부터 즐거운 마음으로 조선 시대 강의를 시작해 볼까?"

나는 칠판 앞으로 갔다. 그러고는 칠판에 조선(朝鮮) 두 글자를 썼다.

"이번 주는 고요한 아침의 나라 조선에 대해 이야기를 할 거다. 유교를 숭상하고 글 읽는 선비를 존중하며 충과 효를 최고 덕목으로 삼던 나라, 조선은 그런 나라였다."

나는 칠판에 동아시아 지도를 크게 그린 다음 이야기를 이어 갔다.

"잘 봐라. 14세기 말 조선 건국 당시 동아시아 지도다. 당시 중국 대륙에는 명나라가, 압록강과 두만강 건너 만주 땅엔 여진족이, 남쪽 섬에는 일본이 버티고 있었다. 조선을 강의하는 내내 이 세 나라가 등장할 테니까 이름을 잘 기억해 둬. 오늘은 건국 이후(1392년)부터 임진왜란(1592년)이 일어나기 전까지 조선이 어떻게 나라의 기틀을 다지고 발전해 왔는지 이야기할 거다."

내가 자리에 와서 앉자 토리가 두 팔로 턱을 괴고 나를 보았다. 어서 시작하라는 신호.

"알았다. 오늘 첫 시간은 조선이 어떤 나라였는지 이야기할 거다. 고려 500년이 지나고 새 나라가 들어섰으니 그 나라가 어떤 나라였는지 대략 머릿속에 넣어 둬야 일주일 동안 강의 듣는데 도움이 되겠지?"

"그러니까 조선 시대에 대한 오리엔테이션이네?"

"역시 토리구나. 오리엔테이션이 사전 교육이란 말이니까 아주 적절한 표현이다. 가령 조선 시대를 여행한다고 해 봐. 그럼 그곳을 여행하기 전에 조선이 어디에 있는지, 언제 세워졌는지, 누가 사는지, 그 사람들은 무슨 생각을 하며 살았는지 그런 정보를 알면 여행하는 데 큰 도움이 된다는 거지."

고개를 끄덕이던 토리는 "어?" 하며 나를 쳐다보았다.

"전에 아저씨가 그러지 않았나? 미리 알면 재미없다고?"

"그랬지. 하지만 너무 모르면 이해하는 데 어려움이 따라. 그러니까 조선 시대를 이해하는 데 꼭 필요하면서도 호기심을 자극할 정도의 내용을 이 아저씨가 알려 주겠다는 말씀. 알겠냐?"

고개를 끄덕이는 토리를 보며 말을 이었다.

"조선이 어떤 나라였느냐, 한마디로 한성 중심, 유교의 나라, 양반의 나라였다고 할 수 있단다."

"한성 중심, 유교의 나라, 양반의 나라?"

"맞아. 이번 주 내내 그 이야기를 듣게 될 거다. 봐봐. 고려의 중심은 개경이었고, 지배층은 불교를 기반으로 한 권문세족이었잖아. 그런데 조선은 한성이 중심이고 유교를 기반으로 하는 양반이 지배층이었어. 이럴 게 아니라 우리 재미있는 OX 문제를 풀면서 조선 이야기를 시작해 보자. 토리가 조선을 얼마나 알고 있는지 확인도 할 겸. 오케이?"

"켈켈켈. 퀴즈라면 우주 최강 퀴즈왕 토리지. 내 신조가 뭔지 알지?"

"모르지."

"정답은 언제나 하나! 모든 퀴즈는 토리로 통한다!"

"하이고, 흰소리는. 얼마나 잘 아는지는 뚜껑 열어 보면 알겠지. 그럼 시작한다. 1번 문제. 이성계는 고려를 무너뜨리고 나라를 세울 때 곧바로 나라 이름을 조선이라 바꾸고 수도를 한양으로 옮겨 한성이라 부른다?"

"오!"

토리가 지체 없이 말했다.

"엑스야. 다음 문제."

"잠깐! 왜 엑스야?"

"몇 문제 더 풀고 알려 줄게. 2번 문제. 조선의 통치 이념이자 백성들의 생활 규범인 유교는 조선 시대 때 처음 전해졌다?"

"정답, 오!"

이번에도 토리는 듣자마자 손을 들며 말했다.

"엑스야. 다음 3번 문제. 조선은 고려와 같이 문과, 잡과, 승과 등의 과거 시험을 치렀다?"

토리는 턱을 괴고 한참을 생각하더니 대답했다.

"엑스."

"땡! 오야. 모든 퀴즈는 토리로 통한다 어쩐다 부산 떨더니, 한 문제도 못 맞혀?"

"아, 오늘 되게 안 맞네. 내가 이런 외계 고등 지능 생명체가 아닌데."

"너무 자학하지 마. 한두 문제 더 있으니까. 4번 문제 나간다. 조선 시대 신분은 양반과 상민으로 나눈다?"

"이번엔 진짜 정답. 오!"

"엑스다. 어쩌냐, 네 문제 모두 틀렸네. 안타깝구나. 하지만 뭐 네가 그런 걸 다 알면 나랑 한국사 수업할 필요가 없겠지. 그럼 지금부터 문제 풀이 들어갑니다."

풀이를 시작하려는데 토리가 "한 번만 더!" 하며 손을 들었다.

"그래? 알았어. 마지막 5번 문제. 조선은 500년 동안 두 번의 큰 전쟁을 치렀다?"

문제가 끝나자마자 토리는 오른손을 번쩍 들며 외쳤다.

"오!"

"정답!"

나는 박수를 치며 말했다.

"어떻게 알았지?"

"어떻게 알긴, 내가 중국과 일본 역사 탐구를 끝내고 온 몸이잖아. 그때 알았어. 일본과 중국이 조선과 큰 전쟁을 치렀다고. 역시 역사는 말이야, 뭐랄까, 서로 비교해 가면서 공부하는 게 좋은 거 같아."

"한 문제 맞혔다고 아주 기가 살았구나. 어쨌든 잘했다. 조선은 임진왜란과 병자호란이라는 큰 전쟁을 치렀어. 자, 그럼 본격적으로 문제 풀이와 함께하는 조선 시대 오리엔테이션을 시작하겠습니다."

1번 문제가 뭐였더라, 그렇지. 이성계가 고려를 무너뜨리고 나라 세울 때 곧바로 나라 이름을 조선으로 바꾸고 한양으로 수도를 옮겼냐는 문제였지? 그러지는 않았어.

1392년 7월, 왕이 된 이성계는 다음과 같은 교지를 내렸어. 교지는 왕이 내리는 명령이야.

"나라 이름은 그대로 고려라 하고, 법과 제도는 고려 것을 따른다."

새 나라를 세우고 나서도 나라 이름을 바꾸지 않았는데, 거기엔 그럴 만한 이유가 있었어. 고려가 500년 가까운 역사를 이어 온 나라잖아. 그러니 그런 나라를 무너뜨리고 새 나라를 세운 이성계에 대한 반발이 왜 없었겠니. 정몽주는 그러다가 이방원 부하의 손에 죽었잖아. 그래서 이성계는 반발하는 세력을 무마하고 초기 혼란을 없애기 위해 일단은 나라 이름을 그대로 고려라고 했어. 그럼 언제 조선으로 바꾸었을까?

새 나라를 건국한 다음 해, '조선'과 '화령'이라는 두 이름을 가지고 명나라에 가서 둘 중 하나를 점찍어 달라고 한 뒤 명나라가 조선으로 하는 게 좋겠다고 하자 조선으로 국호를 정했어.

한양으로 수도를 옮긴 것도 개국한 지 2년이 지난 뒤였어. 수도를 옮기는 문제는 국호를 바꾸는 것보다 더 신중하게 이루어졌어. 지금의 충북 계룡산 아래, 서울의 연희동 일대인 무악, 그리고 지금의 서울 자리인 한양 등 새 수도 후보지 몇 군데를 물색하게 한 뒤 나라의 점을 치는 관리와 신하들의 의견을 들어 최종적으로 한양으로 결정했지. 그리고 한성이라고 이름 붙였어.

나라 이름을 바꾸고 수도를 옮기는 일은 새 왕조가 당연히 할 수 있는 일이야. 그런데 이성계가 수도를 옮기려고 했던 데는 그럴 만한 사연이 있어. 이성계가 개경에서 반대파를 제거하고 왕이 됐잖아. 그 과정에서 많은 피를 봤고. 그래서 개경이 싫었던 거지. 그리고 새 나라를 세웠으니 새로운 지배 세력을 만들어야 하는데 개경에 있는 중심 세력 중에는 이성계에게 호의적이지 않은 사람이 많았어. 그래서 수도를 옮겨 새로운 지배 세력을 만들려는 의도가 있었어. 한마디로 새 술은 새 부대에! 새 나라 조선호가 한성에서 어떻게 역사 항해를 하는지는 다음 시간부터 재미있게 알아보도록 하자.

다음 2번 문제. 조선의 새로운 통치 이념인 유교는 조선 시대에 처음 전해졌을까? 아니야. 유교가 처음 전해진 건 삼국 시대 때야. 그때 이미 불교와 함께 유교가 들어왔지. 유교가 뭐냐 하면 공자님 맹자님 말씀이야. 나라에 충성하고 부모에 효도해라, 웃어른을 공경해라, 조상 제사 잘 모셔라, 이런 거.

그럼 왜 조선에서 유교가 중요하고, 조선을 유교의 나라라고 하느냐. 조선이 시작되면서 국가 통치 이념이나 제도, 백성들 생활 양식을 유교식으로 싹 바꿨거든. 조선의 유교를 좀 더 자세히 말하면 성리학적 유교라 할 수 있어.

고려 시대 때도 말했지만, 고려 말 원나라에서 유학의 한 종류인 성리학이 전해지는데 성리학을 수용한 신흥 사대부 세력이 불교를 기반으로 하는 권문세족을 비판하면서 새로운 나라를 세우자고 주장하지. 그렇게 해서 새 나라 조선은 성리학적 유교가 바탕이 된 나라로 탄생했어. 이런 이유로 조선에선 불교가 몰락하고 유교가 새로운 종교이자 학문, 통치 이념이자 생활 양식으로 자리 잡게 돼. 오늘날 우리나라가 충효 사상을 강조하고, 의와 예절을 숭상하는 기운이 강한 건 조선 시대부터 강조

되어 온 유교 사상 때문이야.

3번 문제. 과거 제도 이야기야. 과거는 조선에서 아주아주 중요해. 조선이 양반의 나라라고 했잖아. 양반의 꿈은 관리가 되어 출세하는 것인데, 출세할 수 있는 유일한 길이 과거에 합격하는 것이었어. 앞으로 조선 강의를 하면서 이 과거 이야기가 무수히 나올 거야. 누가 과거에 언제 합격해서 어떤 벼슬을 얻었는지, 누가 가장 많이 과거에 합격했는지 등등.

과거는 고려 광종 때 귀화한 중국인 쌍기의 건의로 시작됐다는 거 기억하니? 고려 때는 문관 관리를 뽑는 문과, 승려 시험인 승과, 기술직을 뽑는 잡과가 있었어. 그런데 조선에 오면서 한 종류가 더 생겨. 무인 관리를 뽑는 무과야. 무과가 있느냐 없느냐가 고려와 조선 과거 제도의 차이점이지.

조선 시대에는 양인이면 누구나 과거를 볼 수 있었어. 가령, 토리 네가 농민이라고 해 봐. 그럼 너도 과거를 볼 수 있어. 꼭 양반만 과거를 볼 수 있는 건 아니었지. 하지만 농민이 과거 시험을 봐서 합격하는 건 쉽지 않았어. 왜 그럴까?

조선 시대 과거 시험 과목이 유교 경전 해석하고 국가 정책에 관해 논술하고 시를 짓는 거야. 시험에 합격하려면 어려서부터 유교 경전인 사서삼경 달달 외워야 하고, 한문으로 시를 짓는 연습을 해야 하거든. 그런데 생각해 봐라. 해 뜨기 무섭게 논밭에 나가 일해야 하는 농민이 언제 그 어려운 공부를 하겠니. 그러니 농민에게 과거는 그림의 떡일 뿐이지.

그러므로 과거는 농사 안 짓고 글만 외던 양반들, 그들만의 경쟁이었던 거야. 한 가지 더 짚고 넘어가야 할 게 있어. 양반이라도 첩이나 종에게서 난 서자나 얼자는 과거에 응시할 수 없었어. 그래서 서얼들은 능력이 뛰어나더라도 과거를 통해 관직에 나가는 길이 막혀 있었어. 그래서 조선 시대 내내 서얼 차별이 큰 사회 문제였지.

조선을 이해하는 4번 문제. 조선 시대 신분 이야기. 조선 초기 신분 제도는 양반과 상민으로 나뉘는 게 아니라 양천제야. 양인과 천인으로 나누는 거지. 양인에는 문관과 무관의 양반, 농민 등이 포함돼. 그러다가 시간이 흐르면서 양반, 중인, 상민, 천민으로 나뉘어.

조선에서는 태어날 때부터 신분이 정해졌어. 한번 양반은 영원한 양반이야. 의술과 통역, 법률에 관한 일을 하는 중인 가정에서 태어나면 계속 중인, 노비에게서 태어나면 노비. 그런데 한 가지 특이한 건 조선 시대는 노비가 국가와 양반들의 중요한 재산이었기 때문에 노비를 늘리기 위해 여자 노비를 상민 신분의 남자와 결혼시키는 일이 많았어. 왜냐고? 그 둘 사이에서 태어난 아이를 노비로 삼을 수 있었으니까. 조선 초기에는 인구의 3분의 1이 노비였을 만큼 노비가 많았고, 나중엔 인구의 절반이 노비인 적도 있었어. 그러고 보면 조선을 양반의 나라라고 하지만 노비의 나라라고 해도 틀린 말이 아닌 것 같다.

하지만 조선은 농민의 나라이기도 했어. 조선은 농업을 무척 중시해서 농자천하지대본(農者天下之大本)이라는 말을 하곤 했지. 농업이 천하의 근본이라는 말인데, 농업이 중요한 산업이고 농민들이 낸 세금으로 나라가 운영되었기 때문에 농업과 농민을 중시했어. 그러고 보니 조선은 양반의 나라이기도 하고 노비의 나라이기도 하고 농민의 나라이기도 했구나.

마지막 5번 문제는 전쟁이야. 조선은 5백여 년 동안 임진왜란과 병자호란 등 두 번의 큰 전쟁을 치렀어. 임진왜란은 선조 때 일본의 침략으로 시작된 전쟁이고 병자호란은 인조 때 청나라가 쳐들어와 치른 전쟁이야. 두 전쟁을 이해하는 건 조선을 이해하는 데 필수 요소야. 왜냐하면 전쟁 이전과 이후 조선 사회가 크게 달라졌거든. 그래서 내일은 하루 종일 두 전쟁 이야기만 할 예정이야. 이것으로 조선을 재미있게 이해하기 위한 오리엔테이션을 모두 마칠게.

이야기를 마치자 토리가 우아, 하며 감탄했다.

"뭘 그렇게 놀라냐?"

"오리엔테이션 강의를 들으니까 어서 빨리 조선 시대 본론 강의를 듣고 싶어. 아저씨가 말한 대로 조선을 이해하는 데 꼭 필요한 사전 지식과 호기심을 동시에 얻은 느낌이랄까?"

"뭘 또 그렇게까지 칭찬을."

"농담 아니야. 우리 별에 마트가 있거덩. 내가 거기 가면 시식 코너를 꼭 들르는데, 시식 코너에서 맛있게 음식을 맛본 느낌이야. 그래서 호기심에 그 음식을 사게 되는 것 같은. 아저씨, 정말 대단해. 조선을 적당히 이해시키면서 호기심까지 자극하는 기술! 캬, 내가 겪어 본 지구인 중 최고야 최고!"

엄지를 치켜들며 감탄을 연발하는 토리를 더 보고 있기 민망했다.

"오버하지 마. 누가 들으면 500원 주고 시킨 줄 알겠다. 어쨌든 조선은 유교의 나라였고, 양반의 나라였고, 노비가 생각보다 많은 나라였으며, 과거 제도가 무척 중요한 관리 등용문이었고, 백성을 위하는 사회였으며, 특히 농업을 중시한 사회였다는 이야기까지 하면서 조선 시대 오리엔테이션을 마칠까 한다."

내 말에 토리가 박수를 쳤다.

"그럼 첫 강의 시작하시죠, 이 작가님."

"좋아. 첫 시간에는 조선을 디자인한 정도전과 강력한 왕권을 가지려 했던 태종 이방원의 대결 이야기를 하도록 할게."

한눈에 보는 **한국·중국·일본**

1338	1388	1392	1393	1398	1400
일 무로마치 막부 (~1573)	한 위화도 회군	한 이방원, 정몽주 피살, 이성계 태조 즉위(~1398)	한 국호 '조선'이라 칭함	한 제1차 왕자의 난 (방원의 난)	한 제2차 왕자의 난 (방간의 난), 태종 즉위(~1418)

1413	1416	1421	1422
한 호패법 실시, 전국 8도로 재편	한 쓰시마 정벌	중 명, 베이징 천도	일 조선으로부터 대장경 입수

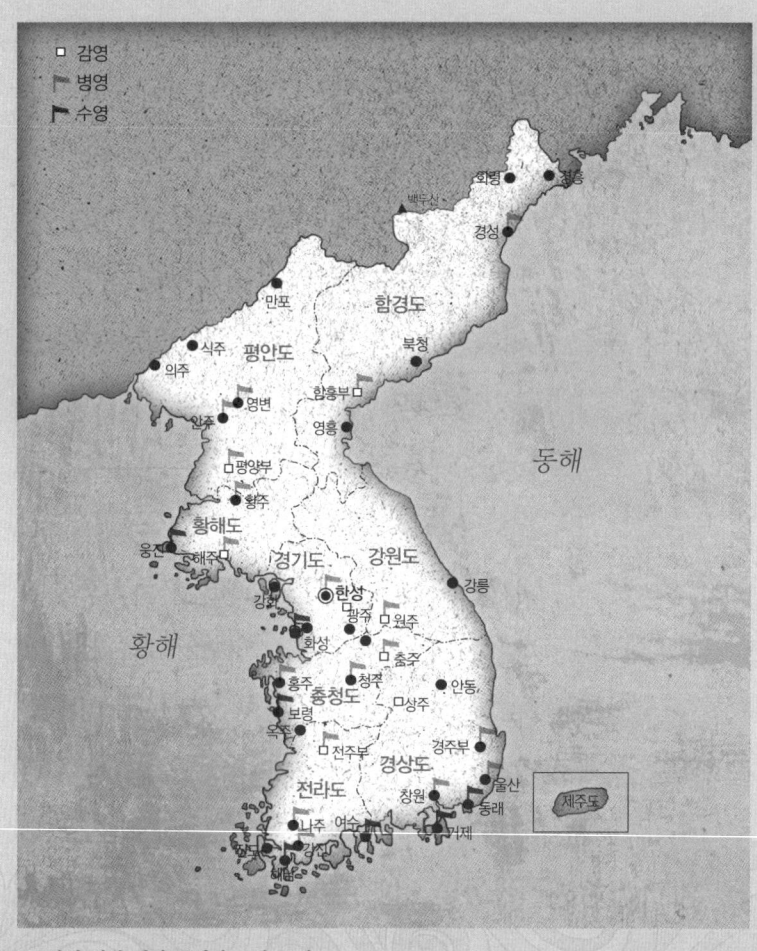

• 조선의 지방 행정 구역과 군사 조직

두 번째 이야기

이방원과 왕자의 난

"자, 그럼 본격적인 조선 시대 이야기를 해 보자."

강의를 시작하려는데 토리가 손을 들었다.

"조선을 디자인한 정도전이란 말이 무슨 뜻이야?"

"조선의 설계자란 뜻이지."

"정도전이? 조선을 세운 사람은 이성계잖아?"

토리가 고개를 갸웃했다.

"그렇지. 조선 건국자는 당연히 이성계지. 그런데 조선을 어떤 나라로 만들 것인가 가장 깊게 고민한 사람은 정도전이라고 할 수 있어. 정도전은 《조선경국전》이라는 책을 지어 조선의 행정 제도와 법을 만드는 기틀을 마련했어. 이를 바탕으로 훗날 조선의 법과 제도를 총망라한《경국대전》이 만들어지지. 그는 또 《불씨잡변》이란 책도 썼는데 이 책에서 고려 말 불교의 폐단을 강력하게 비판하며, 유교를 숭상하고 불교를 억압하자는 숭유억불 정책을 세웠어.

그뿐 아니야. 정도전은 수도를 개경에서 한성으로 옮겼을 때 한성과 궁궐 건축의 총책임자가 되어서 신도시 건설을 완성했어. 그 이야기는 오늘 마지막 시간에 자세하게 해 줄게. 이처럼 새 나라 조선의 기틀을 마련했기 때문에 정도전을 중국의 정치가인 장량에 비유하곤 해. 장량도 유방을 도와 한 나라를 건국하는 데 큰 공을 세웠거든."

그제야 토리가 고개를 끄덕였다. 내가 말을 이었다.

"정도전은 조선을 재상이 중심이 돼서 이끌어 가는 나라로 만들고 싶어 했어. 왕이란 게 잘날 수도 있고 못날 수도 있잖아. 그런데 못난 사람이 왕이 되면 문제가 생길 수 있으니 왕은 그저 왕으로 품위 지키며 있고 자기처럼 똑똑한 사람이 재상이 돼서 나라를 이끌어야 나라가 잘 유지될 수 있다고 생각했어. 반면 이성계의 똑똑한 아들 이방원은 왕이 강력한 왕권을 가지고 나라를 통치해야 한다고 생각했어. 서로 반대되는 생각을 가진 두 사람이 맞붙은 이야기가 이번 시간의 주제야."

"그렇구나. 정도전과 이방원의 대결 이야기 빨리 해 줘."

"알았다. 지난주 고려 때 이자겸의 난이니 묘청의 난이니 무신의 난이니 해서 난이 일어날 때마다 지배층이 바뀌고 사회 성격이 달라지고 했던 거 기억하지? 조선도 건국 후 이런저런 난을 겪었는데 조선 초기에는 주로 왕

• 삼봉 정도전의 동상과 조선의 행정 제도와 법을 만드는 데 기틀을 마련해 준 《조선경국전》(왼쪽)과 《불씨잡변》, 《경제문감》 등의 글들을 모아 엮은 《삼봉집》 가운데 제1권이다. ⓒ 국립중앙박물관 소장. ⓒ Steve46814

자들이 난을 일으켰어. 그래서 이름도 왕자의 난이야. 왕자의 난은 이성계의 아들 이방원이 정치 라이벌을 제거하고 형제들을 죽인 난린데, 이게 단순히 난리 한번 부린 사건은 아니야. 조선의 정치를 뒤흔들고 우리 역사의 흐름을 바꿀 정도로 대단한 사건이었거든."

"왕자의 난이라고? 일단 이름에서 뭔가 중요한 사건이 펼쳐질 것 같은 느낌이 드는데. 어제 턱손이의 난 때문인지 흐름이 좀 끊긴 거 같아."

토리가 머리를 긁적였다.

"하긴 나도 정신이 하나도 없다. 그럼 흐름을 이어 주는 의미에서 고려에서 조선으로 넘어온 이야기 짧게 하고 갈까? 토리 너 혹시 야구 아냐? 투수가 공을 던지면 타자가 방망이로 때리는 게임이 있는데, 그 야구에 빗대서 설명해 줄게. 때는 고려 말, 야구로 치면 9회 말이라고 해 두자. 고려 마운드에 최영이 올라왔고, 타석에는 이성계가 공을 때릴 준비를 하고 있었지. 이성계는 최영이 던진 공을 받아쳐 위화도 회군 안타를 만들었어. 그 때문에 최영은 마운드에서 내려왔지. 다음 투수로 나온 정몽주는 강력한 피칭으로 이성계 팀의 타자들을 삼진 아웃 시켰어. 이때 우리의 다크호스, 이 말은 기대주란 뜻이야. 어쨌든 우리의 다크호스 이방원이 대타로 나섰단다. 타석에 들어선 이방원은 방망이가 남달랐어. 나무 방망이가 아닌 철퇴. 이방원은 철퇴를 휘둘러 정몽주를 쓰러뜨렸어. 그 덕에 이성계는 홈을 밟았고, 그것이 바로 조선 건국으로 이어졌다는 말씀."

"역시, 아자씬 갖다 붙이는 데는 선수야. 문학, 영화, 축구도 모자라 이젠 야구까지, 정말 끝내준다. 판타스틱!"

토리가 박수 치는 시늉을 했다.

"뭐 이 정도 가지고 쑥스럽게. 고려에서 조선으로 넘어온 이야기를 했으니 이제 조선을 뒤흔든 왕자의 난 1막 1장을 시작할게. 왕자의 난은 왜 일어났고, 그것이 우리 역사의 물줄기를 어떻게 바꿔 놨는지."

나는 왕자의 난 이야기를 시작했다.

조선을 건국한 이성계가 가장 먼저 한 일이 두 가지였어. 하나는 중국 명나라에 건국 사실을 알려 왕조의 정통성을 인정받는 일이었고, 다른 하나는 세자를 정해 왕실의 안정을 꾀하는 일이었지.

세자는 보통 맏아들로 정하는 게 관례였어. 그런데 이성계는 놀랍게도 장자가 아닌 막내아들, 그것도 첫째 부인이 아닌 둘째 부인이 낳은 열한 살짜리 방석을 세자로 삼았어. 그러자 가장 화가 난 건 이방원이었어. 이방원이 누구냐? 이성계의 다섯째 아들로, 고려를 무너뜨리고 조선을 세우는 데 누구보다 큰 공을 세운 인물이잖아. 이방원은 내심 자기가 세자가 되리라는 기대를 품고 있었고, 많은 신하들도 그렇게 예상했어. 그런데 배다른 막냇동생 방석이 세자라니. 방원은 기가 막혔지.

과거에 급제할 만큼 머리가 좋고 정몽주를 죽일 만큼 결단력 있는 방원. 하지만 방원은 아버지가 두 눈 시퍼렇게 뜨고 살아 있는 상황이어서 조용히 때를 기다려야 했지. 설상가상으로 상황은 방원에게 점점 불리하게 돌아갔어. 방원을 가장 위태롭게 만든 건 정도전이었어.

정도전은 이성계와는 혁명 동지이자 조선 건국의 일등 공신이야. 방석을 가르친 스승이기도 해서 방석이 세자로 책봉되는 데 역할을 했을 거라고 알려져 있지. 아까 앞에서 정도전의 꿈이 뭐라고 했냐. 바로 왕보다는 재상이 중심이 되어 나라를 이끌어 가는 것이라고 했지? 그러려면 똑똑하고 야심 많은 이방원보단 어린 방석이 세자로 적당하다고 판단한 것 같아. 두 사람 사이의 갈등은 건국 후 6년이 지난 1398년에 터져 나왔어.

당시 정도전은 요동 정벌을 계획하고 있었어. 명나라가 자꾸 조선 내정을 간섭하려 들고 자기를 와라 가라 하며 위협하자 명나라와의 전쟁을 각오하고 요동 정벌을 준비한 거야. 요동 알지? 그 옛날 중국이 고구려를 침략할 때 고구려의 최전방이었던 지역. 고려 말에는 이성계가 위화도 회군을 할 때도 바로 명나라 땅 요동을 정벌하기 위해 갔던 거야. 그곳이 명나라와 조선이 국경을 맞댄 곳이었거든.

요동 정벌을 준비하던 와중에 정도전은 왕자들과 신하들이 개인적으로 소유하고 있는 사병을 없애서 나라의 병사들로 편입시키는 조치를 취했어. 그 바람에 이방원도 개인 소유의 무기와 부하 사병들을 거의 다 빼앗겼는데, 정도전은 이참에 이방원을 제거할 생각을 가지고 있었어.

정도전의 계획은 이랬어. 왕이 아프다는 핑계를 대고 왕자들을 궁궐로 불러들인 다음 이방원을 제거하자! 이런 계획에 따라 정도전이 왕명을 이용해 왕자들을 궁궐로 불러들였어. 이방원은 다른 왕자와 함께 궁궐로 들어갔지. 그런데 궁궐 안 분위기가 어째 수상해. 불이 다 꺼져 있고 뭔가 음산한 기운이 느껴졌어. 그래도 이방원이 형들과 행랑에서 다음 왕명을 기다리고 있는데 이방원 집에서 노비가 찾아왔어.

"마님께서 배가 아프니 빨리 집으로 오시랍니다."

그 말을 듣고 이방원이 집으로 가자 부인이 말했어.

"이건 정도전의 음모입니다. 궁궐은 위험합니다."

그러면서 숨겨 두었던 무기와 몇 안 되는 사병을 모아 다시 궁궐로 가라고 했어.

이방원은 수십 명의 무리를 이끌고 궁궐로 달려갔어. 그때 정도전은 광화문에서 멀지 않은 남은의 첩 집에서 술을 마시고 있었어. 그 소식을 들은 이방원은 정도전이 술을 마시고 있던 집을 포위하고 그 집에 불을 놓았어. 그러자 심효생이 뛰쳐나오다 칼에 맞아 죽고, 정도전은 옆집으로 도망쳤다 붙잡혔지.

《조선왕조실록》에는 붙잡힌 정도전이 이방원에게 살려 달라고 빌다가 처형을 당했다고 나와. 하지만 과연 그랬을까? 그 기록은 훗날 이방원 측 신하들이 기록한 역사여서 다 믿기는 어려워. 아무튼 정도전은 죽기 전에 〈자조〉라는 시를 읊은 뒤 처형됐다고 해. 자조는 스스로를 비웃는다는 뜻이야. 들어 볼래?

> 조심하고 또 조심하여 공을 다해 살면서
> 책 속에 담긴 성현의 말씀 거스르지 않았네
> 삼십 년 긴 세월 고난 속에 쌓은 위업
> 송현방 정자에서 한잔 술에 그만 허사가 되었네.

송현방은 정도전이 술 마시다 이방원의 습격을 받은 동네를 말해. 고생 고생해서 조선을 세웠는데 술 마시고 방심하는 바람에 한 방에 훅 갔다, 이런 뜻이야. 실록에는 '정도전이 어린 세자를 끼고 임금에게 아첨하며 독선적인 행위를 일삼다가 왕자들마저 제거하려 한 죄로 처형을 당했다.'고 기록돼 있어. 이 또한 승자의 기록이니 모두 믿기는 어려워.

정도전을 제거한 이방원은 궁궐로 쳐들어가 세자 방석과 방석의 형 방번을 죽이고 그날의 거사를 마무리 지었어. 1398년 이방원이 정도전과 세자 방석을 죽인 이 사건을 제1차 왕자의 난이라고 불러.

이야기를 마치자 토리가 물었다.

"1차면 2차도 있는 거야?"

"그럼. 1차 왕자의 난을 겪은 뒤 다시 한 번 왕자의 난이 일어났는데, 2차 때는 같은 형제끼리 전쟁을 벌였어."

"그러니까 1차 때는 배다른 동생 죽이고, 2차 때는 친형 죽이고?"

"2차 때는 죽이진 않았어. 2차 왕자의 난은 이방원의 바로 위 형인 방간이 방원한테 대들었다가 제압당한 사건인데, 이방원은 형을 죽이지 않고 멀리 가서 살게 했어. 1, 2차 왕자의 난을 모두 평정한 이방원이 1400년, 마침내 꿈에 그리던 왕위에 올랐으니 그가 바로 조선의 제3대 임금 태종이란다."

"이방원 정말 대단해. 정몽주, 정도전, 자기 형제까지 죽이고 왕이 되다니."

토리가 입을 벌리며 놀라는 표정을 지었다.

"그뿐인 줄 아니. 왕이 된 뒤에는 왕권 강화에 방해되는 사람들은 가차 없이 제거했어. 왕자의 난 때 공을 세운 처남들도 다 죽이고, 나중에는 아들인 세종의 장인도 제거했지."

"왕이 아니라 완전 킬러구만."

"킬러?"

"그렇잖아. 이 사람 저 사람 다 죽였으니까."

"그래. 태종은 그렇게 자기 손에 피를 묻히며 악역을 도맡아 하면서까지 아들에게 안정된 왕권을 물려주려고 했어. 태종은 조선 역사에서 왕권을 가장 강화했던 인물이야. 고려 건국 초기 왕권을 강화한 광종 생각하면 돼. 태종도 광종처럼 왕권을 강화하기 위해서라면 킬러 본능을 숨기지 않았지.

하지만 이방원의 공도 많아. 사병을 없애 나라의 군대를 강화하고, 거북선을 만들어 훈련했다는 기록도 있어. 세종 때 왜구 근거지인 대마도를 정벌한 것도 태종이 만든 거북선이었어. 그리고 전국에 수령을 파견해 왕의 명령이 지방에까지 이르도록 했고, 오늘날 주민 등록 제도와 비슷한 호패

법을 실시해 경제와 국방력을 키웠으며, 조선을 여덟 개 도로 재편해 조선 8도라는 말이 생긴 것도 태종 때부터다. 하지만 태종의 가장 큰 공은 따로 있다."

"그게 뭔데?"

토리가 눈을 반짝였다.

"권력의 정점에 있을 때 다음 왕에게 왕위를 물려준 거. 동양과 서양의 옛 역사를 통틀어 죽기 전에 왕위를 물려준 예가 극히 드물거든. 더 훌륭한 건 자기 다음 왕으로 세종을 택했다는 사실이다. 그 이야기는 다음 시간에 하기로 하고, 오늘 이야기 마무리하자."

"오케이. 빨리 세종 이야기 듣고 싶다."

"그전에 한 가지 제안할 게 있다. 선비의 나라 조선 시대 수업을 하니까 멋진 시로 강의를 마무리하는 게 어떻겠니? 중국 역사서 《사기》를 지은 사마천이나 《삼국유사》를 지은 일연도 기록 마지막에 인물에 대한 평을 붙이곤 했어. 태사공 왈, 또는 다음과 같이 기린다, 이러면서."

"재밌겠다. 우리도 해 보자."

"그럼, 토리 네가 태종 이방원에 대한 시를 읊어 봐."

"내가 또 한 시 하지. 내가 읊을 테니 잘 들어 봐. 제목은 〈킬러 이방원〉. 켁켁."

토리가 목소리를 가다듬더니 시조를 읊었다.

정몽주 죽이더니 정도전 또 죽였네

태종의 킬러 본능 그 누가 막을쏜가

세종에 왕위 물려줘 모든 과오 덮었네.

"아, 좋아! 토리 너 정말 대단하다. 이렇게 훌륭한 시를 짓다니. 삼사삼사 삼오사삼 음률 딱딱 맞고 핵심을 꿰뚫는 내용과 기승전결 구도까지, 된다 된다 했더니 넌 정말 안 되는 게 없구나."

"헤헤, 뭐 이 정도 가지고. 이래 봬도 내가 우리 별에서 이상한 문학상 시 부문에 당선된 몸이야."

우리는 그런 농담을 주고받으며 첫 시간 강의를 마무리했다.

한눈에 보는 한국·중국·일본

1338	1418	1421	1422	1443	1446
일 무로마치 막부 (~1573)	한 세종 즉위 (~1450)	중 명, 베이징 천도	일 조선으로부터 대장경 입수	한 한글 창제, 4군 개척	한 훈민정음 반포

1449
한 6진 설치

• 4군과 6진

세 번째 이야기
조선의 성군 세종대왕

"이번 시간엔 조선의 황금기를 열었던 세종대왕에 대해 얘기할게. 너 혹시 지난번에 내가 우리 역사에서 가장 결정적인 순간이 뭐였는지 얘기한 거 기억나?"

"당연히 기억 안 나지."

토리가 뻔뻔하게 대답했다.

"당연히 안 난다니, 참 어처구니없구나. 좋아. 다시 말할 테니 잘 들어. 그건 바로, 세종이 한글을 만든 거야. 한글을 만든 세종은 조선 역사뿐만 아니라 우리 역사를 통틀어 가장 위대한 왕으로 불려. 그러니 다른 건 몰라도 세종 하나 만은 꼭 기억하고 돌아가야 한다. 알겠냐?"

"알겠다. 한글을 만든 세종은 조선뿐만 아니라 한국사에서 가장 훌륭한

55

새 나라 조선 이야기

임금이었다, 이 말 아냐. 자, 그럼 다음 강의로 넘어가시지."

"넘어가긴 뭘 넘어가. 아직 시작도 안 했는데. 잘 들어 봐. 세종은 원래 왕이 될 사람이 아니었어. 그런데 조선의 제4대 임금이 되어 무수한 업적을 남겼지. 지금부터 세종이 어떻게 왕이 될 수 있었는지 그 이야기를 들려줄게."

그렇게 말한 뒤 나는 세종 이야기를 시작했다.

태종 이방원에겐 첫째 부인에게서 난 아들이 넷 있었어. 첫째가 양녕대군, 둘째가 효령대군, 셋째가 충녕대군, 넷째가, 넷째가……, 넷째는 패스. 태종은 일찌감치 첫째 아들 양녕을 세자로 삼았어. 아버지 이성계처럼 엉뚱하게 막내아들을 세자로 삼아 왕실에 피바람을 불러오지 않으려고.

그런 생각으로 태종은 아들 양녕에게 철저히 세자 교육을 시키는 한편, 왕권을 위협할 만한 요소는 자기가 알아서 다 처리해 줬지. 자기가 왕이 되는 데 결정적인 도움을 준 처남들을 모조리 처형시킨 게 대표적인 예야.

하지만 세자 양녕은 아버지의 뜻대로 움직여 주지 않았어. 우리 속담에 자기 맘대로 안 되는 게 자식 농사라는 말이 있어. 양녕이 꼭 그런 경우였어. 청소년기로 접어들자 세자는 아버지를 몹시 실망시켰어. 하라는 공부는 안 하고 활 쏘고 사냥하는 것만 좋아하고, 뭐 그것까진 괜찮아. 왕이라고 꼭 공부만 하라는 법은 없으니까. 그런데 이른바 질풍노도의 시기라 할 수 있는 중2 나이가 되자 세자는 본격적으로 사고를 치기 시작했어. 궁궐을 몰래 빠져나가 시정잡배들과 어울려 술을 마시고, 기생을 궁궐로 불러들여 술판을 벌이는 식으로.

태종은 세자의 그런 비행을 속속 보고받았어. 그럴 때마다 세자를 불러 타이르기도 하고 세자를 모시는 내시의 종아리를 때려 세자의 마음을 잡아 보려 했지. 하지만 세자는 잘못할 때마다 반성문을 쓰고 얼마 뒤 또 사고를 치는 일을 반복했어. 그러다가 태종을 정말 화나게 하는 사고를 쳤는데, 그건 바로 남의 첩이었던 여인을 빼앗아 정을 통한 일이었어.

태종이 노발대발하고 난리가 났지. 이번엔 양녕도 사태의 심각성을 깨닫고 아버지에게 잘못했다고 용서를 구했어. 그런데 용서를 구하는 편지가 도리어 화근이 됐어. 양녕은 편지에 이렇게 썼어. "제 행동이 비록 잘못된 것이기는 하오나 아버지도 후궁을 몇 명씩이나 두시면서 어찌 제가 여자를 궁궐에 불러들인 것만 탓하십니까?" 요렇게.

진심으로 잘못을 빌어도 시원찮을 판에 아버지의 후궁을 운운하는 아들을 태종은 도저히 용서할 수 없었어.

'이런 자식을 왕위에 앉혔다간 나라 말아먹기 딱 좋겠군.'

태종은 그 사건 이후 맏아들 양녕을 세자에서 폐하기로 마음먹었어.

맏아들을 세자에서 폐위시키면 다른 대안은 있을까? 태종과 신하들은 셋째 아들 충녕대군을 마음에 두고 있었어. 충녕은 형 양녕과 달리 마음이 어질고 학문을 좋아하는 아들이었어. 충녕은 형이 체계적인 세자 교육을 받는 동안 자기 스스로 하고 싶은 공부를 마음껏 했지. 책 읽기를 좋아하는 충녕에 관한 일화가 있는데 들어 볼래?

책벌레 충녕이 몸이 상하는 줄도 모르고 책 읽는데 열중하자, 아들의 건강이 걱정된 태종은 충녕이 읽던 책을 모두 빼앗아 감춰 버렸어. 그래서 충녕은 몹시 슬퍼했는데 다행히 병풍 사이에 책 한 권이 남아 있었어. 중국 송나라의 뛰어난 문장가인 구양수와 소동파가 주고받은 편지를 엮은《구소수간》이라는 책이었는데, 충녕은 그 책을 몰래 30번, 100번을 읽었어. 어떤 기록엔 1천 번을 읽었다고 나와.

충녕이 학문을 좋아하고 성품까지 어진 아들이었으니 이런 아들을 바라보는 태종의 마음은 착잡했지. 기쁘지 않고 왜 착잡하냐고? 어질고 책을 좋아하면 뭐해? 임금이 될 수 없는 셋째 아들인데. 그래서 태종은 충녕을 볼 때마다 안타까워했어.

그런데 양녕이 세자에서 폐위될 운명에 처하자 셋째 아들 충녕이 대안으로 급부상했어. 왕이 될 자질을 타고난 충녕이 있어서 양녕을 폐위한 건지, 세자를 폐위하기로 한 다음 충녕을 대안으로 삼았는지 순서는 알 수 없어. 하지만 태종은 어떻게든 첫째 아들 양녕을 왕으로 삼으려 했었고, 하다 하다 안 돼서 양녕 대신 충녕을 세자로 삼은 건 확실해.

양녕을 세자에서 폐한 태종은 1418년, 마침내 셋째 아들 충녕을 세자로 삼고 두 달 뒤 왕위를 물려주었어. 바뀐 세자, 그가 바로 조선의 황금기를 이끌었던 제4대 임금 세종이란다.

여기까지 이야기한 뒤 토리에게 물었다.

"어떠냐? 양녕 폐위 사건과 충녕이 왕이 된 이야기, 흥미롭지 않나?"

"흥미롭기보단 안타까운 생각이 드네. 양녕은 왜 그리 바보 같은 짓을 해서 왕이 되지 못했는지."

"그러게 말이다. 그런데 야사에는 양녕이 일부러 그런 일탈 행동을 했다고 전해."

토리가 눈을 동그랗게 떴다.

"왜냐고? 양녕은 아버지 태종이 수많은 사람들을 처형하는 걸 보고 권력에 환멸을 느꼈어. 그래서 왕이 되지 않으려고 부러 그런 일탈 행동을 한 거지. 이런 얘기도 있다. 양녕은 아버지가 충녕을 마음에 두고 있는 걸 알고 일부러 사고를 치고 다녔다. 어질고 똑똑한 동생에게 세자 자리를 넘겨주기 위해서 말이야. 토리 네 생각은 어때? 과연 양녕이 그런 이유로 사고 치고 다닌 거 같냐?"

"글쎄, 바보가 아닌 이상 일부러 그랬을 리가 있을까? 왕이 얼마나 좋은 자린데."

"하하. 왕이 얼마나 좋은 자린지는 모르겠으나 일부러 그런 거 같지 않다는 네 생각엔 동의한다. 아무래도 세종의 즉위를 극적으로 보이게 하려고 그런 미담이 생겨난 게 아닌가 싶다. 이제 본격적으로 세종 이야기를 해 볼게. 업적이 너무 많아서 외려 밋밋할 수도 있는데 무척 중요하니까 정신 차리고 들어라."

세종은 31년 6개월 동안 왕위에 있으면서 여러 분야에서 수많은 업적을 남겼어. 그래서 세종 시대를 조선의 황금기라고 하지. 세종이 많은 업적을 남길 수 있었던 건 아버지 태종이 왕권을 위협할 만한 요소를 미리 제거해 준 덕분이야.

하지만 세종이 많은 업적을 이룬 게 모두 아버지 덕분이기만 할까? 그렇지는 않아. 세종은 스스로 성군이 될 만한 충분한 자질을 갖추고 있었어. 어진 성품에 학문 좋아하고 일을 끝까지 밀어붙이는 뚝심과 인재를 적재적소에 배치하는 용인술까지 두루 갖췄지.

세종을 얘기할 때 빼놓을 수 없는 게 바로 집현전이야. 집현전은 고려 때부터 있던 학문 연구 기관인데, 고려에서 조선으로 넘어오는 동안 유명무실해졌어. 그걸 세종이 즉위하자마자 국립 학문 연구 기관이자 국정 자문 기관으로 승격시켰지. 세종이 여러 분야에서 그 많은 업적을 남길 수 있었던 건 집현전이 있었기 때문이라고 해도 지나친 말이 아니야.

집현전에는 신숙주, 성삼문, 정인지 같은 당대 최고 수재들이 있었어. 집현전 학사들의 임무는 책을 읽고 학문을 연구하고 이를 바탕으로 중요한 정책을 만들고 국가의 주요 간행물을 편찬하는 일이었어.

세종이 집현전 학사들을 얼마나 아꼈는지 보여 주는 일화가 있어. 어느 날 세종이 밤늦도록 책을 읽는데, 집현전을 보니 불이 켜져 있는 거야. 동틀 무렵이 되어 세종이 다시 집현전에 갔더니 신숙주가 책상에 엎드려 잠들어 있었어. 그 모습을 본 세종이 곤룡포를 벗어 자고 있던 신숙주에게 덮어 주었지. 잠에서 깨어난 신숙주가 성은에 감동해 눈물을 흘렸다고 해.

실제로 세종은 집현전 학사들이 다른 데 신경 쓰지 않고 학문 연구에 전념할 수 있도록 배려해 주었어. 다른 일은 시키지 않을 테니 너희는 오로지 공부하고 연구만 해라, 휴가를 줄 테니 어디 조용한 절에 가서 책 읽고 보고서 만들어 올려라, 이런 식으로.

그렇다고 세종이 학문 사업에만 치중한 게 아니야. 박연을 통해 궁중 음악인 아악을 정리하게 하고, 서운관을 설치해 혼천의 같은 천체 관측 기구를 만들게 했지. 노비 출신 장영실에게는 자동 물시계인 자격루, 해시계인 앙부일구, 빗물의 양을 재는 측우기를 만들게 했는데 장영실이 이런 과학 기구를 만들 수 있었던 건 세종의 명을 받은 정인지, 정초, 이순지 같은 뛰어난 학자들이 이론적 토대를 마련해 준 덕분이기도 해.

세종은 또 백성들의 삶이 안정되려면 농사가 무엇보다 중요하다고 생각했어. 하지만 당시에는 농민들을 지도할 마땅한 농사 책이 드물었어. 있어 봐야 중국에서 들여온 중국 농사 책뿐이었지. 그래서 정초에게 《농사직설》을 집필하게 했어. 정초는 이 책을 쓰기 위해 각 지방의 농민들을 찾아가 농사짓는 경험담을 듣고 재배법을 확인했어. 그런 노력 끝에 정초는 지역에 따라 다른 농사법을 정리해 《농사직설》을 지을 수 있었어.

핵헥, 에고 숨차라. 세종은 까도까도 미담만 나오는구나. 그렇다고 세종이 오로지 학문만 연구하고 과학 기술만 발전시켰느냐, 그건 아니야. 영토 개척에도 힘을 기울였어. 왕이 되고 나서 1년 뒤 이종무에게 대마도를 정벌하게 했는데 물론 그건 아버지 태종이 기획하고 실행한 일이라고 알려져 있어. 하지만 태종이 세상을 떠난 뒤에도 세종은 국방 문제를 해결하는 데 어떤 왕보다 적극적이었어. 최윤덕에게 4군을 개척하게 하고, 김종서를 통해 6진을 개척해 우리 영토로 삼았지. 압록강과 두만강을 경계로 한 오늘날의 국경선이 그어진 게 바로 세종 때야.

"어떠냐, 이 정도면 세종은 왕이 아니라 신이라는 생각이 들지 않니?"
이야기를 마치고 내가 물었다.
"그런 거 같아. 업적의 무게로 보면 고구려 광개토대왕을 능가하는 느낌이 들어."
"아주 적절한 비유구나. 아닌 게 아니라 세종은

우리 역사에서 광개토대왕 이후 대왕으로 불린 유일한 왕이야. 성스러울 성(聖) 자를 붙여 성군으로도 불리지. 하지만 세종이 이룬 업적들이 다 훌륭하긴 하지만, 세종 25년에 이룬 업적에 비하면 아무것도 아니야."
"끝난 줄 알았는데 뭐가 또 있어?"
"그럼, 있고말고. 그건 바로 우리의 글자 한글을 만든 일이야."
나는 한글 이야기를 시작했다.

토리야, 지구상에 언어가 몇 종류나 되는지 아니? 무려 5천여 개의 말이 있고, 1백여 개의 문자가 있어. 그 많은 문자 중에 누가, 언제, 왜, 어떤 원리로 만들었는지를 알 수 있는 건, 한글이 유일하단다.
한글은 세종이 1443년에 만든 글자야. 1443년《세종실록》에

"임금이 친히 언문 28자를 만들었다."고 기록되어 있지. 하지만 1940년 이전까지 한글을 어떤 원리로 만들었는지는 알지 못했어. 그래서 그에 관해 여러 가지 설이 난무했지. 발음 기관의 모양을 본떠 만들었다, 몽고 문자를 보고 만들었다, 비석에 쓰는 글자인 전자를 모방했다, 고대 인도 글자를 본떴다, 문의 창살 모양을 보고 만들었다 등등. 그런데 1940년 한글 사용 설명서랄 수 있는 〈훈민정음해례〉가 발견돼 한글을 만든 원리가 밝혀졌어. 한글의 기본 자음인 기역(ㄱ), 니은(ㄴ), 미음(ㅁ), 시옷(ㅅ), 이응(ㅇ)은 소리를 내는 발음 기관의 모양을 추상화해서 만든 거고, 기본 모음인 아래 아(ㆍ)는 하늘, 으(ㅡ)는 땅, 이(ㅣ)는 사람, 이렇게 천지인의 원리를 이용해서 만들었다고 〈훈민정음해례〉에 나와 있어.

세종대왕 덕분에 한국 사람들은 어려운 한자 대신 쉬운 한글을 쓰고 있는데, 세종이 한글을 처음 만들었을 때 집현전 학자들의 반대가 만만치 않았어. 그들은 중국 글자가 있는데 왜 쓸데없이 오랑캐처럼 문자를 만드느냐, 말과 글이 달라 백성들이 억울한 일을 당한다고 하지만 말과 글이 같은 중국 백성들도 억울한 일 많다, 이러면서.

신하들의 비판에도 세종은 한글 사용을 강력하게 밀어붙여서 1446년에 공식적으로 훈민정음 28자를 세상에 반포했어. 한글로 책을 편찬하고 하급 관리를 뽑는 과거 시험에 훈민정음으로 시험을 보기도 했지. 신하들의 반대에도 불구하고 세종이 한글 사용을 적극 밀어붙인 이유가 있어. 〈훈민정음해례〉에 이런 말이 나와.

"우리말이 중국과 달라서 서로 뜻이 통하지 않는다. 이 때문에 불쌍한 백성이 하고 싶은 말이 있어도 쉽게 자기 뜻을 펼치기 어렵다. 그래서 이를 가엾게 여겨 새 글자를 만들었다."

한글은 세종이 백성을 사랑하는 마음에서 만든 거라고 알려져 왔어. 맞는 말이야. 세종은 그러고도 남을 왕이니까. 그런데 세종이 한글을 만든 또 다른 이유가 있어. 그건 바로 조선 백성들에게 새 왕조의 이념을 전파하기 위해서야. 무슨 말인지 어렵다고?

세종이 한글을 만든 건, 조선을 건국한 지 50년이 채 안 된 때였어. 그때까지만 해도 백성들 사이에서 조선에 대한 이미지가 썩 좋지 않았어. 이성계가 고려 왕족인 왕씨들을 멸족시켰으니까. 그래서 백성들에게 조선 왕조의 정당성을 알려야 하는데 이게 쉽지 않은 거야. 왜냐? 백성들 머리가 커졌거든. 한마디로 의식이 성장한 거지. 그러니 알에서 깨고 나와 건국했다든가 하는 이야기가 더는 통하지 않는 시대가 된 거야.

그래서 백성들에게 새 나라를 세운 정당성도 알리고, 임금에 충성하고 부모에 효도하는 유교 가치를 담은 홍보물이라도 만들어서 조선의 이념을 가르치고 싶은데, 백성들이 뭘 읽을 줄 알아야 가르치지. 그래서 세종은 쉬운 글자를 만들어 백성을 가르쳐야겠다, 이렇게 생각한 거야. 세종이 한글을 만들고 가장 먼저 펴낸 책이, 조선 왕조의 건국 신화라 할 수 있는 〈용비어천가〉인 것만 봐도 알 수 있어. 그다음 바로 효행을 강조하는 《삼강행실도》를 한글로 펴낸 것도 마찬가지고.

한글이라는 새로운 글자를 만드는 데 반대했던 집현전 학사들은 백성들이 글을 알면 통치하기가 어려워질 거라고 생각했지만, 세종의 생각은 반대였어. 백성들이 뭘 알아야 통제하기도 쉽다고. 지구에서 문맹률이 가장 낮은 나라가 어딘지 아니? 북한으로 알려져 있어. 국민들이 글을 알아야 공산주의 이념을 세뇌시키든 말든 하니까. 세종 이야기는 이쯤 할까?

이야기를 마치자 토리가 말했다.

"한글이 쉬운 글자라는 건 인정해. 왕 선생님 동네 글자만 해도 어찌 그리 복잡하고 글자 수가 많은지, 원."

"그러게 말이다. 한자에 비하면 한글은 배우기 쉽고 사용하기 편리하지. 비단 한자와 비교하지 않더라도 한글은 세계에서 가장 과학적인 글자로 평가받고 있어."

토리가 진짜냐는 표정을 지었다.

"정말이고말고. 세계에서 가장 권위 있는 과학 잡지 가운데 하나인 〈디스커버리〉에서 '한글은 세계에서 가장 합리적인 글자다.' 이런 기사를 낸 적이 있어. 그래서 한글을 과연 세종이 직접 만든 건지 의심을 받고 있지."

"그건 또 무슨 말이야?"

"생각해 봐. 글자를 만드는 게 한 사람의 힘으로 되는 일이냐? 게다가 그 글자가 과학적이고 쉽고 편리하기까지 하다면? 그런 이유로 한글은 세종 혼자 만든 게 아니라, 집현전 학사들과 공동으로 만들었다는 오해를 받고 있지. 하지만 분명한 건 《세종실록》에 임금이 '친히' 만들었다고 기록되어 있다는 사실이야. 여러 분야에서 많은 업적을 남긴 세종이지만 대부분의 업적은 누구에게 무엇을 하게 했다, 이런 식으로 기록돼 있는데 유독 한글만 친히 만들었다고 명시돼 있어. 이야기가 너무 길었다. 세종대왕 강의는 이쯤에서 마무리하도록 하자. 시 한 수 부탁해."

"앞에서 이방원 시조는 내가 지었으니 이번엔 이 작가가 마무리하는 게 어떠셔?"

"알았다. 흠흠."

세종의 어진 마음 하늘을 꿰뚫고
백성을 사랑하는 마음 땅에 닿았네
한글을 창제해 이룬 공이 이미 높으니
만족함을 알고 편히 쉬기를 바라노라.

내가 마무리 시를 읊자 토리가 고개를 갸우뚱했다.
"어디서 많이 들어 본 듯한데. 혹시 을지문덕이 우중문에게 보낸 시?"
"흠. 해 아래 새것은 없는 법이다."
나는 얼른 둘러대고 노트를 덮었다.

한눈에 보는 **한국·중국·일본**

1421	1422	1450	1452	1453	1455
중 명, 베이징 천도	일 조선에서 대장경 입수	한 문종 즉위 (~1452)	한 단종 즉위 (~1455)	한 계유정난	한 세조(수양대군) 즉위(~1468), 《경국대전》 편찬 시작

1456	1467
한 단종 복위 운동, 사육신 처형	일 다이묘 대두, 전국 시대(~1568)

• 사육신 공원에 있는 사육신비에는 단종 복원 운동의 중심인물인 성삼문의 시가 적혀 있다.

네 번째 이야기

수양대군의 왕위 찬탈 드라마 1막 2장

"이번 시간엔 조선의 물줄기를 바꿔 놓은 막장 드라마 한 편을 소개할게."
노트를 펼치며 내가 말했다.
"막장 드라마라면 세종대왕 이전에 이미 보지 않았나? 왕자의 난이라고."
토리가 알은체를 했다.
"이번엔 삼촌의 난이다."
"참 별별 난이 다 있네. 나중엔 아빠의 난, 뭐 이런 것도 나오는 거 아냐?"
토리가 두 팔을 들며 어깨를 한 번 으쓱했다.
"아니, 네가 그걸 어떻게 알았냐? 영조가 아들 사도세자를 뒤주 속에 가둬 죽인 걸 아빠의 난이라고 할 수 있거든. 그 얘긴 다음에 하기로 하고, 이 시간엔 수양대군이 일으킨 삼촌의 난에 대해 강의하겠다. 본론에 들어가기 전에 세종대왕에서 수양대군으로 이어지는 몇 년 동안의 흐름을 짚어 볼게. 그래야 수양대군 이야기가 자연스럽게 연결되니까."

나는 수양대군 이야기를 시작했다.

세종이 이룩한 조선의 황금기는 오래가지 못했어. 다음 왕인 문종이 일찍 죽었기 때문이야.

문종은 아버지 세종이 32년 동안 왕위에 있었던 까닭에 그 세월 동안 세자 생활을 해야 했어. 세자 시절 문종은 한글 창제와 측우기 제작에 기여하는 등 아버지 세종대왕을 적극 도왔어. 그런 문종이 세자 생활을 끝내고 왕이 된 지 3년 만에 병으로 세상을 뜨고 말았지.

문종이 일찍 세상을 뜨자 왕실에 비상이 걸렸어. 문종의 뒤를 이을 세자가 겨우 열두 살밖에 안 됐거든. 나이 어린 왕이 즉위하면 어머니나 할머니가 왕을 대신해 나랏일을 봐. 이를 수렴청정이라고 해. 하지만 단종에게는 수렴청정할 어머니와 할머니가 없었어. 이를 염려한 문종은 죽기 전에 믿을 만한 신하를 불러 놓고 "세자를 잘 부탁한다."는 유언을 남겼지. 이렇게 왕의 뒷일을 부탁받은 신하를 고명대신이라고 해. 문종의 부탁을 받은 고명대신은 김종서와 황보인이었어.

문종의 유언에 따라 김종서와 황보인이 어린 단종을 대신해 나랏일을 맡아 했어. 그런데 이를 못마땅하게 여기는 사람이 있었지. 바로 단종의 큰삼촌 수양대군이야.

수양대군은 김종서(1383~1453)가 어린 임금을 대신해 정치를 좌지우지하는 게 못마땅했어. 하지만 현재 임금은 엄연히 조카 단종이니까 조용히 자기 세력을 불리면서 뒷일을 모색할 수밖에 없었어. 수양대군의 그런 모습을 잘 보여 주는 일화가 있어.

중국 명나라에 사신을 보낼 일이 있을 때 수양대군은 자기가 가겠다고 자청했어. 수양대군의 측근들은 반대했지. 왜냐하면 몇 개월 동안 수양대군이 자리를 비운 사이 김종서가 수양대군의 부하들을 제거하면 거사를 일으키지도 못하고 다 죽게 될지 모르니까. 하지만 수양대군은 부하들의 반대를 무릅쓰고 명나라에 사신으로 갔어. 마치 왕권에 아무 관심이 없다는 듯이.

하지만 명나라에서 돌아온 수양대군은 본격적인 거사 준비에 나섰어. 한명회를 책략가로 삼은 뒤 집현전 학사 출신 신숙주를 자기편으로 포섭하고 이름난 무사들을 자기 밑으로 끌어모았지. 때가 됐다고 판단한 수양대군은 본격 행동에 나섰어. 수양대군의 1차 목표는 김종서 제거.

1453년 10월 어느 날 밤 수양대군이 무사 서너 명을 이끌고 김종서의 집을 찾아갔어. 김종서의 아들이 나와 수양대군을 맞았어.

"대군께서 이 늦은 밤에 어인 일이십니까? 안으로 드시지요."

그러자 수양대군이 별일 아니라는 듯 말했어.

"그럴 것 없네. 예서 잠깐 뵙고 가겠다고 전하시게."

하는 수 없이 김종서가 대문 밖으로 나왔는데 수양대군이 김종서에게 편지 한 장을 내밀며 봐 달라고 말하는 거야. 편지를 받아 든 김종서가 달빛에 종이를 비추는 사이 수양대군이 부하에게 신호를 보냈어. 그러자 수양대군의 부하가 쏜살같이 달려들어 김종서를 철퇴로 내리쳤어. 너무 순식간에 일어난 일이라 김종서의 아들도 어쩌지 못하고 있다가 철퇴에 맞아 죽었지.

김종서를 죽인 수양대군은 궁궐로 들어가 조정 대신들을 궁궐로 불러 들였어. 대신들이 불안한 마음으로 하나 둘 입궐하자 한명회는 미리 만들어 놓은 살생부에 따라 김종서파 대신들을 모조리 죽였지. 이날 밤 일어난 수양대군의 쿠데타를 계유정난이라고 해. 수양대군은 거사를 일으킨 이유가 김종서와 황보인 등이 안평대군을 추대하여 모반을 꾀했기 때문이라고 말했어. 하지만 그건 사실과 달라. 김종서가 왕을 대신해 거의 모든 업무를 처리한 건 사실이지만 그건 문종의 유언에 따른 거고, 더욱이 모반을 꾀한 사실이 없거든.

어쨌거나 수양대군은 그런 이유를 들어 김종서와 황보인 등 고명대신들을 죽이고 자기 친동생인 안평대군을 유배 보낸 뒤 죽게 만들었어. 이것으로 수양대군의 왕위 찬탈 드라마 1막 1장, 계유정난 편이 끝이 났단다.

김종서가 사라지자 수양대군 세상이 되었어. 수양대군은 영의정 자리도 모자라 인사, 회계, 군사권을 모두 쥐고 왕처럼 행동했어. 그렇다고 수양대군이 쿠데타에 성공한 뒤 곧바로 왕위에 오르지는 않았어. 아니, 못했지. 왜냐고? 백성들 보는 눈이 있으니까.

예전에 증조할아버지 이성계도 위화도 회군 이후 권력을 쥐고도 몇 년 뒤에나 왕이 되었고, 할아버지 이방원도 왕자의 난에 성공한 뒤 바로 왕이 되지 않고 형을 잠시 왕위에 앉힌 뒤 왕위를 넘겨받는 형식으로 왕이 되었어. 왕위를 훔쳤단 소릴 들으면 백성들 통치하기 쉽지 않으니까.

나이 어린 단종은 그런 삼촌을 보며 '삼촌이 설마 나를 죽이기야 할라고?', '아니야, 어쩌면 그럴지도 몰라.' 이런 생각을 하며 불안에 떨었어. 그러는 사이 수양대군의 압력은 계속되었고, 급기야 단종은 왕위를 삼촌에게 넘겨주기로 결심했어. 말이 좋아 넘겨주는 거지 실은 빼앗은 거나 마찬가지야.

임금의 옥새를 수양대군에게 전하는 임무를 맡은 신하가 성삼문(1418~1456)이었어. 성삼문은 집현전 학사 출신으로 세종의 총애를 받았고 신숙주와는 단짝처럼 지냈던 문신이야. 야사에 이런 이야기가 전해와. 성삼문은 그날 옥새를 전하며 눈물을 흘렸어. 이를 수양대군이 째려보았지. 훗날 두 사람 사이에 일어난 갈등을 크게 보이려고 만든 말일지 모르지만 성삼문은 단종이 수양대군에게 왕위를 넘겨주는 걸 누구보다 비통해한 신하였어. 그랬으니 수양대군이 왕이 되고 나서 바로 왕을 몰아낼 작전을 짰겠지.

성삼문을 비롯한 박팽년, 하위지, 이개, 유성원 등의 집현전 학사 출신

문신과 유응부 등의 무관들은 왕위를 훔친 수양대군을 임금으로 인정하지 않았어. 그래서 수양대군을 몰아내고 단종을 다시 왕위에 앉히려 했지. 이들에게 절호의 기회가 찾아왔어. 때는 수양대군이 왕이 된 이듬해인 1456년 윤6월. 그때 창덕궁에서 명나라 사신을 환영하는 잔치를 베풀기로 했는데 단종 복위 운동 핵심 세력인 유응부가 별운검으로 임명을 받았던 거야. 별운검은 왕의 호위를 맡은 무관을 말해. 성삼문은 지금이 바로 수양대군을 칠 수 있는 때라 여겼어.

그런데 수양대군의 오른팔인 한명회가 무슨 낌새를 챘는지 갑자기 세조(수양대군)에게 이런 말을 하는 거야.

"창덕궁은 너무 좁아 별운검을 두기에 적당치 않습니다. 별운검을 거두는 것이 좋겠습니다."

세조는 한명회의 건의를 받아들여 별운검을 두지 말라고 명했어. 계획에 차질이 생기자 성삼문과 박팽년, 그리고 행동 대장 유응부가 급히 모여 대책을 논의했지.

"때가 좋지 않습니다. 거사를 다음으로 미루는 게 좋겠습니다."

"무슨 소리! 일을 미루면 비밀이 누설될 염려가 있으니 오늘 바로 결행합시다."

하지만 논란 끝에 거사를 미루는 쪽으로 결론이 났어.

거사를 미룬 이후 문제가 생겼어. 거사에 참여하기로 했던 김질이라는 자가 거사 음모를 장인에게 알렸고, 장인은 세조에게 달려가 거사 계획을 고해바쳤지. 그날 밤 성삼문 등 단종 복위 운동을 계획했던 문신과 무신이 의금부로 잡혀 들어갔어.

세조는 어찌나 화가 났던지 직접 국문에 나섰어. 국문은 죄인의 죄를 묻는 거야. 조선 시대 때 역모 사건을 다루는 국문에는 으레 고문이 따르기 마련이었는데 성삼문은 고문을 당하면서도 의연했어. 의금부 형리가 인두로 살을 지지자 "인두가 식었다. 불에 달궈 와라." 이럴 정도.

결국 단종 복위 운동을 꾀한 신하들이 참형을 당하거나 자결해 죽었는데 이때 죽음으로써 세조에 반대한 여섯 신하들을 사육신이라 불러. 사육신처럼 죽지는 않았지만 김시습처럼 세조에 반대해 벼슬을 버린 여섯 신하가 있는데 이들은 생육신이라 부르고.

성삼문은 모진 고문 끝에 형장으로 끌려가면서도 의연하게 이런 시를 읊었어.

> 이 몸이 죽고 죽어 무엇이 될꼬 하니
> 봉래산 제일봉에 낙락장송 되었다가
> 백설이 만건곤할 제 독야청청하리라.

자기가 죽으면 신선들이 산다는 봉래산, 그것도 봉래산 가장 높은 봉우리에 위풍당당한 소나무가 되어 흰 눈이 온 산을 하얗게 뒤덮을 때 홀로 푸르게 빛나리라, 이런 뜻이야. 실제로 성삼문은 정몽주를 잇는 충절의 대명사로 오랫동안 추앙을 받았고, 그와 반대로 수양대군 편에 붙어 출세한 성삼문의 절친 신숙주는 변절의 아이콘으로 남았지. 숙주나물이라는 이름으로 말이야. 숙주나물은 녹두에서 싹을 틔운 나물인데 이 나물이 쉽게 변하거나 상하는 속성이 있어. 그래서 사람들은 녹두나물을 숙주나물이라 부르게 되었대. 신숙주처럼 쉽게 변한다고.

단종 복위 사건을 마무리한 세조는 단종을 노산군으로 신분을 낮추고 영월로 유배 보냈어. 그리고 얼마 뒤 사람을 보내 죽여 버렸지. 《조선왕조실록》에는 단종이 자결을 했다고 하는데 이를 믿는 사람은 거의 없어. 이것으로 수양대군의 삼촌의 난 1막 2장이 모두 끝이 났단다.

"세조는 계유정난과 사육신 건으로 아직까지도 욕을 많이 먹는 왕 중의 한 사람이다."

토리가 고개를 갸우뚱했다.

"욕먹을 줄 알면서 세조는 왜 그런 짓을 한 거야?"

"아마 당 태종을 생각한 거 같다. 당 태종 이세민은 당 고조의 둘째 아들이었는데 태자인 형이 자기를 제거하려 하자 선수를 쳐서 형을 죽이고 황제가 되었지. 황실에 피바람을 불러일으키며 황제가 됐지만 그 뒤에 강력한 통치력을 발휘해 중국 역사에서 가장 훌륭한 황제 가운데 한 사람으로 꼽혀. 세조는 그런 당 태종을 보며 자기가 비록 피를 보며 왕이 됐지만 정치를 잘하면 훗날 긍정적인 평가를 받을 거라 생각했어."

"그래서 수양대군이 왕이 된 뒤 조선을 잘 다스렸어?"

"잘한 것도 있고 못한 것도 있지. 세조는 민생 안정을 위해 노력하고 조선의 기틀을 다진 공이 있어. 성종 때 반포한《경국대전》도 세조가 시작한 거야. 이쯤에서 세조 이야기 마치도록 할까? 이상한 문학상 수상 작가가 시로 마무리해라."

"그까짓 거 뭐 못 할 것도 없지. 켁켁."

서산에 우는 새는 배가 고파 울고요,
수양산 이리 떼는 피가 고파 운다네
세종의 태평성대가 꿈이런가 하노라.

"이상한 문학상 수상자답게 시가 갈수록 이상해지는구나. 하지만 서산과 수양산, 새와 이리 떼, 배고픔과 피고픔의 대구가 괜찮네. 게다가 수양대군을 수양산에 비유한 것과 세종 시절의 태평성대를 그리워하는 마무리까지, 정말 놀라운 솜씨야."

"욕인지 칭찬인지 모르겠군."

"부러워서 그런다. 하하하."

한눈에 보는 한국·중국·일본

1467	일 다이묘 대두, 전국 시대(~1568)
1469	한 성종 즉위(~1494)
1476	한 《경국대전》 완성
1494	한 연산군 즉위(~1506)
1498	한 무오사화
1504	한 갑자사화
1506	한 중종반정, 중종 즉위(~1544)
1519	한 기묘사화
1545	한 을사사화(명종 즉위년)
1573	일 오다 노부나가, 전국 시대 통일(~1582)

중앙 공신 세력 훈구파와 지방 세력 사림파의 대립

	무오사화	갑자사화	기묘사화	을사사화
원인	훈구 세력이 사림 세력을 제거하기 위해 사림파 김종직의 〈조의제문〉에 쓰인 내용에 문제가 있음을 제기한다.	연산군 생모인 '폐비 윤씨 사건'이 원인이다. '폐비 윤씨 사건'은 윤 씨가 질투가 심하고 왕비에 걸맞지 않은 행동을 했다는 이유로 사약을 받고 죽은 사건이다.	사림파 조광조가 중종반정(1506) 공신들의 비리를 척결하고자, 공신에 책봉된 사람들을 훈적에서 삭제할 것을 건의하여 일부 공신들의 공적이 삭제된다.	인종은 사림파를 중앙에 등용했지만 재위 8개월 만에 세상을 떠나고, 명종이 즉위하면서 왕실 외척인 윤원형이 명종의 보위를 굳힌다는 명분 아래 사화를 일으킨다.
경과	훈구파 이극돈은 〈조의제문〉이 세조의 즉위를 비방하는 것이라고 연산군에게 보고한다.	훈구파 임사홍에 의해 위 사실이 알려지자, 연산군은 사건 관련자 모두를 처벌한다.	위훈은 삭제되지만, 중종은 이 같은 사림의 권력 독주에 반대하고, 피해 입은 공신들의 입김이 작용하여, 조광조를 귀양 보내는 등 사림파는 큰 피해를 입는다.	당시 사림 세력은 왕위 계승에서 대체로 인종을 옹호했기 때문에 큰 화를 입는다.
결과	이미 죽은 김종직은 부관참시를 받고, 사림 세력은 크게 위축된다.	일부 훈구 세력과 대다수 사림 세력이 피해를 입는다.	일부 사림들은 제거되지만, 이후 나머지 사림 세력들은 오히려 중앙 진출을 확대한다.	사림 세력은 이를 계기로 '서원'과 '향약'을 통해 세력을 확대해 나간다.

다섯 번째 이야기
선비, 화를 입다

"자, 이제 오늘의 마지막 강의를 시작해 볼까?"

신나게 노트를 펼치며 내가 말했다.

"시간이 벌써 그렇게 됐나? 아자씨 강의가 너무 흥미진진해서 해 지는 줄도 몰랐어. 헤헤."

"토리야, 레퍼토리 좀 바꿔라. 흥미진진하다느니 뒤로 자빠질 것 같다느니 그런 말을 계속 들으니까 너무 지루해서 울고 싶다. 그런 의미에서 진짜 흥미진진한 이야기해 줄게."

"쳇. 하든가 말든가."

토리가 고개를 팩 돌렸다.

"그렇다고 삐질 것까지야. 들어 봐. 조선 사회를 뒤흔든 사화 얘기다."

"사화?"

토리가 고개를 돌리며 눈을 반짝였다.

"사화라면 내가 좀 알지. 선비 사(士) 자를 써서 선비를 화나게 한 사건이란 말 아냐?"

"응, 아니야. 사화란 선비를 화나게 한 게 아니라 선비가 화를 입었다는 뜻이야. 정확히 말하면 사림이라 불리는 선비 집단이 화를 당했다는 뜻이지. 이런 사화가 세조 이후 네 번 일어났는데 그 일로 조선 선비들이 많이 다쳤어."

"네 번씩이나! 왜 그런 일이 벌어졌어?"

"사화는 세조 때 등장한 공신 세력, 즉 훈구파와 지방에서 중앙으로 진출한 사림 세력 사이의 대립이 낳은 비극이라고 알려져 있어. 지금부터 사화에 얽힌 이야기를 해 줄 테니까 잘 들어 봐. 먼저 훈구파와 사림의 대결이 어떻게 시작됐는지 이야기할게."

"알았어. 어서 들려줘."

"세조에 이어 예종이 1년여 만에 죽는 바람에 나이 어린 세자가 왕이 되었어. 그가 바로 세종대왕 버금가는 태평성대를 이룬 성종이야. 성종은 세종대왕처럼 학문을 좋아하고 정치를 잘했어. 조선의 통치 규범이자 법전인 《경국대전》이 완성된 것도 성종 때였지.

이런 성종이 권력을 균형 있게 유지하기 위해 한 일이 있다. 지방에 있는 사림 세력을 중앙으로 불러들인 거지. 성종이 사림을 불러들인 이유가 있어. 당시 조정은 세조가 왕이 될 때 공을 세운 공신들이 권력을 잡고 있었는데, 이 훈구파가 주요 관직을 차지하고 정치를 좌지우지하고 있었어. 성종은 이들을 견제하기 위해 지방에서 성리학 공부를 하며 세력을 키워 가던 사림파를 중앙 정계로 불러들였어. 성종은 이들 사림을 등용해 대신들을 견제하고 정치에 균형을 이룰 수 있었어.

그러던 어느 날 성종이 삼십여 년 만에 죽고 나이 어린 세자가 왕이 되었으니 그가 바로 조선 최고의 폭군인 연산군이야. 연산군이 출연했으니 이제 조선 역사의 한 페이지를 시뻘겋게 물들인 사화 이야기를 시작할 때가 된 거 같다."

나는 사화 이야기를 시작했다.

연산군(조선 제10대 왕)은 아주 어릴 때 엄마를 잃었어. 어머니 유 씨가 죽을 때 연산군의 나이가 겨우 네 살이었어. 어머니의 죽음이 조선 역사를 피로 물들인 사건의 씨앗이 될 줄은 아버지 성종도, 연산군 자신도 몰랐을 거야.

기록에 따르면 연산군의 어머니 윤 씨는 성질이 사나웠어. 남편인 성종을 들들 볶고 심지어 임금의 얼굴에 손톱자국을 남길 정도로. 윤 씨가 그렇게 된 데는 성종이 윤 씨 속을 썩인 이유도 있었어. 말년에 성종이 자주 궁중을 빠져나가 여자를 만났는데 윤 씨가 그것에 몹시 화가 나서 급기야 얼굴에 손톱자국을 내기에 이른 거래.

성종은 그럴 때마다 참고 또 참았어. 하지만 성종의 어머니인 인수대비는 도저히 참을 수 없었어. 윤 씨의 손톱 공격 사건 이후 왕실과 대신들 사이에서 윤 씨를 폐비시켜야 한다는 의견이 크게 일어 결국 윤 씨를 궁중에서 쫓아냈어. 그리고 얼마 뒤 잘못을 하고도 반성하지 않는다는 이유로 사약을 내려 죽게 만들었어.

세자가 된 연산군은 어머니 없이 어린 시절을 보냈어. 자기 어머니가 왜 죽었는지도 모른 채. 그러다가 왕이 된 뒤에 어머니가 어떻게 죽었는지 알게 되었지. 어머니의 죽음에 관한 비밀을 알게 된 날 연산군은 몹시 슬펐어. 그날 《연산군일기》에 "왕이 수라를 들지 못했다."고 기록돼 있을 정도야. 수라는 임금이 먹는 밥을 높여 부르는 말이야.

그렇다고 연산군이 왕이 되자마자 복수의 칼을 빼 들지는 않았어. 일단 왕권을 강화하는 데 힘을 기울였지. 아버지 성종과 달리 공부하는 걸 싫어하고 바른말 하는 신하를 귀찮아하긴 했지만 집권 초기 연산군의 성적표는 그리 나쁘지 않았어. 하지만 뭣 좀 해 보려고 하면 "아니 되옵니다!" 하며 반대하는 신하들 때문에 여간 성가신 게 아니었지. 그래서 어떻게 하면 그 신하들 꼴을 안 보고 살까 고민했는데 그런 연산군의 마음을 파고 든 사람이 있었어. 바로 이극돈이라는 신하야. 그는 《성종실록》을 편찬하는 실록청 담당관이었어. 이극돈은 실록에 자기에 대해 나쁘게 쓰여 있을 거라 예상했는데 아니나 다를까, 실록의 바탕이 되는 사초를 보니까 자기를 나쁜 사람으로 기록해 놓은 거야. 그래서 사관인 김일손에게 은밀히 부탁했지.

"사초에 나에 대한 기록이 이러이러한데 이렇게 저렇게 수정해 줄 수 없겠나?"

김일손은 단칼에 거절했어. 그러자 이극돈은 어떻게든 꼬투리를 잡아 김일손을 제거하려고 사초를 뒤지기 시작했어. 그러다 마침내 좋은 먹잇감을 발견했지. 사초 중에 〈조의제문〉이라는 제목의 글이 있었어. 〈조의제문〉은 김일손의 스승이자 사림파의 거두인 김종직이 쓴 글인데, 중국 초나라 항우에게 왕의 자리를 뺏기고 쫓겨난 의제를 애도하는 글이야. 〈조의제문〉을 발견한 이극돈은 그 일을 연산군에게 은밀히 고해바쳤어.

"김종직이 의제를 애도하는 글을 쓴 건 세조께서 조카 단종을 몰아낸 걸 은근히 비판하기 위함입니다. 〈조의제문〉을 쓴 김종직의 제자 김일손을 벌해야 하옵니다."

연산군은 그 말을 듣고 분노했어. 세조는 연산군의 할아버지였거든. 연산군은 당장 사헌부·사간원·홍문관 등에 퍼져 있는 사림파 관리들을 잡아들였어. 그리고 김일손을 비롯해 몇 명은 죽이고 수십 명을 유배 보내고 나머지는 관직을 박탈했지. 〈조의제문〉을 썼던 김일손의 스승 김종직은 당시 무덤에 있었는데 관을 부수고 시체를 자르는 부관참시를 당했어. 이때 벌어진 사림파 제거 사건을 무오사화라고 해. 무오년에 사림이 화를 입었다는 뜻이야. 이때 벌어진 사화를 역사 사(史) 자를 써서 사화라고도 하는데 그 이유는 사건의 발단이 사초였기 때문이야.

　무오사화가 일어나고 몇 년 뒤 연산군은 모두가 우려하던 일을 저지르고 말아. 어머니 폐비 윤씨를 죽인 원수를 갚기 시작한 거야. 연산군은 먼저 어머니를 모함해 죽게 만든 후궁들을 불러 친히 때려 죽이시고, 그 후궁의 아들도 죽이고, 폐비 사건에 적극 관여한 할머니 인수대비를 머리로 들이받아 절명케 하고, 폐비 사건에 가담한 신하들, 사약을 내릴 때 관여한 신하들까지 잡아다 처형하고, 지난번 무오사화 때 유배 갔던 사림파는 사약을 내리고, 이미 무덤 속에 있던 정인지와 한명회 등은 관 뚜껑 열어서 시체를 토막 내고……, 6년 전 무오사화 때와는 비교가 안 될 만큼 몇 배가 넘는 사림이 화를 당하고 훈구파 일부도 처형되었어.

　1504년 갑자년에 사림파와 훈구파 일부 대신들이 화를 당한 이 사건을 갑자사화라고 해. 갑자사화 이후 연산군의 폭정을 제어할 브레이크가 사라졌어. 연산군은 사냥터를 넓힌다며 궁궐 밖 민가들을 다 쓸어버리고, 전국에서 얼굴 예쁘다고 소문난 기생들을 궁궐로 불러들여 밤마다 파티를 벌였어. 이때 뽑힌 기생들을 흥청이라 불렀는데 흥청망청이란 말이 여기서 생겼어.

　하지만 극에 달하면 패한다는 말이 있듯이 연산군이 해도 해도 너무하니까 여기저기서 연산군을 몰아내야 한다는 말들이 터져 나왔어. 그런 이유로 연산군은 1506년 중종반정으로 왕위에서 쫓겨난 뒤 죽고 말았지.

이야기를 마치자 토리가 알은체를 했다.

"반정이라면 내가 좀 알지. 정치적 반란을 뜻하는 말이잖아. 중종반정이면, 중종이 반란을 일으켜 연산군을 몰아냈다, 맞지?"

"정확히 틀렸다. 반정(反正)은 바르게 되돌린다는 말이야. 왕이 정도를 벗어났을 때 왕을 몰아내고 새 임금을 세워 나라를 바로잡는다, 이런 뜻이지. 반정으로 왕위에 오른 중종 때 또 한 번 사림파가 화를 당하는 사화가 발생해. 그 이야기를 마저 하고 사화 강의를 마칠게."

나는 기묘사화 이야기를 시작했다.

중종은 왕이 되고 나서 몇 년 동안 중종반정 공신들 때문에 힘을 발휘하지 못했어. 그러다가 반정의 주요 공신들이 세상을 떠나자 본격적으로 왕권을 강화하기 시작했지. 중종은 공신들을 견제하기 위해 사림파를 정계로 불러들였어. 중종이 선택한 사림파 선비는 조광조였어.

조광조(1482~1519)는 김굉필을 스승으로 모셨는데 김굉필은 무오사화 때 부관참시를 당한 김종직의 제자야. 그러니까 김종직→김굉필→조광조로 사림의 계보가 내려온 거지. 중종이 조광조를 왜 등용했느냐, 똑똑하고 멋있으니까. 조광조는 과거에 급제하고 성균관에서 공부할 때 스타 선비였어. 책을 읽을 때 다른 사람과 달리 의관을 정제하고 바른 자세로 책을 읽었고, 늘 성리학으로 무장한 유교의 나라를 만들어야 한다고 주장해서 후배들을 감탄시켰어. 아 참, 생기기도 아주 잘생겼었대.

중종이 조광조를 등용시키자 조광조와 같은 젊은 사림들이 대거 정계에 진출했어. 이들이 주로 근무한 곳은 사헌부·사간원·홍문관인데, 이 셋을 합쳐서 3사라고 불러. "아니 되옵니다.", "누구를 벌주셔야 하옵니다." 하며 왕과 대신들을 견제하는 기관이지.

중종이 조광조를 절대적으로 신임하자 조광조는 물 만난 물고기마냥 마음껏 자기가 생각하는 정치를 펼치기 시작했어. 조광조가 생각하는 이상적인 정치는 왕도 정치야. 왕이 덕으로 백성들을 통치하고, 왕과 신하가 적절하게 견제와 균형을 이루는 정치. 조광조는 이를 실현하기 위해 아침, 점심, 저녁 왕과 학문을 토론하고, 유학을 쉽게 풀어 놓은 《소학》 보급에 앞장섰어. 지방에는 향약이라는 지방 자치 규범을 보급하고, 도교식으로 제사를 지내는 소격소를 폐지하는 등 한마디로 뼛속 깊이 유교가 뿌리내리는 이상 사회를 만들기 위해 개혁, 개혁을 부르짖었어.

조정 대신들은 개혁을 부르짖는 조광조 일파를 보고 위기의식을 느꼈어. 그렇다고 임금의 절대적인 신임을 받고 있는 조광조를 어떻게 할 수도 없었지. 그러던 차에 공신인 훈구파에게 일대 위기가 찾아왔어. 중종반정 때 공신으로 책봉된 공신 가운데 거짓으로 공신이 된 신하들의 공로와 자격을 박탈해야 한다고 조광조가 상소를 올린 거야.

공신 자격을 박탈당하면 어떤 일이 벌어지는지 아니? 공로에 대한 상으로 받은 토지며 노비를 도로 내놓아야 해. 훈구파 입장에선 기가 막힐 노릇이었지. 하지만 위기는 위험 속에 기회가 있다는 말이기도 해. 조광조의 독주를 더 이상 방치할 수 없다고 판단한 훈구파는 마침내 위기를 기회로 바꿀 행동에 나섰어. 그즈음 중종도 바른말만 하는 조광조에게 약간의 거부감과 질투심이 있었는데, 이런 중종의 마음을 훈구파가 절묘하게 파고들었지.

남곤, 심정, 홍경주 세 신하가 어느 늦은 밤 중종을 몰래 찾아갔어.

"전하, 조광조가 붕당을 만들어 정치를 어지럽히고 자기 세력을 믿고 역모를 도모한다 하옵니다."

야사에는 홍경주의 딸인 희빈 홍씨가 하녀를 시켜 나뭇잎에 꿀로 주초위왕이라고 쓰게 한 다음 벌레가 그 글자를 갉아 먹게 했다는 이야기가 나와. 주초위왕이란, 주(走) 자와 초(肖) 자 성을 가진 자가 왕이 된다는 말인데 주 자와 초 자를 합치면 조(趙) 자가 되고 그 조 자는 조광조를 뜻한다, 이런 말이야. 웃기지도 않는 글자 개그인데 중종에게 그게 먹혔나 봐.

이미 조광조에게서 마음이 떠난 중종이 조광조와 사림파를 잡아들이라고 명했어. 그렇게 해서 조광조를 비롯한 많은 사림이 옥에 갇혔고 유배를 당하고 사약을 받고 죽었어. 조광조는 자신의 무죄를 주장하며 한 번만 임금을 만나 직접 해명할 기회를 달라고 간청했어. 하지만 조광조의 요청은 받아들여지지 않았어. 결국 조광조는 전라도 땅으로 유배되어 임금이 내린 사약을 마시고 숨을 거두었지. 조광조는 사약을 마시기 전 임금이 있는 쪽을 향해 절을 하고 마지막 시를 남겼어.

> 임금을 어버이처럼 생각했고
> 나라를 내 집 같이 근심했네
> 하얀 해가 아래 세상을 굽어보니
> 붉은 충정을 밝게 비추네.

 조광조의 시를 보면 나라를 걱정하는 마음과 임금에 충성을 다하려는 마음이 잘 드러나 있는 것 같아. 하지만 그런 마음에도 반대파의 모함으로 결국 조광조는 사약을 받고 죽었지. 1519년 조광조와 사림이 화를 입은 이 사건을 기묘사화라고 해.
 기묘사화 이후 명종 때인 1545년 왕실 외척 간의 대립으로 다시 한 번 사림이 화를 입는데 이 을사사화까지 조선은 네 번의 사화를 통해 사림파 선비들이 큰 화를 당하고 세력이 위축되었어.
 그렇다면 반세기에 걸쳐 진행된 훈구파와 사림파의 대결은 훈구파의 승리로 끝난 걸까? 그건 아니야. 사림파는 지방으로 내려가 서원을 중심으로 학문을 닦고 세력을 키워 가며 끈질기게 생명력을 유지했어. 그러다가 마침내 선조 때 화려하게 부활했어. 사림파가 네 번의 사화를 겪고도 조선 정치를 주도하는 세력으로 부활한 건 지방의 서원에서 끊임없이 사림을 길러 냈기 때문이야. 훈구파와의 대결에서 최후 승리를 거둔 사림파는 학연에 따라 다시 분열하는데 그때부터 붕당 정치가 시작되고, 그 흐름이 임진왜란과 병자호란을 거쳐 200년 넘게 이어지는데……, 아이고, 토리야, 숨차서 안 되겠다. 그 얘긴 다음에 하기로 하자. 오늘 강의는 여기서 끝!

※

이야기를 마치자 토리가 물었다.

"네 개의 사화 얘기를 들으니 저마다 사연이 있는 듯하여 듣는 사람 헷갈리는군."

"그럴 만도 해. 나도 학교 다닐 때 이거 외우느라 머리 좀 아팠다. 그래서 순서와 특징을 이렇게 외우곤 했지. 연산군 엄마의 원수를 갚자, 갑자사화, 조광조의 벌레 먹은 나뭇잎 참 기묘하네, 기묘사화, 이렇게. 하하하."

"말도 안 되는 소릴 들으니 기분이 갑자기 묘해지네. 헤헤. 근데 하나만 물어봐도 돼?"

"딱 하나만. 오늘 선비님들 너무 많이 돌아가시게 했더니 힘들다."

"반정 말이야, 왕 선생님이나 나카무라 상 강의 때는 못 듣던 개념이야."

"그건 세 나라 민족성이 다르고 권력 구조가 달라서 그래. 중국이나 일본은 반정이란 게 없어. 그 나라에선 힘센 자가 일어나면 자기가 그냥 황제가 되어 버려. 왕족을 찾아서 새 왕으로 앉히고 그러지 않아. 송나라를 세운 조광윤이나 명나라를 세운 주원장이 그런 경우야. 그래서 중국은 왕조가 우리보다 오래 못 가고 자주 바뀌었어. 일본은 도요토미 히데요시처럼 최고 권력자가 되더라도 왕을 바꾸진 않아. 왜냐하면 일본에서 왕은 어차피 상징적인 존재일 뿐이니까.

　하지만 중국보다 더 유교 명분에 집착했던 조선은 달랐어. 왕을 몰아내는 건 대역죄라는 인식이 강했어. 그래서 연산군 때나 광해군 때 반정을 주도한 사람이 있지만 그 사람들은 자기가 직접 왕이 되지 않고 왕족 중에 만만한 사람을 찾아 왕위에 앉히고 자기는 그냥 배후 실력자로 남아. 조선이 500년 동안이나 같은 성의 왕조를 유지할 수 있었던 데는 그런 배경이 깔려 있어. 반정 얘기 그만하고 오늘 강의는 여기서 끝내자. 참, 마지막 시 한 수 읊어야지."

"이번엔 아자씨 차례야."

"그래? 그렇다면 흠흠."

　　　　연산군은 어려서 어머니를 잃고요
　　　　할머니 인수대비한테 구박을 받았더래요
　　　　샤바 샤바 아이 샤바 1504 갑자사화
　　　　샤바 샤바 아이 샤바 선비들 다 죽었네.

계획도시 한성과 한성 사람들

시를 다 읊자 토리가 벌어진 입을 다물지 못한 채 나를 쳐다보았다.

"왜 그러냐? 내 시에 너무 감동받았어?"

"아저씨, 너무하는 거 아냐?"

토리가 눈살을 찌푸렸다.

"너무하다니, 뭐가?"

"거 좀, 시를 시답게 지읍시다. 무도회에서 춤추던 신데렐라 구두 벗겨지는 소리 같은 시나 짓지 마시고. 자신 없으면 빠지시든가."

"하, 고 녀석 참. 알았다, 한 번 봐줘. 대신 생활사 3분 특강 알차게 해 줄게. 오늘의 3분 특강은 새 나라 조선의 수도, 한성 이야기다. 이성계는 조선 건국 후 2년 뒤에 수도를 개성에서 한성으로 옮겨. 왜냐고? 개성에서 그 많은 피를 보고 나라를 세웠으니 지긋지긋했겠지. 그래서 분위기도 바꿀 겸 새 기분으로 새롭게 시작하려고 수도를 옮긴 거야. 오늘날 서울인 한성으로."

나는 큰 도화지에 북악산, 낙산, 남산, 인왕산을 그리고 도시 계획하듯 경

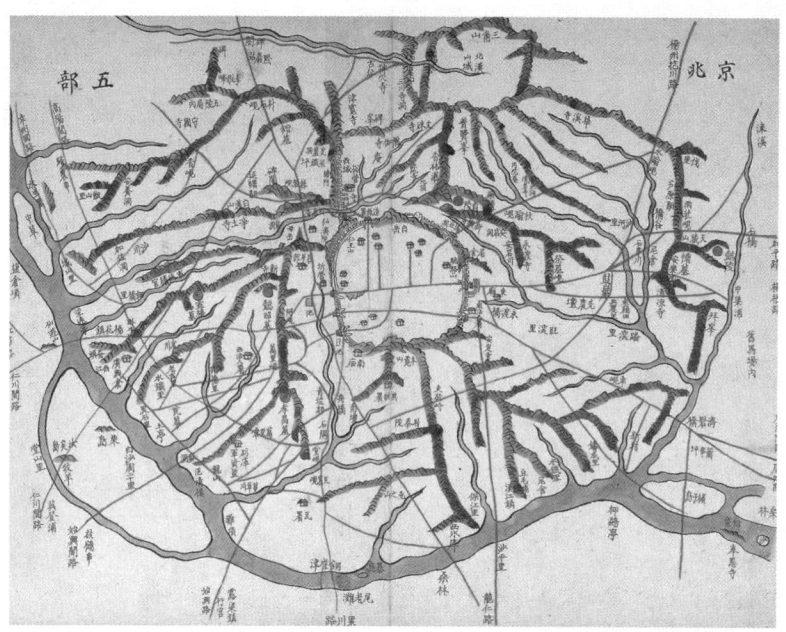

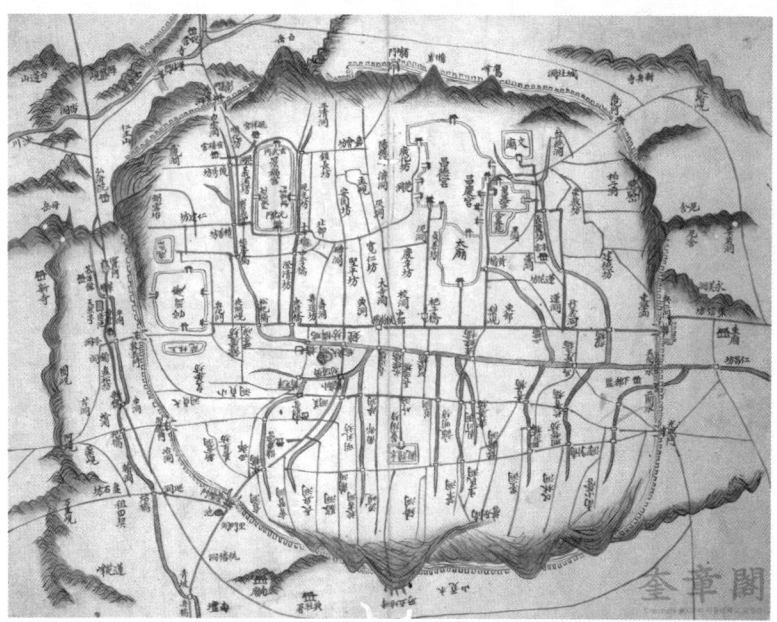

• 김정호의 《동여도》에 수록된 한성과 한성 주변을 그린 〈경조오부도〉(위쪽)와 지금의 광화문 광장 일대, 즉 조선 시대에 의정부, 6조를 비롯한 주요 관청들이 들어서 있던 육조 거리가 그려진 지도이다. ⓒ 서울대학교 규장각 한국학연구원 소장

복궁과 육조 거리, 운종가와 청계천 등과 4대문을 그렸다.

새 수도를 건설할 때 가장 먼저 해야 하는 일이 뭔지 아니? 궁궐터를 정하는 거야. 이성계가 궁궐을 짓기 위해 점찍은 곳은 북악산 아래였어. 풍수지리상으로 한성에서 최고 명당으로 꼽힌 곳이지. 뒤에 북악산이 병풍처럼 둘러쳐 있고 남쪽으로 남산이 보이는 그곳.

1394년 북악산 아래 조선의 정궁인 경복궁 터를 잡고 궁궐 신축 공사에 들어갔어. 건설의 총책임자는 조선의 설계자 정도전. 정도전은 경복궁에 각종 건물을 짓고 이름을 붙였어. 경복궁은 중국 최고의 시집인 《시경》에서 빌려 온 말로 큰 복을 빈다는 뜻이야. 왕실의 주요 행사나 외국 사신을 맞는 곳은 부지런히 정치를 하라는 뜻에서 근정전, 왕과 신하가 집무를 보는 건물은 올바른 정치를 생각하라는 뜻으로 사정전, 왕과 왕비의 침소는 편안히 쉬시라고 강녕전과 교태전. 궁궐 건물들을 지은 다음엔 궁궐을 둘러싼 궁성을 쌓기 시작했어.

그런데 조선 시대 궁궐은 경복궁 말고도 몇 개 더 있어. 창덕궁, 창경궁, 경희궁, 경운궁(덕수궁) 등. 왕들은 필요에 따라 이 궁 저 궁 옮겨 다니며 생활했어. 조선의 정궁인 경복궁이 궁궐 구실을 한 건 임진왜란 전까지야. 임진왜란 때 전각들이 거의 다 불타 없어지는 바람에 경복궁은 270여 년 동안 폐허 상태였어. 그러다 흥선대원군이 경복궁을 보수하면서 다시 궁궐 구실을 하게 됐지.

궁궐 못지않게 신경 써서 만든 게 종묘와 사직이야. 경복궁에서 남산을 바라볼 때 왼쪽에 종묘를, 오른쪽에 사직단을 지었어. 종묘는 왕실 사당, 사직은 땅의 신과 곡식의 신께 제사를 지내는 곳이야. 종묘와 사직을 중시한 건 유교 국가에서 왕실 조상께 제사를 지내는 게 그만큼 중요했기 때문이야. 사직은 조선이 농업 국가니까 농업과 관련된 신에게 제사 지내는 일 역시 중요한 거고. 참, 종묘와 사직을 지을 때 왼쪽에 종묘, 오른쪽에 사직이라 하여 좌묘우사 원칙에 따랐다는 거 기억해 둬.

궁궐을 짓고 종묘와 사직을 세웠으니 이제 관청을 지어 볼까? 광화문 앞으로 육조 거리를 만들었어. 광화문에서 볼 때 왼쪽 그러니까 지금 미국문화원과 케이티(KT) 본사가 있는 쪽에 영의정, 좌의정, 우의정이 집무를 보는 의정부, 6조 가운데 관리들 인사를 담당하는 이조, 토지와 조세 제도를 담당하는 호조, 그리고 지금의 서울 시청 격인 한성부 건물을 지었어. 그리고 맞은편에는 사헌부, 중추부, 6조 가운데 교육과 과거 시험을 담당하는 예조, 형벌과 노비 제도를 담당하는 형조, 군사를 담당하는 병조, 그리고 건설을 담당하는 공조 건물을 지었지. 지금 정부 청사와 세종문화회관이 있는 곳이야. 이 정도면 주요 관청도 다 들어섰고, 그다음엔 무얼 지을까?

다음엔 운종가를 만들어 보자. 운종가는 사람이 구름처럼 몰려든다는 뜻인데 지금의 종로에 만든 시전 거리야. 시전은 관청이 허가한 시장을

• 종묘 ⓒ João Trindade

• 사직단 ⓒ Eggmoon

뜻해. 운종가엔 말 그대로 사람과 물건들이 구름처럼 몰려들었어. 종로 남쪽엔 북악산과 인왕산에서 내려오는 물이 동쪽으로 흘러 나갈 수 있도록 개천을 만들었어. 오늘날 청계천이라 불리는 개천이야. 조선 시대 내내 청계천을 정비하는 사업을 벌였어. 특히 조선 후기 영조 때 대대적인 하천 정비 사업을 벌였지.

궁궐과 종묘와 관청과 시장과 개천을 만들었으니 이제 한성 주민들이 사는 주거지 건설 현장으로 가 볼까? 먼저 고급 주택가부터. 경복궁과 창덕궁 사이, 그러니까 지금의 안국동, 가회동, 계동, 삼청동에 사대부가 사는 주택이 들어섰어. 일명 북촌. 한성의 강북 스타일을 선도하는 양반들 주거지야. 청계천 남쪽 남산 아랫자락에는 한성의 강남 스타일을 주도하는 하급 관리나 벼슬 없는 선비들이 사는 남촌이 있었어.

북촌과 남촌 사이에는 중촌이 있었어. 중촌은 청계천과 을지로 주변이야. 그곳에는 이른바 중인이라 불리는 전문 직업인들이 모여 살았어. 중인은 통역사인 역관, 의사인 의원, 법률가인 율관, 수학자인 산관, 그림 그리는 화원 등을 말해.

자, 이제 마지막으로 한성을 둘러싼 성곽을 지어 볼까? 한성 성곽은 외적 침입에 대비하고 수도 한성과 바깥을 구분하기 위해 쌓은 성벽이야. 이 성곽 안에 포함된 지역이 진정한 한성이라고 할 수 있지. 성곽은 경복궁 뒷산인 북악산을 시작으로 동쪽으로 낙산, 남쪽의 남산, 서쪽의 인왕산까지 신도시 한성을 삥 둘러서 쌓았어. 그러고 나서 동서남북에 각각 대문을 만들었지. 대문이 완성되자 정도전은 유교의 다섯 가지 덕목인 인의예지신을 따서 대문 이름을 지었어. 동대문은 흥인지문, 서대문은 돈의문, 남대문은 숭례문, 북대문은 숙청문, 그리고 마지막으로 종로에 있는 종루는 보신각이라 이름을 지었지.

그런데 왜 북대문에 지(知) 자가 안 들어가냐고? 이름을 지은 정도전이 그에 대한 설명을 해 놓은 게 없어서 오늘날 이런저런 속설이 전해 올 뿐이야. 한두 가지 소개할게. 원래 정도전은 숙청문 자리에 알 지(知) 자를 써서 홍지문(弘知門)을 두고자 했으나 숙청문(肅淸門)이란 이름이 붙여졌어. 왜 그랬을까. 당시 정치 지도자들은 백성들이 똑똑해져 정치를 바르게 하는지 그르게 하는지 분별할 줄 아는 것을 원치 않았어. 백성들이 똑똑해지면 들고일어날 수도 있다는 이유로. 그래서 북대문에 지(知) 자를 넣지 않았다는 거야.

또 하나, 북쪽은 음양오행설에서 겨울과 물을 상징해. 그래서 물을 상징하는 글자 중 삼수변(氵)이 들어가는 청 자를 썼다는 거야. 숙청문은 조선 시대 내내 닫혀 있었어. 그러다가 가뭄이 들면 음의 기운을 가진 숙청문을 열었지. 숙청문은 조선 중기에 숙정문으로 불리게 되는데 그때부터 숙청문과 숙정문, 두 이름이 같이 쓰였어.

마지막으로 한성에서 재미난 곳 한 군데 소개할게. 종로 운종가 옆에 피맛골이란 길이 있었어. 피맛골은 말을 피한다는 피마라는 말에서 유래한 지명이야. 말을 왜 피하냐고? 지체 높으신 사대부들이 말을 타고 운

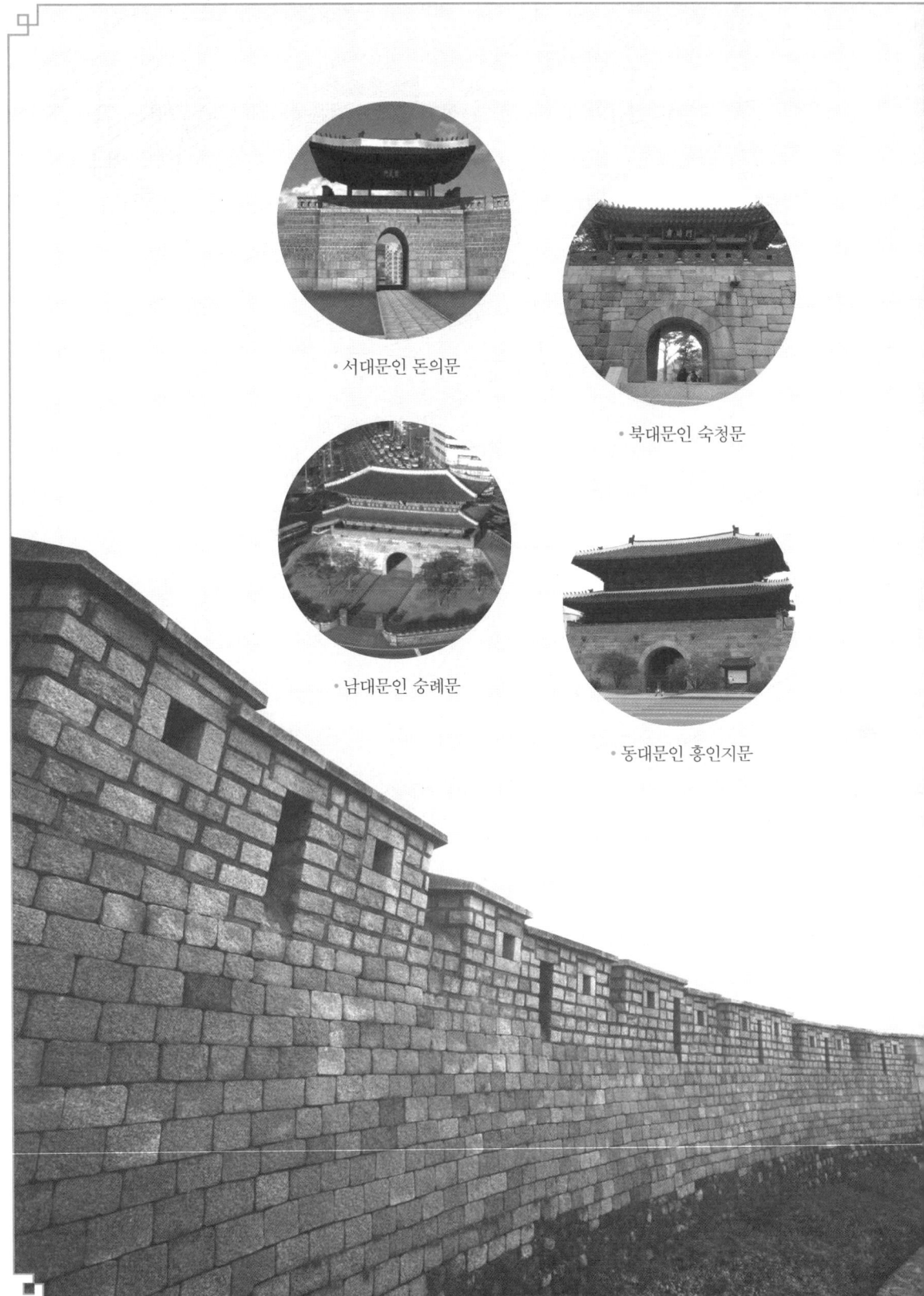

종가를 지날 때면 소위 아랫것들은 그 말이 다 지나갈 때까지 머리를 조아리고 있어야 했어. 그래서 성질 급한 사람들은 그 꼴 당하기 싫어서 운종가로 다니지 않고 운종가 뒷골목으로 다녔는데 그 길이 바로 피맛골이야. 피맛골에는 서민들이 오가며 끼니를 때울 수 있는 싼 밥집과 술집이 많았어. 지금은 높은 빌딩들이 들어서서 피맛골의 정취가 사라졌지만 아저씨가 대학교 다닐 때까지만 해도 피맛골에 저렴한 밥집과 술집이 꽤 많았어. 이것으로 신도시 한성과 한성 사람들 얘기는 마치도록 하마.

강의를 마치고 잠시 바람을 쐬려고 큰 바위 하우스를 나왔다. 검은 구름으로 뒤덮인 밤하늘엔 별도 달도 보이지 않았다. 날카롭고 차가운 바람이 얼굴을 할퀴고 지나갔다. 나는 서둘러 큰 바위 하우스 안으로 들어왔다. 토리는 보이지 않았다. 혹시 하는 마음으로 토리의 다락방 문을 열었다.

"이크, 깜짝이야. 이젠 대놓고 들어오시네. 지구인 출입 금지 안 보여?"

"어제 이미 털렸는데 뭘 그러냐. 날씨도 추운데 따뜻한 데서 잠깐만 쉬자."

다락방 벽면에는 고화질 화면보다 몇 배 선명한 화질로 태양계의 모습과 에메랄드 빛 바다와 백사장이 펼쳐진 곳에 지구 역사 탐구 중인 토리의 친구들 모습이 보였다.

"오호, 어제 본 화면보다 멋진데! 근데 저기 네 친구들 표정이 왜 저러냐. 많이 불편해 보인다."

"신경 쓰지 마. 괴상하게 생긴 생명체를 보면 본능적으로 나타나는 현상이야."

"뭐야? 그럼 내가 괴상하게 생긴 생명체라는 말이냐? 쟤네 나오는 화면 좀 꺼라."

"발끈하시긴."

토리가 친구들이 나오는 화면을 껐다. 덕분에 태양계 화면이 더 선명하게 보였다.

"토리, 네가 저기서 온 거야? 대단하다. 도대체 어떻게 온 거냐?"

"휴, 말해 준들 이해할까?"

"너, 아이큐 세 자리 지구인을 무시하냐?"

대답 대신 토리가 개 한 마리가 달을 쳐다보는 장면을 화면에 띄웠다.

"아저씨, 저 개가 달을 보고 무슨 생각을 할 거 같아?"

"그게 무슨 소리야?"

"아무리 친절하게 얘기해 줘도 아저씬 이해 못 해. 개 귀에 경 읽기라고. 미안, 개는 좀 심했고, 화면 바꿀게. 저기 200만 년 전 지구인 보이지? 사용할 줄 아는 도구라곤 돌밖에 없는 저 지구인이 스마트폰 만드는 데 수백만 년 걸렸어. 저 구석기인한테 하늘을 나는 비행기며 스마트폰 원리를 설명해 준들 이해하겠냐고. 이해한들 믿겠냐고."

거참. 맞는 말 같긴 한데 듣는 지구인 자존심 무척 상했다.

"그러니까 내 지능은 저 개, 아니 구석기인이고 너는 스마트폰 만든 현대인 수준이라 이거지? 너 오늘 되게 낯설다. 아저씨는 너를 진짜 친구라 생각해서 혓바닥에 쥐나도록 강의하고 있는데 넌 나를 완전 원시인 취급이나 하고……."

"아이유, 아자씨 왜 그래. 내가 아자씨 좋아하는 거 알면서. 헤헤."

토리가 내 팔을 붙들었다.

"아이유는 가수 이름이다. 잘 자라."

"아자씨 화 풀어. 오늘은 내가 친구들이랑 역사 탐구 중간 점검해야 하니까 다음에 꼭 설명해 줄게, 응?"

흥! 나는 일부러 소리를 크게 내고 다락방을 나왔다. 도대체 저 녀석은 어떻게 여길 온 걸까. 토리 말 대로 내가 설명을 듣고도 이해를 못 하면 어쩌지? 나는 고개를 절레절레 흔들며 내 방으로 들어왔다.

둘째 날

조선의 위기

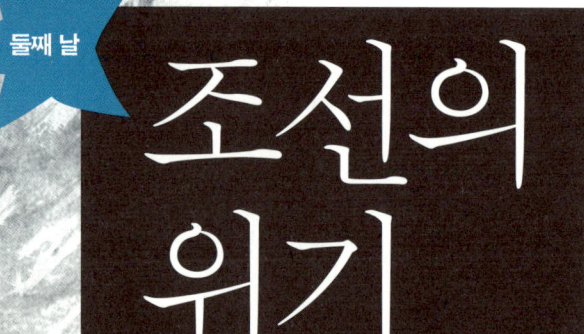

첫 번째 이야기	임진왜란, 7년 전쟁이 시작되다
두 번째 이야기	이순신, 조선 바다를 지켜라!
세 번째 이야기	홍의 장군 곽재우와 의병들
네 번째 이야기	인조반정, 물러나는 광해군
다섯 번째 이야기	인조, 삼전도 치욕을 당하다
판타스틱 생활사 3분 특강	유교의 나라, 공부하는 나라

한눈에 보는 한국·중국·일본

1573	1583	1592. 4.	1592. 5.	1592. 12.	1593. 1.
일 오다 노부나가, 전국 시대 통일 (~1582)	일 도요토미 히데요시 등극(~1598)	한 임진왜란 발발 (~1596)	한 한성 함락	중 명, 조선에 군대 파병	한 조명 연합군 평양성 탈환

1593. 4.	1597	1597. 9.	1598. 11.	1603
한 한성 수복	한 정유재란 발발 (~1598)	한 명량해전	한 노량해전, 이순신 전사	일 도쿠가와 이에야스 등극, 에도 막부(~1867)

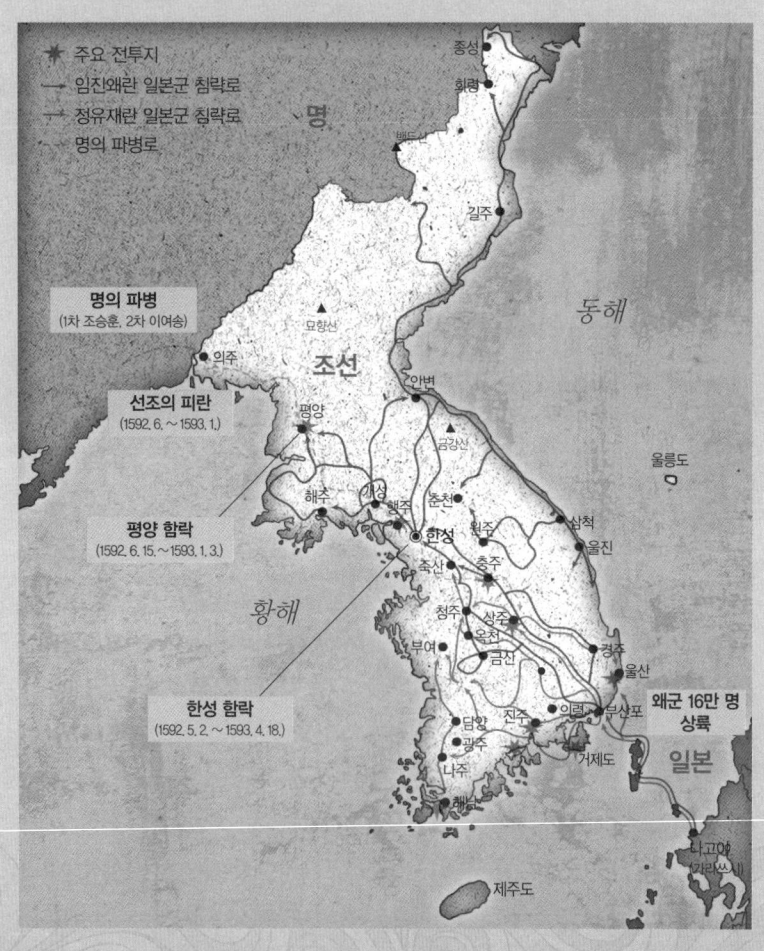

• 임진왜란

첫 번째 이야기

임진왜란, 7년 전쟁이 시작되다

　꿈을 꾸었다. 토리와 함께 비행접시를 타고 날아올랐다. 대기권을 벗어난 비행접시가 지구를 한 바퀴 휭 돌더니 화성, 목성, 토성을 지나 태양계를 벗어났다. 막막한 우주 여기가 우주구나, 생각하는 찰나, 비행접시가 거대한 힘에 끌려 어떤 통로 속으로 쑥 빨려 들어갔다. 엄청난 속력과 회전. 정신을 차릴 수 없었다. 아니, 정신을 잃었다. 이렇게 우주 미아가 되는구나, 절망하는 순간, 아 참, 이거 꿈이지! 하고 깨어났다. 깨어나 보니 아침이었다.

　정신을 차리고 거실로 나왔다. 토리가 탁자에 앉아 있었다. 간밤의 악몽 때문에 내가 어벙한 표정을 짓고 있자 토리가 큭큭거렸다.

　"왜 웃어? 아침부터 정 달라붙게."

　"아저씨 표정이 재밌어서. 우주 미아가 되고 싶진 않은가 보지?"

이 녀석 봐라. 이젠 남의 꿈까지 들여다보는 건가?

"미안해. 아자씨 꿈속에 들어가서 인셉션(타인의 꿈속에 들어가 꿈을 조정하는 것으로, 영화 제목이기도 함.) 좀 했지. 어제 아자씨가 물어본 거 있잖아. 그거 설명하려고. 어떠우, 이제 이해가 가셨나?"

"이해가 가긴 뭘 이해가 가. 죽는 줄 알았다. 그나저나 어떻게 된 거야? 내가 꾼 악몽 말이야."

"어젯밤 아자씨가 물었잖아. 내가 어떻게 여기 왔냐고. 아자씨가 체험한 대로야. 우리가 인터스텔라(항성 간 이동) 하는 방법 중 하난데 블랙홀과 웜홀이라는 통로를 따라 빛보다 빠른 속도로 우주를 여행하는 거지. 백문이 불여일견이라고, 내가 아무리 설명해 봐야 아자씨가 이해하지 못할 거 같아서 맛보기로 조금 보여 준 거야. 헤헤."

웜홀, 인터스텔라……. 그런 게 정말 가능하단 말인가.

"거 봐. 보여 줘도 못 믿잖아. 못 믿겠으면 그냥 그런 줄 알고 있어. 아유, 이럴까 봐 내가 개가 달 쳐다보는 그림 보여 준 거라니까."

"너 또 그 개 어쩌구 할래!"

발끈하고 났더니 정신이 돌아오는 것 같았다.

"웜홀인지 맨홀인지 그 얘긴 내가 더 알아보기로 하고, 오늘은 조선 사회를 절망의 블랙홀로 빨려 들어가게 만들었던 사건에 대해 얘기할게."

"아, 좋아! 아자씨의 갖다 붙이는 솜씨는 역시 짱이야. 블랙홀 얘기해 줬더니 바로 역사 강의에 써먹는 것 좀 보라지."

"농담 아니야. 정말 조선을 블랙홀 속으로 빨려 들어가게 만든 사건이니까. 그게 뭐냐, 바로 조선 최대 국란이었던 임진왜란과 병자호란이다. 두 전쟁은 조선이 건국되고 200년 만에 맞이한 큰 시련이었다. 임진왜란은 조선뿐만 아니라 중국 명나라와 일본 역사 변화에도 큰 영향을 미친 동아시아 대전이었지. 그래서 오늘은 한 시간 늘려서 1차시부터 3차시까지는 임진왜란, 4차시와 5차시는 병자호란 이야기를 해 줄게. 그럼 먼저 임진왜란부터."

그렇게 말한 뒤 나는 임진왜란 이야기를 시작했다.

때는 조선이 건국한 지 200년이 되던 1592년 4월 13일. 수백 척의 일본 전함이 해 질 무렵 부산 앞바다에 나타났어. 부산 앞바다 절영도에서 하루를 묵은 배들은 다음 날 해가 뜨자 부산 포구로 몰려왔지. 포구에 닻을 내린 수백 척의 배에서 일본군이 새까맣게 쏟아져 나왔어.

왜군은 부산성 안으로 최신식 무기인 조총을 쏘아 댔어. 활과 칼과 창이 주요 무기였던 조선 병사들은 난생처음 보는 조총의 화력 앞에 무기력하게 떨어져 나갔어. 마침내 부산성이 일본군 손에 들어가고, 성안에 있던 병사와 군민 수천 명이 살육당했지. 일본군 선발대는 다음 날 부산진 옆 동래성으로 쳐들어왔어. 동래성도 부산성처럼 하루 만에 함락당했어. 7년 동안 지속된 임진왜란의 비극은 그렇게 시작되었지.

조선은 왜 제대로 대응도 못 해 보고 이토록 허무하게 무너져 갔을까?

조선이 전쟁에 대비할 기회가 아주 없었던 건 아니야. 바로 1년 전 통신사로 일본에 갔던 사신이 돌아와 일본이 조선을 침략할지도 모른다고 경고했거든. 그런데 문제는 통신사의 의견이 서로 달랐다는 데 있어. 도요토미 히데요시를 만나고 온 통신사 총책임자인 정사 황윤길은 "장차 전쟁을 면키 어려울 것 같다."고 보고했어. 반면에 정사를 돕는 일을 하는 부사 김성일은 "도요토미 히데요시의 면면이 쥐새끼 같아 조선을 침략할 위인이 못 된다."며 정반대 의견을 내놓았지.

이때 조선 조정은 전쟁이 일어나지 않을 거라는 김성일의 의견에 동조해 전쟁 준비를 하지 않았어. 나중에 김성일은 왜 그런 보고를 했느냐는 유성룡의 물음에 이렇게 답했어.

"저 또한 왜 전쟁이 일어날 거라 생각하지 않았겠습니까? 허나 그리 말하면 민심이 심히 동요할까 염려되어 그리 말한 것입니다."

아무리 그렇더라도 상식이 있는 정부라면 전쟁이 일어날 것 같다는 목소리에 귀를 기울이고 그에 대한 대비를 했겠지. 하지만 선조(조선 제14대 왕)와 당시 정권을 쥐고 있던 동인 세력은 전쟁이 일어나지 않을 거라 믿고 전쟁에 대비해 성곽을 쌓던 작업을 중지시키고 얻어 온 조총도 창고에 처박아 버렸어. 도요토미 히데요시가 사신 편에 정명가도, 즉 '일본이 명나라를 치러 가려 하니 명나라로 가는 길을 빌려 달라.'는 요구를 했는데도 말이야.

일본은 왜 조선을 침략했을까? 일본은 임진왜란 전 100년 동안 내전을 벌였어. 그 내전을 끝내고 일본 열도를 통일한 인물이 도요토미 히데요시야. 도요토미는 전쟁이 끝나 실업자 신세가 된 무사들이 장차 자기에게 위협이 되지 않을까 염려했어. 그래서 그들의 힘을 외부로 표출하게 해야겠다고 생각했지. 어떻게? 외부와의 전쟁을 통해서.

전쟁을 일으킨 현실적인 이유도 있었어. 무역 때문이었지. 일본은 명나라와 조선이 일본과의 무역을 중단한데 불만이 컸어. 그래서 무력으로라도 무역 통로를 다시 열어야겠다고 생각했어. 이런저런 이유로 전쟁이 시작되었고, 수십 년간 내전을 치르며 단련된 일본군은 임진왜란에서 맹위를 떨쳤어.

일본군 선봉대는 부산성과 동래성을 함락시킨 뒤 한성으로 북진하기 시작했어. 그들은 한성에 입성하는 데 15일밖에 걸리지 않았어. 부산에서 서울까지의 거리는 428킬로미터야. 하루 종일 걸어도 보름이 더 걸리는 거리를 전쟁 중인 병사들이 보름 만에 당도한 거야. 도중에 일본군을 저지하는 조선군은 없었던 것일까? 있었어. 신립 장군이 충주 탄금대에서 배수진을 치고 일본군과 맞섰어. 배수진이란, 강이나 바다를 등지고 진영을 치는 거야. 뒤로 물러날 곳이 없으니 죽을힘을 다해 싸우겠다는 거지. 하지만 신립 장군은 아주 크게 패하고 말았어. 선조와 대신들은 믿었던 신립 장군이 패했다는 소식을 듣고 갈팡질팡했어. 선조는 회의를 통해 한성을 버리고 피란길에 오르기로 결정했지. 4월의 마지막 날 밤, 선조와 대신들이 창덕궁을 빠져나와 무악재에 이르자 경복궁과 창덕궁에서 불길이 일어났어. 성난 백성들이 불을 지른 거야.

선조의 피란 소식에 경악을 금치 못한 건 조선 백성들만이 아니었어. 한성에 들어온 일본군 또한 당황해서 어쩔 줄 몰랐어. 그들은 한성을 점령하기만 하면 조선 국왕이 항복을 하거나 스스로 목숨을 끊거나 둘 중에 하나를 선택할 거라 예상했어. 일본에선 그랬으니까. 성을 점령하면 패한 장군은 항복을 하거나 스스로 죽고 그 지역과 백성들은 그대로 점령자의 차지가 돼. 그런데 조선 국왕은 축구로 치면 골 먹을 위기에 처하자 골대를 가지고 도망가는 기발한 아이디어를 낸 거야. 이 일 때문에 선조가 지금까지 욕을 먹는데, 고려 시대 현종이 거란 침입을 맞아 나주까지 피란 간 일이 있으니 그렇게 참신한 아이디어도 아니고 혼자만 욕 먹을 일도 아니야. 하지만 고려 현종은 거란 침입을 물리친 왕으로 인정을 받지만 선조는 지금까지도 욕을 바가지로 먹고 있어. 왜 그런지는 이야기 듣다 보면 알 수 있어.

선조와 신하들은 임진강 건너 개성으로, 대동강 건너 평양으로, 청천강을 건너 의주까지 발바닥에 땀나도록 열심히 도망쳤어. 이제 남은 강은 압록강뿐. 선조는 압록강을 앞에 두고 이렇게 말했어.

"내가 천자의 나라 명나라에 가서 죽을지언정 이곳에서 왜놈들에게 죽지 않겠다."

선조는 여차하면 명나라로 넘어갈 생각이었어. 하지만 신하들이 강하게 반대하자 할 수 없이 의주에 남아 명나라에 군대를 보내 달라고 요청했어. 그러는 한편 아직 일본군에 점령되지 않은 함경도로 왕자들을 보내 군사를 모으도록 했어. 하지만 민심은 이미 임금을 떠난 뒤였어. 함경도 주민들은 군사를 모집하러 온 임해군과 순화군 두 왕자를 묶어 일본군에 넘겨 버렸어. 상황이 그 정도로 심각했지.

 선조와 대신들이 의주에서 초조하게 명군을 기다리는 사이, 남해에선 이순신 장군이 일본군을 신나게 무찌르고 있었어. 이순신은 옥포해전을 시작으로 당포, 사천포, 그리고 한산도에서 일본군을 충격과 공포에 빠뜨렸지. 아차, 바닷물에도 빠뜨렸구나. 보급 물자와 병사들을 싣고 남해를 거쳐 서해로 가려던 일본군의 계획은 이순신 때문에 어그러졌어. 최대 곡창 지대인 전라도를 점령하는 데도 실패했고.

 바다에서 이순신이 이끄는 조선 수군이 일본군을 격퇴시키고 있을 때 육지에선 군번 없는 의병들이 일본군을 괴롭혔어. 경상도 의령에서 일어난 홍의 장군 곽재우 부대는 육로를 통해 전라도로 침입하려던 일본군을 낙동강 전선에서 철저하게 틀어막았어. 곽재우 외에도 전라남도 담양에서 고경명, 나주에서 김천일, 광주에서 김덕령이 이끄는 의병 부대가 집요하게 일본군을 괴롭혔지. 충청도 옥천에서는 조헌이 승병 출신의 영규와 함께 의병을 이끌고 일본군과 싸웠어. 의병들은 자기 고장을 지키는 데서 더 나아가 게릴라 전법으로 일본군 보급로와 통신로를 차단해 일본군 작전에 큰 타격을 입혔어. 이순신이 이끄는 수군과 의병 부대, 그리고 전열을 가다듬기 시작한 관군 덕에 전세가 차츰 역전될 무렵, 명군 5만여 명이 1592년 12월 얼어붙은 압록강을 건너왔어.

조선과 명나라 조명 연합군은 1593년 1월 일본군 선봉장 고니시 유키나가가 지키고 있던 평양성을 탈환했어. 평양성 탈환을 계기로 임진왜란의 전세가 급격히 역전되기 시작했지. 평양성 탈환으로 자신감을 얻은 명나라 총사령관 이여송은 경기도 벽제까지 일본군을 추격하다 크게 패했어. 그때부터 1597년 1월 정유재란이 재개될 때까지, 전쟁을 관둘지 계속할지를 논하는 지루한 강화 협상이 시작되었지.

이야기를 마치자 토리가 알은체를 하고 나섰다.

"내가 왕 선생께 들어서 아는데 중국 명나라가 희생을 무릅쓰고 조선을 도와주지 않았다면 조선은 벌써 망했을 거야. 아자씨 강의 들어 보니 왕 선생이 왜 그런 말을 했는지 이해가 가."

"글쎄, 명군이 일본군 물리치는 데 도움을 준 건 사실이지만 다 자기들 필요하니까 그런 거지, 희생정신 운운할 것까지야."

"그게 무슨 뺑덕어멈 빈대떡 부치는 소리야. 고마운 줄 알아야지."

"누가 안 고맙대? 고마운데, 명나라가 참전한 건 일본군이 압록강 건너 요동으로 들어오면 곧바로 자기네 수도 북경으로 들어오니까 그렇게 되기 전에 한반도에서 일본군을 저지하기 위해 파병을 한 거야. 순망치한(脣亡齒寒), 즉 입술이 없으면 이가 시린 것처럼 누구 하나가 망하면 같이 망하는 법이니까. 알겠냐?"

"그렇다 치고. 어서 하던 강의나 마저 하셔."

"뭘 그렇다 쳐. 그런 거라니까. 아무튼 임진왜란 판을 벌였으니 마무리는 해야겠지?"

서로가 원하는 게 너무 달라서 강화 협상은 쉽게 결론이 나지 않았어. 일본군이 철수하면 도요토미 히데요시를 일본 국왕으로 책봉해 주겠다는 게 명나라가 제시한 유일한 강화 조건이었고, 일본은 명 황제의 딸을 도요토미 히데요시의 후궁으로 줄 것, 조선의 경기도, 충청도, 경상도, 전라도를 일본에 줄 것, 종전 후 조선은 왕자와 대신들을 인질로 보낼 것, 명나라가 중단한 무역을 재개할 것 등등 명나라와 조선이 결코 들어줄 수 없는 조건만 들고 나왔으니까 협상이 될 리가 없지. 그러다 결국 도요토미 히데요시가 1597년 다시 조선을 침입했는데 이것이 정유재란이야. 도요토미 히데요시는 정유재란을 시작하며 일본군 진영에 몇 가지 끔찍한 명령을 내렸어.

"전라도를 반드시 점령하라. 모든 것을 불살라 죽여라. 조선인의 코를 베어 보내라."

도요토미 히데요시는 잘라 온 코의 개수가 많고 적음을 따져 장수에게 영토를 하사할 생각이었어. 일본군이 다시 쳐들어왔을 때 조선 바다에는 이순신이 없었어. 어디 가셨냐고? 원균의 모함을 받아 한성으로 끌려가 고문을 당한 뒤 감옥에 갇혀 있었지. 이순신 자리에는 이순신을 몹시 시기하던 원균이 있었어. 원균은 선조의 절대적인 총애를 받아 조선 수군을 책임지는 삼도 수군통제사가 되었어. 하지만 그는 칠천량해전에서 2만여 명의 군사를 잃고 자신 또한 전사하고 말았지.

칠천량해전에서 큰 승리를 거둔 일본군은 섬진강을 따라 꿈에 그리던 전라도 내륙으로 깊숙이 쳐들어왔어. 전라도에 상륙한 일본군은 남원으로 진격하면서 마을의 집들을 모두 불태우고 닥치는 대로 양민을 학살했어. 일본 장수의 군의관으로 참전했던 승려가 이렇게 기록했을 정도야.

"우리 일본 군인들이 들도 산도 마을도 모두 불태우고, 자식들이 보는 앞에서 부모를 학살한다. 난생처음 보는 끔찍한 광경이다. 마치 피범벅이 된 지옥 풍경 같다."

일본군은 도요토미 히데요시의 명령대로 조선인의 코를 베어 담느라 정신이 없었어. 심지어는 산 사람의 코를 베어 가서 전쟁이 끝나고 전라도 지방에는 코 없이 다니는 사람이 많았다는 기록이 전해 와. 도요토미 히데요시는 일본에 도착한 조선인들의 코를 한데 모아 무덤을 만들고 코 무덤이라 했다가 하도 끔찍해서 이름을 귀 무덤으로 바꿨어.

원균이 전사하자 선조는 이순신에게 다시 원균이 맡았던 직책을 하사하고 일본군을 무찌르도록 했어. 이순신은 그 유명한 명량해전에서 열세 척의 배로 일본 군함 133척을 격파했지. 해가 바뀌어 일본에서 도요토미

• 교토에 있는 귀 무덤. 임진왜란 당시 도요토미 히데요시의 명령으로 이곳에서 교토의 승려 400명이 모여 불공을 드리기도 했다고 한다.

히데요시가 죽었다는 소식이 날아왔어. 감독을 잃은 일본군은 전쟁을 끝내고 일본으로 돌아가려고 했지. 이순신은 일본이 다시는 조선 땅을 넘보지 못하도록 하기 위해 도망가는 일본군을 끝까지 추격했어. 그러다가 지금의 남해 앞바다인 노량해전에서 일본군 총탄에 맞아 전사했지. 그 이야기는 다음 시간에 자세히 해 줄게.

 도요토미 히데요시의 죽음을 계기로 일본군이 철수하면서 7년을 끌어온 전쟁이 모두 끝이 났어. 7년간의 전쟁으로 조선의 농토는 3분의 1로 줄고, 전사한 군인과 민간인, 굶주림과 전염병으로 죽은 양민들이 수없이 많았어.

 임진왜란으로 국력이 약해진 명나라는 내부에서 반란이 일어나 나라가 기우뚱거리다가 급기야 만주에서 힘을 기른 후금에 의해 멸망했지. 일본은 도요토미 히데요시가 죽은 뒤 도쿠가와 이에야스가 새로운 막부 시대를 열었어. 이처럼 임진왜란은 조선과 일본뿐만 아니라 중국, 여진족의 역사에도 큰 영향을 끼친 동아시아 대전이었어.

"다음 시간에 임진왜란과 떼려야 뗄 수 없는 아주 중요한 인물에 대해 얘기하기로 하고 이번 시간은 여기서 마무리하자. 네가 임진왜란 주제로 시 한 수 짓고 마무리해."

"잠깐! 그 전에 우리 선조께선 어찌 되셨는지 말해 줘야지."

"너희 선조는 B^{b}403k 별에 잠들어 계시겠지."

토리가 어이없다는 듯 입을 헤벌렸다.

"헐! 아저씨 개그가 왜 이렇게 갈수록 엉망인지 모르겠네."

"하하, 알았다. 선조 임금은 전쟁이 끝나고 오래오래 행복하게 자~알 살았답니다. 됐냐?"

토리의 벌어진 입이 더 커졌다.

"책임 같은 거 안 져? 그 난리를 당했는데."

"부끄러운 얘기다만 시대를 막론하고 왕이 책임을 진다든가 하는 일은 없단다. 되레 자기가 명나라에 구원병 요청해서 일본군 물리쳤다고 자랑하셨는데 뭘. 어서 시 한 수 짓고 마무리하자니까. 오늘 갈 길이 멀어."

"알았어. 방금 아주 기발한 시상이 떠올랐어. 제목은 나그네. 켁켁."

임진강 건너 피란길을

구름에 달 가듯이 가는 임금님

길은 외줄기 피란 300리

구름에 달 가듯이 피란 가는 임금님.

어디서 또 김소월 시는 들어 가지고. 토리가 시를 읊조리는 소리를 들으며 생각했다. 이 정도면 시 짓기 놀이를 멈출 때가 된 게 아닐까.

한눈에 보는 한국·중국·일본

1592. 4.	1592. 5.	1592. 7.	1592. 12.	1596	1597
한 임진왜란 발발 (~1596)	한 옥포해전	한 한산도대첩	중 명, 조선에 군대 파병	한 이순신, 원균의 모함으로 옥살이	한 정유재란 발발 (~1598)

1597. 9.	1598. 8.	1598. 11.	1603
한 명량해전	일 도요토미 히데요시 사망	한 노량해전, 이순신 전사	일 도쿠가와 이에야스 등극, 에도 막부(~1867)

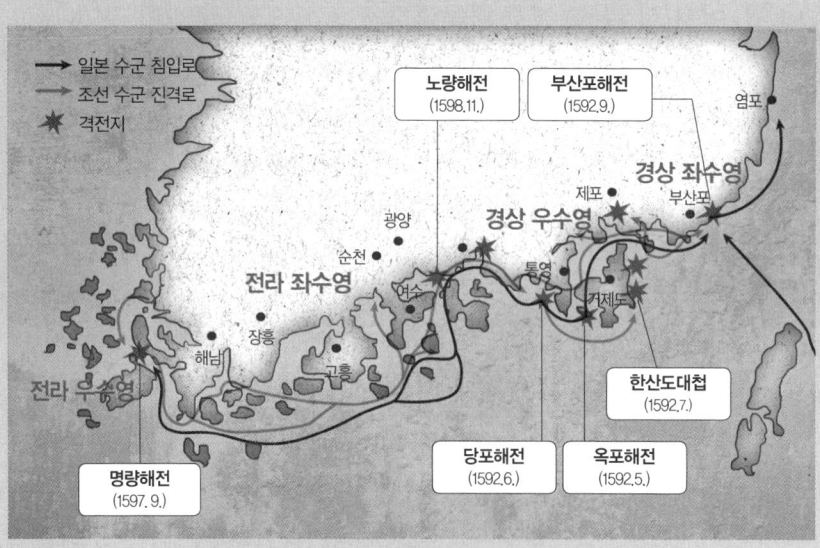

• 임진왜란 주요 해전

두 번째 이야기

이순신, 조선 바다를 지켜라!

어이없는 토리의 시 때문에 정신이 다 혼미할 지경이었다. 분위기를 수습하기 위해 돌발 퀴즈를 내기로 했다.

"오랜만에 역사 인물 퀴즈 놀이를 해 보는 게 어떠냐?"

"퀴즈라면 자신 있지. 어디 한번 내 보셔."

언제나처럼 토리는 자신감이 넘쳤다.

"너의 자신감이 안드로메다를 달리는 은하철도 999 앞바퀴를 찌를 듯하구나. 좋아, 그럼 쿵쿵따~ 박자에 맞춰 시작해 보도록 하자. 쿵쿵따~, 쿵쿵따~"

내가 박자에 맞춰 두 손으로 탁자를 치자 토리가 팔짱을 끼었다.

"거 좀 쿵쿵따 좀 그만해. 서동과 선화공주 때 내가 아주 오글거려서 기절

할 뻔했다고."

"잔말 말고 따라 해. 시작한다. 쿵쿵따, 살수대첩?"

"을지문덕!"

"삼국 통일?"

"김유신!"

"귀주대첩?"

"강감찬!"

"올, 토리 대단한데. 후삼국 통일?"

"왕건!"

"임진왜란?"

"어, 어, 졌다."

"하하하, 괜찮다. 그래야 나도 이야기할 게 있지. 내가 생각하는 정답은 이순신이야. 그래서 이번 시간엔 이순신 특집으로 꾸며 보려고."

토리가 두 손으로 턱을 괴고 나를 바라보았다. 그렇게 대단해? 하는 표정으로.

"대단하지. 일본군 침입으로 바람 앞에 등불 같았던 조선을 구한 영웅이니까. 이순신은 임진왜란 당시 일본군에겐 공포의 대상이었어. 23전 23승이라면 알 만하지?"

내가 침 튀기며 이야기를 하자 토리가 어서 본론으로 들어가자는 신호를 보냈다.

알았어, 알았어. 시작할게. 이순신은 1545년 서울 건천동에서 태어났어. 이순신의 집안은 대대로 문관 벼슬을 하던 양반이었어. 그런데 할아버지가 사화에 연루되는 바람에 아버지가 벼슬을 못 해 순신은 넉넉지 못한 어린 시절을 보냈지.

문관 집안답게 이순신도 처음엔 문과 시험을 준비했어. 그러다 진로를 문과에서 이과로, 아니다, 무과로 바꿔서 28세에 무과 시험을 치렀어. 이순신은 그 시험에서 말에서 떨어지는 바람에 낙방했어. 그때 부러진 다리를 버드나무 가지로 칭칭 동여매고 계속 달렸다는 일화는 아주 유명해. 그리고 4년 뒤 무과에 급제해 벼슬길에 올랐어.

이순신의 관직 운은 별로 좋지 않았어. 그가 원칙주의자였기 때문이야. 상관이 잘못된 것을 부탁하면 원칙대로 안 된다고 해 버리니까 보복을 당하기 일쑤였지. 승진과 파직을 반복하던 이순신에게 운명처럼 기회가 찾아왔어. 임진왜란 1년 전 전라 좌수사에 임명된 거야. 전라 좌수사는 한성에서 남쪽을 바라볼 때 전라도 좌측, 즉 여수 일대 바다를 책임지는 수군 장수야. 이순신은 부임하자마자 전함을 설계해 만들고 화포를 새로 제작해 수군들을 훈련시켰어. 조정 대신들은 일본군이 쳐들어오지 않을 거라 생각했지만 이순신은 그렇게 생각하지 않았거든.

아니나 다를까 1592년 4월 일본군 이십여 만 명이 조선을 침략했지. 부산에 상륙한 일본군이 20일이 채 안 돼 한성을 점령하고 계속 북상해 평양까지 차지한 상황은 앞에서 설명한 그대로야. 그런 상황에서 이순신은 준비된 수군을 이끌고 첫 해전인 옥포해전을 시작으로 사천포와 당포, 당항포 해전에서 치르는 싸움마다 승리를 거듭했어. 그러던 1592년 7월 일본 수군을 크게 무찌른 해전을 치르는데 그 전투가 바로 한산도대첩이야. 일본 수군의 목표는 서해를 따라 물자와 병사들을 실어 나르는 거였어. 또 하나는 조선 최대의 곡창 지대인 호남을 장악해 보급을 원활히 하는 것. 그 목표로 가는 길목이 바로 한산도 앞바다였지.

이순신이 전라도에서부터 전함을 이끌고 경상도로 출정했을 때, 일본 수군 함대는 견내량 너머에 있었어. 견내량은 통영과 거제 사이에 있는 좁은 바다로, 경상도에서 전라도로 진출할 때 거쳐야 하는 지름길이야. 이순신은 견내량을 보며 생각했지.

'적들이 필시 견내량을 통과해 올 텐데 몸집이 큰 우리 판옥선이 작전을 수행하기엔 견내량이 너무 좁구나.'

그래서 이순신은 일본 함대를 한산도 앞바다로 유인하기로 했어. 이순신은 먼저 견내량으로 우리 전함인 판옥선 몇 척을 보내 일본 함대를 유인했어. 일본 수군은 그런 줄도 모르고 다가간 조선 수군 함대를 공격했지. 그때 조선 함대가 방향을 돌려 한산도 앞바다로 도망쳤어. 그러자 일본 함대가 신이 나서 조선 수군을 추격해 왔어.

일본 함대가 한산도 앞바다로 몰려나오자 이순신은 조선 수군에 명령을 내렸어.

"학익진을 펼쳐라!"

이순신의 명령에 따라 조선 수군의 판옥선들이 양쪽으로 길게 늘어서더니 학이 날개를 펼치듯 일본 함대를 멀리 에워쌌어. 그러고는 일시에 지자총통과 현자총통 등의 대포와 불화살을 발사하기 시작했지. 일본 함대 수십 척이 대포와 불화살을 맞아 부서졌어. 그때 이순신이 거북선을 몰고 적진으로 들어가 좌충우돌하며 일본 전함을 깨부숴 버렸지.

1592년 7월 8일, 이날 전투에서 조선 수군은 일본 군함 육십여 척을 격침시키고 일본군 4천여 명을 전사시켰어. 워낙 큰 승리여서 이 전투를 한산도대첩이라 부르는데 임진왜란 역사에서 무척 의미 있는 승리야.

한산도해전 패배로 서해로 진출하려던 일본 수군의 계획은 물거품으로 돌아가고, 육지에서 승승장구하던 일본군은 어이 상실. 평양성에 주둔하고 있던 고니시 유키나가 부대는 더 이상 북진하지 못한 채 발이 묶였어. 연전연승의 공을 세운 이순신은 다음 해 충청, 전라, 경상도 수군을 책임지는 삼도 수군통제사에 임명되었어.

그리고 1596년. 삼도 수군통제사로 조선의 바다를 책임지고 있던 이순신에게 시련이 닥쳐 왔어. 명과 일본의 강화 협상이 깨지고 정유재란이 발발하기 일보 직전의 일이야. 그때의 시련은 최고의 시나리오 작가가 짜 놓은 것처럼 영웅 이순신을 완벽한 위기로 몰아넣었지.

영웅을 소재로 한 영화에는 세 가지 필수 요소가 있어. 첫째, 도저히 빠져나올 수 없을 것 같은 위기 상황. 둘째, 주인공을 끊임없이 괴롭히는

경쟁자. 셋째, 주인공의 조력자. 조력자는 주인공을 돕다가 결정적 순간에 주인공을 위험에 빠뜨리기도 해.

　이순신의 경쟁자로 악역을 맡은 인물은 원균이었어. 원균은 임진왜란 초 전함과 무기를 버리고 도망친 위인이야. 이순신보다 계급이 위에 있다가 이순신이 승승장구하는 바람에 이순신의 지휘를 받는 처지가 됐지. 그러자 그는 끊임없이 이순신을 시기하고 모함했어. 이순신에게 도움을 요청했는데 안 도와주는 바람에 자기가 패했다는 둥, 한산도에 처박혀서 꿈쩍도 안 한다는 둥 조정에 대고 이순신을 모함해 댔지. 악역 2는 선조였어. 한성을 버리고 피란 갔다가 돌아온 선조 역시 원균과 마찬가지로 할 말이 없는 분인데, 이분은 이상하게 원균을 총애하고 이순신을 깎아내렸어. 아마 이순신이 백성들로부터 절대적인 지지를 받는 것이 못마땅해서 그런 것 같아. 원균의 집요한 모함 덕에 조정에서는 이순신에 대한 분위기가 안 좋은 방향으로 흘러가게 되었지.

　이순신을 궁지에 빠뜨린 외부의 적은 고니시 유키나가였어. 고니시는 왜군 선봉장으로 또 다른 선봉장 가토와 함께 한성에 입성한 인물로 도요토미의 오른팔이야. 그는 조선을 다시 침략한대도 바다에 이순신이 있는 한 육지와 수로로 동시에 진격해 가는 수륙 병진 작전은 힘들 거라고 봤어. 그래서 고안해 낸 게 이순신 제거 작전.

　고니시는 조선 사람을 매수해 가토를 잡으면 조선이 승리할 거라고 알려 주었어. 그러자 그 계획이 조정에 알려지고 선조는 덕적도에 있는 가

토 부대를 격파하라고 명했지. 하지만 이순신은 그것이 고니시의 간교한 술책임을 간파하고 움직이지 않았어. 아무리 임금의 명령이라도 그것이 합당하지 않으면 거부하는 게 조선 사대부들의 오랜 전통이니까. 게다가 지금은 전쟁 상황이고, 해전을 책임지는 사람이 삼도 수군통제사 이순신이었으니 그 명을 따를 수 없는 건 당연해. 이순신이 움직이지 않자 드디어 조정에서는 이순신을 잡아다 처벌해야 한다는 상소가 빗발쳤어. 고니시와 원균, 선조가 완벽하게 이순신을 궁지로 몰아넣은 거야.

다음은 도움을 주는 조력자. 유성룡은 이순신을 천거하고 이순신이 위기에 처해 있을 때마다 앞장서서 그를 구해 준 인물이야. 그런데 조정 분위기가 이순신을 벌해야 한다는 쪽으로 돌변하고 선조가 강력하게 이순신을 처벌하겠다고 하자 "이순신이 공을 크게 세워 자만을 해서 한산도에 처박혀 움직이지 않는다."는 등 이상한 발언을 했어. 주인공을 돕다가 결정적인 순간에 주인공을 위기에 빠뜨리는 조력자 캐릭터에 충실한 거지.

믿었던 유성룡마저 등을 돌리자 이순신은 결국 한성으로 압송돼 옥에 갇혔고, 모진 고문을 당해 죽을 위기에 처했어. 그때 만약 정탁 같은 관리가 "명장을 죽여서는 안 된다."고 충언하지 않았다면 선조는 아마 이순신을 정말 죽였을지도 몰라. 그래도 하늘이 조선을 버리지 않으려고 그랬는지 이순신은 고문 끝에 풀려나 백의종군하라는 명을 받았어. 벼슬 없이 싸움터로 가라는 말이지. 역사에 만약은 없다지만 그때 만약 이순신이 죽었다면 조선은 어쩌면 그때 일본의 식민지가 됐을지도 몰라. 물론 가정과 추측이야.

악역은 승승장구하고 주인공의 시련은 계속돼. 이게 바로 영웅 드라마를 흥미롭게 만드는 필수 요소지. 원균은 이순신이 맡았던 삼도 수군통제사가 돼 첩을 전장에 데리고 가서 희희낙락하며 지냈고 이순신 부하들은 다 내쳤어. 옥에서 풀려난 이순신은 백의종군하기 위해 남쪽으로 내려가던 도중 어머니의 사망 소식을 듣지. 효자로 알려진 이순신이 얼마나 상심했을까.

상황은 1597년 7월 정유재란. 이순신을 제거해 남해와 호남을 장악할 절호의 기회를 잡은 일본군과 그에 대한 대비책이 없는 조선 수군 총사령관 원균. 둘이 부딪혔을 때 결과는 불 보듯 뻔하지. 아니나 다를까 원균은 그동안 조선 수군이 건조한 전함 수백 척을 모두 이끌고 출전한 칠천량해전에서 전멸당했어. 그 전투에서 원균은 주특기를 발휘해 도망치다 일본군에게 살해당했어. 일본군은 환호, 조선 조정은 대략 난감. 할 수 없이 선조는 백의종군하던 이순신을 다시 삼도 수군통제사에 임명했어. 이런 교지를 내리면서.

"내 무슨 할 말이 있으리오, 무슨 할 말이 있으리오."

그러면서 내린 명은 이순신을 당황하게 만들었어.

"수군이 전멸했다 하니 수군을 버리고 육전에 힘쓰라."

선조의 명령에 이순신은 그 유명한 답을 보냈어.

"신에게는 아직 열두 척의 배가 있습니다."

칠천량해전에서 조선 수군을 궤멸시킨 일본군은 꿈에 그리던 호남으로 입성, 남원과 전주성에서 피의 보복을 자행했어. 그리고 마침내 경상 앞바다를 지나 전라도로 진격해 왔지. 왜냐고? 한성으로 올라가려고. 이순신은 남아 있는 열두 척의 판옥선에 한 척을 더해 모두 열세 척의 전함으로 일본군을 막아야 했어. 이순신이 격전지로 정한 곳은 진도 울돌목. 그곳은 전라도에서 서해로 빠져나가는 길목으로, 물살이 빠르고 세기로 유명한 명량 해협이야.

한산도대첩과 함께 임진왜란에서 가장 큰 승리를 거둔 명량해전에서 이순신은 열세 척의 배로 일본 전함 3백여 척을 맞아 싸웠어. 이 중 일본 전함 133척이 명량해전에 나섰고, 수십 척이 격침됐어. 이순신은 어떻게 이런 큰 성과를 얻을 수 있었을까? 싸움 전날 이순신은 병사들에게 말했어.

"필사즉생(必死卽生), 필생즉사(必生卽死). 죽고자 하면 살 것이요 살고자 하면 죽을 것이다. 한 사람이 길목을 막아 지키면 천 사람을 두렵게 할 수 있다. 이곳이 바로 그곳이다."

이건 결사 항전이야. 1천 년 전 계백 장군도 가족을 베고 황산벌로 달려 나가며 결사 항전을 외쳤지. 목숨을 내놓고 싸우는 전투, 이건 더 이상 물러날 곳이 없는 장수가 쓸 수 있는 마지막 카드야. 성공할 확률보다 실패할 확률이 더 큰 모험이지. 그러나 이순신은 1퍼센트의 가능성을 99퍼센트의 승리로 만들었어. 1597년 9월 명량에서.

명량해전에 나선 이순신은 좁은 해협으로 적을 끌어들인 뒤 오후 들어 물살이 우리 쪽에서 일본군 쪽으로 바뀔 때 대대적인 공격에 나섰어. 화포로 원거리 사격을 해 대고, 일본 전함보다 단단한 판옥선으로 적의 배를 부숴서 일본군을 물리쳤지. 명량해전 패배로 일본군은 한성으로 올라가려던 작전을 완전 포기하고 울산, 사천, 순천 등에 일본식 성곽인 왜성을 쌓고 들어앉았어.

이제 영웅 드라마의 마지막 이야기를 해야 할 차례야. 명량해전이 벌어진 게 정유재란 때인 1597년 9월인데, 그로부터 약 1년 뒤인 1598년 8월에 도요토미가 죽어. 그러자 일본군은 철수하기로 했지. 순천 왜성에서 안전한 철수를 계획하던 고니시는 이순신이 바닷길을 막고 있자 명나라 제독 진린에게 뇌물을 써서 이순신이 자기를 막지 않게 해 달라고 간청했어. 진린이 꾸물거리는 사이 이순신이 일본군을 곱게 돌려보내 줄 턱이 있나.

1598년 11월, 남해 앞바다 노량으로 일본 전함 5백여 척이 몰려오자 이순신은 전함 팔십여 척과 명나라 전함 63척을 몰고 일본 전함을 추격했어. 이 전투에서 이순신은 왜선 2백여 척을 침몰시키고 150여 척을 부숴 버렸어. 하지만 이순신은 도망가는 적선을 끝까지 추격하다 군함 뱃머리로 날아든 유탄에 맞아 쓰러지고 말았지. 쓰러지면서 이순신은 이렇게 말했어.

"싸움이 급하니 나의 죽음을 알리지 말라!"

새벽부터 시작된 노량해전은 이순신이 죽고 그 혼란한 틈을 타 고니시가 무사히 탈출하면서 끝이 났어. 이순신은 왜 죽었을까? 영웅 드라마의 마지막은 늘 여운을 남겨. 승리해 살아남는다 해도 자신을 미워하는 선조 임금에게 버림받을 거란 걸 예감한 이순신이 결국 전장에서의 죽음을 택한 게 아닐까, 하는 추측들이 오늘날까지 전해진단다.

이야기를 마치자 토리가 두 눈을 크게 뜨며 말했다.

"이순신 정말 짱이다. 그래서 나카무라 상도 이순신은 조선의 대단한 장수라고 했구나."

"아마 그랬을 거다. 세계 해전사에 남은 인물이니까. 이순신이 과대 포장돼 있다고 말하는 사람이 있는데, 그건 뭘 몰라서 하는 소리야. 물론 거북선을 만든 건 부하 나대용이지만 그걸 전투에 사용한 사람은 이순신이거든. 이순신이 이길 만한 싸움만 했다고도 하는데 그거야말로 정말 바보 같은 소리야. 전투를 하기 전에 면밀하게 정보를 분석하고 허를 찌르는 작전으로 적을 멘붕에 빠뜨려 궤멸시키는 게 어떻게 이기는 싸움만 한다고 할 수 있겠냐. 일본군을 물리친 데는 여러 가지 요인이 있지만 이순신의 활약이 가장 컸다는 걸 부인하긴 힘들어."

"근데 진짜 궁금한 게 있는데, 조선 전함이 얼마나 단단하기에 일본 전함을 들이받아 부쉈어? 둘 다 나무로 만든 배 아니야?"

"토리, 아주 좋은 질문했다. 아저씨도 늘 그게 궁금했어. 대포 기술은 당연히 조선군이 우세했기 때문에 먼 거리에서 화포 빵빵 쏘아 대서 적선을 침몰시킨 건 이해하겠는데 거북선이니 판옥선이니 하는 조선 전함이 일본 전함을 부딪쳐 부쉈다는 게 잘 믿기지 않아서 말이다. 그래서 자료를 찾아보고 실험을 해 봤지."

"실험을 해 봤다고? 배 만들어서?"

"그런 건 아니고. 일본 전함의 재료인 스기목, 즉 일본산 삼나무와 조선의 판옥선 재료인 소나무를 가지고 강도 실험을 해 봤다. 삼나무는 가볍고 방수 효과가 탁월해서 배 만드는 재료로 많이 쓰여. 하지만 소나무보다 무르고 약해. 내가 삼나무와 소나무를 도끼로 쪼개 봤거든. 그랬더니 삼나무는 돌쇠 스타일로 세게 내려치면 한 방에 팽, 하고 갈라져. 그런데 소나무는 아무리 찍어도 퍽, 소리만 나고 안 갈라져. 열 번 찍어 안 넘어가는 나무 없다고 하는데 소나무는 열 번 넘게 찍어야 갈라지더라고.

그리고 두 나무를 불에 태워 봤더니 삼나무는 얼마 안 가 다 타 버렸어. 홀라당. 그런데 소나무는 다 타는데 삼나무보다 시간이 세 배 넘게 걸려. 그만큼 단단하단 얘기지. 그러니까 이렇게 단단한 소나무로 만든 판옥선과 거북선을 몰고 가서 부딪칠 수 있었던 거야. 비교하자면 씨름 선수 최홍만과 내가 부딪치는 거나 마찬가지다. 그리고 일본 수군은 배에 기어올라 백병전을 벌이는 게 주특긴데, 거북선은 갑판에 지붕을 덮고 그 위에 쇠꼬챙이를 박아 놓아서 기어오를 수가 없었어. 백병전은 양편이 서로 가까이 맞붙어 싸우는 전투 방식을 말해. 그러니까 거북선이 적진 가운데로 뛰어들어 양쪽에서 화포를 발사하면서 그냥 막 들이박고 그런 거야. 이순신 이야기는 여기까지!"

내가 일어서려 하자 토리가 고개를 들고 쳐다봤다.

"시로 마무리해야지."

"토리야, 내가 생각해 봤는데 너 시 그만 짓고 하산해도 되겠어. 넌 이미 두보와 이태백을 넘어섰어. 임진강 건너 피란길을 구름에 달 가듯이 가는 임금님, 캬, 이런 시를 너 말고 누가 지을 수 있겠냐."

"켈켈켈. 내가 좀 잘 짓긴 하지. 그래도 계속하자! 내가 지어 볼게. 제목은 오, 충무공. 켁켁."

임진년 동남풍에 꺼져 가는 조선 등불
충무공 아니라면 그 누가 막을쏜가
한산대첩 명량대첩 노량해전 승승승.

한눈에 보는 한국·중국·일본

1592. 4.	1592. 5.	1592. 10.	1592. 12.	1593. 1.	1593. 2.
한 임진왜란 발발 (~1596)	한 한성 함락	한 진주대첩	중 명, 조선에 군사 파병	한 조명 연합군 평양성 탈환	한 행주대첩

1593. 4.	1597	1597. 9.	1598. 8.	1598. 11.	1603
한 한성 수복	한 정유재란 발발 (~1598)	한 명량해전	일 도요토미 히데요시 사망	한 노량해전, 이순신 전사	일 도쿠가와 이에야스 등극, 에도 막부(~1867)

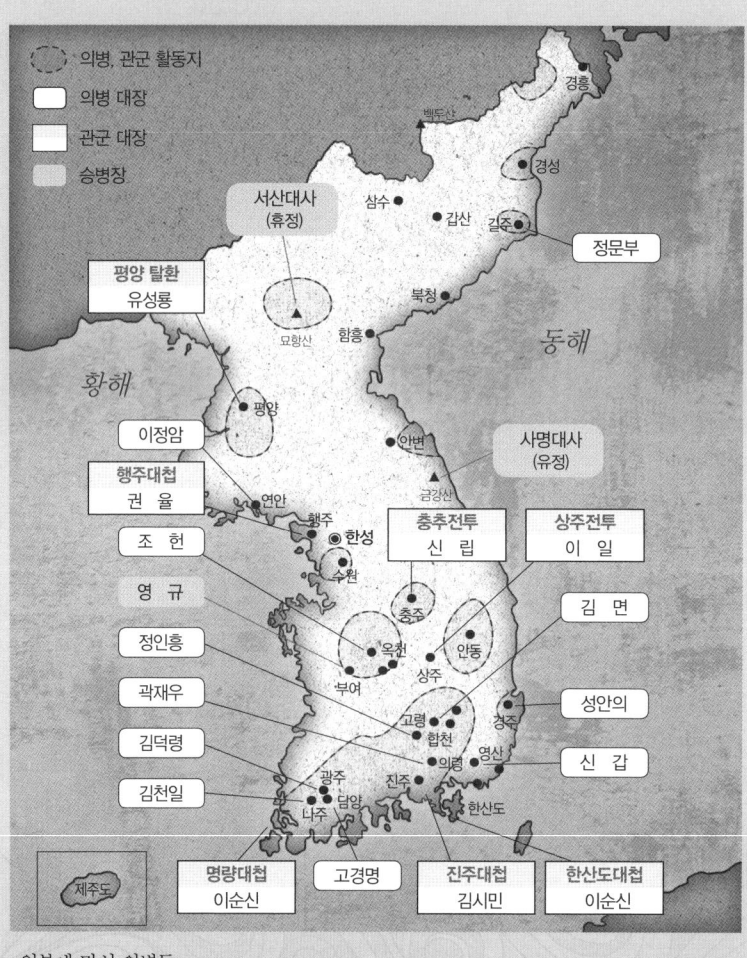

• 일본에 맞선 의병들

세 번째 이야기

홍의 장군 곽재우와 의병들

토리의 시가 제법인 듯해 한마디 던졌다.

"옛말에 후생가외라 하더니만 꼭 토리 너를 두고 하는 말 같구나."

"무슨 뜻인지 모르겠지만 비난은 아닌 것 같은데."

"후생가외(後生可畏)란, 뒤에 난 사람을 두려워할 만하다는 뜻으로 후배가 선배를 능가할 수 있다는 의미로 쓰인다. 방금 네가 지은 시를 들으니 머 잖아 나를 능가할 거란 생각이 드는구나."

"능가하고 말 게 뭐 있어. 이미 아자씨보다 서너 발 앞서……."

"자, 이번 시간엔 임진왜란 마지막 강의를 시작하겠습니다."

"으이씨, 왜 말을 자르고 그래. 기분 서럽게."

토리가 눈을 흘겼다.

"미안하다. 너무 잘나신 분한테 강의하려니 황송해서 그런다. 됐냐?"

"쳇!"

토리가 입을 삐죽거렸다. 그러거나 말거나.

"이번 시간은 이순신과 더불어 위태로운 나라를 구하는 데 앞장선 분들 이야기를 해 주겠다. 이왕 사자성어로 시작했으니 하나만 더 해 보자.《논어》에 이르길, 견위수명(見危授命)이라 했느니라."

"여기가 중국이야? 왕 선생님도 안 쓰는 사자성어를 왜 그렇게 많이 쓰고 그래?"

"하, 고 녀석 참 말 많네. 강의에 필요하니까 쓰지. 잘 들어. 견위수명이 무슨 뜻이냐. 나라가 위태로운 걸 보면 목숨을 바친다, 이런 뜻이다. 지금 얘기하려는 의병이 바로 견위수명을 실천한 분들이야. 됐냐?"

"아자씨 마음 내 알지. 4차원 입체 강의해 주려고 그러는 거. 헤헤."

"으이그, 말이나 못 하면. 그럼 시작할게. 임진왜란 때 일본군이 부산, 대구 찍고 충주 지나 한성으로 북상하자 선조는 의주로 피란 가고 난리도 아니었잖아. 전쟁 초기 관군은 거의 존재감이 없었고, 그나마 다행히 육지에서 내 고장은 내가 지키겠다며 의병이 일어나 일본군이 호남으로 진출하는 걸 막고, 이순신이 서해로 진출하려는 일본 수군을 무찔렀다고 한 거 기억나니?

그때 의병과 수군 아니었으면 난 아마 지금 나카무라 상 동네 말을 쓰고 있을지도 모르겠다. 아나따와 토리데스까(네가 토리냐)? 이렇게. 그만큼 의병은 우리에게 고마운 존재야. 하지만 일본군에겐 정말 낯설고 성가신 존재였지. 왜냐, 일본에선 전쟁을 할 때 군인들끼리 승패를 가리고 나면 민중들이 의병을 일으키거나 하는 일이 거의 없어. 그냥 이긴 편에 가서 충성 맹세하면 끝. 그런데 조선 민중들은 오뉴월 생선 가게에 파리 달려들 듯 곳곳에서 일본군을 괴롭혔다. 그랬으니 일본군이 얼마나 심란했겠냐. 그래서 의병 중에서도 가장 일본군을 괴롭혔던 의병 이야기를 지금 해 주려고 한다. 그게 누구냐, 그 이름도 유명한 홍의 장군 곽재우시다."

나는 의병 곽재우 이야기를 시작했다.

임진왜란이 발발한 지 열흘 뒤 곽재우(1552~1617)는 경남 의령에서 의병을 일으켰어. 임진왜란이 터지고 일어난 최초의 의병이야. 의병을 일으킬 당시 곽재우는 강가에 정자를 짓고 낚시를 하며 세월을 보내고 있었어. 원래 양반 집안에다 과거에도 합격한 문인이 거기서 왜 그러고 있었을까? 이유가 있어.

임진왜란이 일어나기 몇 년 전, 곽재우는 과거 시험에 합격했는데 선조가 답안을 보더니 답안 내용이 불손하다는 이유로 합격을 취소시켜 버렸어. 그 때문에 강에서 낚시나 하며 농사를 지어 생계를 유지하고 있었지. 그러던 차에 왜군이 침입했다는 소식을 듣고 의병을 일으켰던 거야. 당시 의병을 일으킬 정도면 양반 신분에 재산도 상당히 많아야 했어. 그래야 의병들 밥 먹여 가며 싸울 수 있으니까. 곽재우는 그만한 신분과 재력이 있었지.

 곽재우가 의병 깃발을 들었을 때 처음 모인 수는 고작 십여 명 정도였어. 자기 집 노비들이 전부였지. 곽재우는 이웃을 돌며 양반들을 설득해 의병들을 끌어모았어. 그렇게 해서 50명, 100명으로 늘어 나중엔 2천 명에 이르렀지.

 곽재우가 주로 활약한 지역은 경상 우사, 즉 낙동강 서쪽 지역이었어. 그곳에서 곽재우는 일본군 보급 부대를 공격해 적들을 곤경에 빠뜨렸지. 최초의 전투는 배를 타고 강을 올라오는 일본군 수송선을 공격한 거였는데, 강바닥에 줄을 묶어 놓은 다음 배가 걸려 넘어질 때 화살을 마구 퍼부어 일본군을 무찔렀어.

 그즈음 곽재우 말고도 의병을 일으킨 의병장이 있었어. 나주의 김천일과 고경명, 광주 김덕령, 합천 정인홍, 충청도 조헌과 승려 영규 등이 그들이야. 그런데 곽재우 의병장은 가장 먼저 의병을 일으켰다는 사실 말고도 다른 의병장과 다른 뭔가가 있었어. 그건 바로 의병장의 스타일. 곽재우는 붉은색 비단으로 만든 옷을 입고 전투에 임했어. 붉은 옷을 멋지게 차려입고 일본군을 무찌르니까 백성들이 그를 홍의 장군이라 불렀지.

 곽재우가 사용한 전술은 유격전이야. 빠르게 치고 빠지고 매복했다가 기습하고, 이런 게릴라 전법으로 일본군에 타격을 입혔어. 전설에 따르면 곽재우는 부하에게 자기와 똑같은 홍의를 입혀 내보냈다고 해. 일종

• 경남 의령에 있는 홍의 장군 곽재우 동상.

의 위장 분신술 작전인데 일본군은 곽재우가 동에 번쩍 서에 번쩍 신출귀몰한다며 두려워했어.

 곽재우는 전투에서의 공로를 인정받아 진주 목사에 임명되는 등 개인적으로도 출세의 길을 걸었어. 그런데 어느 순간 관직을 버리고 낙향해 버려. 왜 그랬냐고? 조정과의 불화 때문이야. 이분 캐릭터가 이순신 장군하고 비슷해. 불의에 타협하지 않고 올곧게 가는 스타일. 그러니 우리 선조께서 좋아하실 리가 없지. 과거 합격 취소로 선조와 처음 맺은 악연은 전쟁 중에도 이어졌어.

 곽재우가 낙향하자 조정 대신들이 "아직 전쟁 중이니 곽재우를 다시 등용해야 한다."고 건의하자 선조께서 하시는 말씀. "곽재우가 누구?" 이러면서 "왕명을 대행하는 도체찰사 명도 따르지 않는 자에게 병권을 주면 후환이 생길 것이다."라고 말씀하셨지. 그래도 정유재란이 발발하니까 어떡해. 다시 등용해 쓸 수밖에. 하지만 계모가 세상을 떠나자 곽재우는 삼년상을 치러야 한다는 핑계를 대고 다시 낙향해 버려.

 그러는 사이 전쟁이 끝났는데, 전쟁이 끝나고도 곽재우의 삶은 순탄치 않았어. 벼슬을 얻어 다시 관직에 나갔지만 영의정을 부당하게 파직시킨 것을 비판한 뒤 왕에게 보고도 안 하고 낙향했어. 그러자 선조가 노발대발, 곤장 100대를 쳐야 한다느니 그러면서 3년 동안 유배를 보냈어. 전쟁에 공을 세운 장수들에게 공훈을 내릴 때에도 곽재우는 공이 없다며 아예 공신 목록에 넣지 않았어.

유배 생활을 마치고 고향에 돌아온 곽재우는 낙동강 가에 초가집을 짓고 솔잎을 먹으며 도인처럼 생활했어. 식이요법으로 위암 치료하는 환자도 아니고, 곽재우는 왜 솔잎만 먹으며 생활했을까? 어떤 사람이 그 이유를 이렇게 설명했어.

"곽재우가 솔잎만 먹은 건 도술을 닦으려는 게 아니라 의병장 김덕령이 억울하게 죽는 것을 보고 자기도 화를 당하지 않을까 두려워 세상을 도피하려는 것이다."

그 말은 맞는 말이었어. 김덕령은 전라도 의병장인데 한때 곽재우와도 같이 의병 투쟁을 벌인 사람이야. 그런데 1596년 이몽학이라는 자가 전란 중에 난을 일으켰다가 실패해 죽었는데, 난을 조사하는 과정에서 김덕령의 이름이 튀어나왔어. 같이 역모를 모의했다고. 나중에 거짓으로 밝혀졌지만 김덕령은 이미 죽고 난 뒤였지. 곽재우는 김덕령의 죽음을 보고 까딱 잘못하다가는 자신도 역모로 엮여 죽을 수도 있겠다 싶었어. 게다가 명장 이순신까지도 고문받고 죽을 뻔한 걸 봤으니 왜 두렵지 않았겠니. 그래서 솔잎을 먹으며 도인 행세를 하다가 생을 마감했단다.

"임진왜란은 여기까지 할까?"
이야기를 마치며 내가 말했다.
"임진왜란 강의하느라 고생 많았어. 그나저나 선조는 끝까지 충신들을 무시하셨구만."

"그러셨지. 말 나온 김에 덧붙이자면 전쟁 끝나고 공신 책봉할 때 목숨 바쳐 싸운 장수들보다 자기를 호위해 의주까지 피란 간 사람들에게 더 많은 상을 내렸어. 임금이 탄 수레를 호위했던 내시 스물네 명을 공신에 봉했으면서 의병장은 한 사람도 공신으로 인정하지 않았어. 참, 칠천량해전에 패해 조선 수군을 전멸시키다시피 한 원균을 이순신과 똑같은 선무공신 일등에 봉하셨다니 말 다했지. 선무공신은 임진왜란에서 공을 세운 열여덟 무신에게 내린 훈공을 말해. 이런 점이 선조가 오늘날까지 비난받는 이유야.

선조는 도대체 왜 그러셨을까. 아마 전쟁이 일어나자마자 피란 갔던 게 창피해서 그랬을 걸로 보이는데 전쟁이 끝나고 대신들에게 한 다음과 같은 말 속에 선조의 솔직한 심정이 담겨 있어.

> 왜란을 평정한 것은 오로지 명나라 군대의 힘이었다. 우리 장수는 요행히 잔적의 머리를 베었을 뿐 제 힘으로 한 명의 적병을 베거나 적진을 함락하지 못하였다. 그중 이순신과 원균과 권율은 좀 나은 편이다. 그리고 명나라 군대가 조선에 오게 된 연유는 여러 신하들이 어려움을 무릅쓰고 나를 의주까지 호위해 와서 명에 호소할 수 있었기 때문이다. 그 덕에 왜적을 물리치고 강토를 회복하게 된 것이다.

무슨 말이냐, 조선 장수들은 한 게 없고, 자기가 중국에 구원병 요청해서 그 덕에 왜적 물리쳤단 말씀이야. 선조가 학문을 좋아하는 호학 군주라느니, 선조 때 이황, 이이, 기대승, 유성룡 등 뛰어난 학자들이 많이 배출됐다느니 하면서 최근에 선조를 다시 보자고 하는 사람들도 있어. 하지만 임진왜란으로 백성들 고생시킨 선조나 병자호란 때 청나라에 항복한 인조나 일본에 나라 빼앗긴 고종은 좋게 보려야 좋게 봐 줄 수가 없어!"

"아저씨, 왜 흥분하고 그래. 흥분하지 말고 시 한 수 짓고 마무리합시다."

"그럴까? 지금은 도저히 시를 지을 기분이 아니지만 임진왜란 마무리하는 차원에서 내 한 수 지어 봄세. 흠흠."

비가 와도 새는 날고
눈이 와도 꽃은 피듯이
흰 눈 덮인 임진년 한겨울에도
홍의 장군 우국충정 홀로 붉었네.

"아, 멋져!"

토리가 박수를 쳤다. 칭찬인지 놀리는 것인지.

한눈에 보는 한국·중국·일본

1603	1608	1609	1616	1618	1619
일 도쿠가와 이에야스 등극, 에도 막부(~1867)1603	한 광해군 즉위 (~1623)	한 일본과 기유약조 체결	중 후금(→청) 건국 (~1912)	중 후금, 명과 전쟁 한 명나라에 군대 파병	한 강홍립 심하전투에서 후금에 투항

1623	1624	1627	1636	1644
한 인조반정, 인조 즉위(~1649)	한 이괄의 난	한 후금 조선 침입, 정묘호란	중 후금, 국호 청으로 바꿈 한 병자호란	중 청, 명 지배함

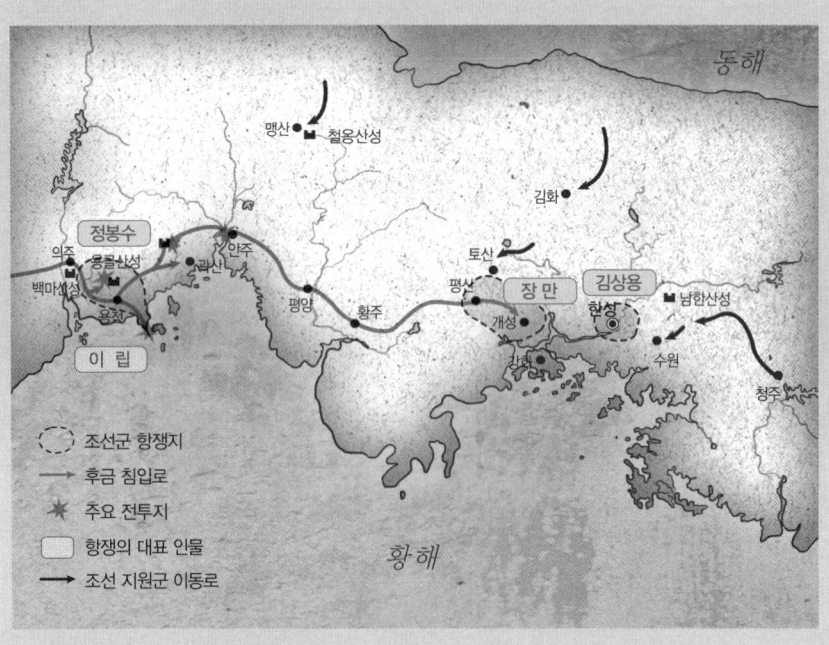

• 정묘호란

네 번째 이야기

인조반정, 물러나는 광해군

기분 전환을 위해 밖으로 나왔다. 하늘은 맑게 개었으나 한겨울 북서풍이 제법 매서웠다. 토리는 몸을 웅크린 채 졸래졸래 따라 걸었다.

"춥냐? 나도 춥다."

토리가 내 말을 무시하는 바람에 괜히 뻘쭘했다.

"토리야, 우리가 지금 춥다 한들 임진년 그 모진 고생을 한 조선 백성들 고생에 비하겠냐."

"알았으니까 그만 들어가자. 이러다 된다 토리 동태 되겠어."

"그래, 들어가자. 들어가서 임진왜란보다 더 추웠던 역사에 대해 얘기해 줄게."

칼칼한 바닷바람을 뒤로하고 우리는 큰 바위 하우스로 돌아왔다.

"임진왜란이 끝나고 이십여 년이 지난 조선은 또 한 번 전쟁을 치러. 정묘호란과 병자호란이야. 임진왜란이 남쪽에서 불어온 태풍이라면 병자호란은 북쪽에서 불어온 폭풍이라 할 수 있지."

"명나라로 가는 길을 내 달라는 일본의 요구를 무시하다가 임진왜란을 당하더니 이번엔 또 무슨 일로 북쪽의 침략을 당한 거야?"

"그럴 만한 사정이 있었어. 근데 네 말이 심히 요상하다. 일본이 길을 내 달라는 거 안 들어줘서 침략을 당했다니, 그게 무슨 망발이냐?"

"나카무라 상이 그랬어. 조선이 명나라로 가는 길을 안 내줘서 도요토미 히데요시 님이 조선을 정복한 거라고."

"나 참, 까무러치겠네. 조선이 무슨 그것 때문에 침략을 받아? 너 안 되겠다. 나카무라 상 모시고 와라."

토리가 반색했다.

"지금?"

"아니, 방과 후에. 그러잖아도 병자호란 얘기 마치고 나서 왕 선생이랑 나카무라 상 모셔다 임진왜란이 동아시아 삼국에 미친 영향에 대해 토론해 볼 참이었다. 너한테도 도움이 될 거야. 그나저나 무슨 얘기하다 또 삼천포 메다로 빠졌냐? 그렇지, 임진왜란 이후 병자호란 겪은 이야기하려다 그랬지. 그럼 지금부터 임진왜란 이후 조선은 어쩌다 청나라 침입을 받았는지 이야기를 해 줄게."

나는 병자호란 전 정묘호란 이야기를 시작했다.

임진왜란이 끝난 뒤 조선은 어려운 외교 문제에 직면했어. 아버지의 나라 명나라와 오랑캐 후금 사이에서 어떤 입장을 취할 것인가. 어떻게 보면 무척 쉬운 문제였어. 명나라는 임진왜란 때 조선을 도와 일본군을 물리쳐 준 은혜의 나라요, 후금은 조선이 발가락의 무좀 정도로 여기던 오랑캐였으니까. 문제는 명나라가 지는 해라면 후금은 떠오르는 해였다는 사실. 조선의 고민이 여기에 있었어. 명나라의 은혜를 저버릴 수도 없고, 신흥 강국으로 떠오른 후금을 무시하면 안 될 것 같은. 그래서 광해군(조선 제15대 왕)은 명과 후금 사이에서 적당히 줄타기를 하는 중립 외교 입장을 취했지.

여진족 후금의 힘이 어느 정도로 셌는지 보여 주는 일화가 있어. 임진왜란 때 의주로 피란 갔던 선조에게 여진족의 우두머리 누르하치가 이런 제안을 했어.

"조선 왕이 허락한다면 여진의 2만 군대를 몰고 가 일본군을 쓸어버리겠소."

선조는 참담했지. 일본군에 쫓겨 의주까지 피란 와 있는 처지도 슬픈데 100년 전까지만 해도 조선으로부터 무시당하던 여진이 이렇게 성장했다니. 그때 선조는 신하들의 반대로 여진의 청을 거절하긴 했지만 여진의 실체를 아주 똑똑히 보았어. 임진왜란이 끝난 뒤 여진은 후금을 세워 동북아시아의 한 축으로 자리 잡았지.

명과 후금 사이에서 줄타기를 하고 있던 조선이 마침내 어느 한쪽을 선택해야 할 상황이 벌어졌어. 후금을 세운 누르하치가 1618년 명나라와 전쟁을 벌이자 명나라가 조선에 군대를 보내 달라고 요청한 거야. 명나라의 파병 요구는 광해군이 받아 든 첫 번째 외교 시험이었어. 보내자니 후금이 신경 쓰이고, 안 보내자니 의리 없는 조선이 되고.

조선 조정의 다수 의견은 명을 도와야 한다는 거였어. 광해군은 어쩔 수 없이 강홍립을 사령관 삼아 1만 5천 군사를 파병하기로 했지. 광해군은 파병 전 강홍립을 불러 은밀히 말했어.

"명군이 이기면 같이 나가 싸우고, 질 것 같으면 빠져서 병력 손실을 최대한 줄이고 돌아오라."

명군을 돕기 위해 출정한 강홍립은 1619년 만주에서 벌어진 심하전투에서 후금 군대에 크게 패한 뒤 투항했어. 강홍립 투항 사건은 명나라와 조선 사이에 심각한 외교 문제를 낳았어. 명나라는 강홍립이 일부러 투항한 것이라고 거세게 비난했고, 광해군은 끝까지 싸우다 장렬히 전사한 김응하 등 조선 장수들을 언급하며 말도 안 되는 소리라고 항변했어.

조선 조정에서도 광해군을 비난하는 목소리가 거세게 터져 나왔어. 특히 친명 사대주의자들인 서인 세력은 광해군이 명나라와의 의리를 저버리고 오랑캐인 후금 편을 든 것이라며 비난했어. 그러더니 아예 쿠데타를 일으켜 광해군을 몰아냈어.

1623년 광해군의 조카인 능양군이 서인 세력과 손잡고 광해군을 몰아낸 이 사건을 인조반정이라고 해. 연산군 때 중종반정에 이어 또 한 번의 반정이 일어난 거야. 그런데 폭군 연산군을 몰아낸 중종반정과 광해군을 내쫓은 인조반정은 성격이 좀 달라.

 연산군은 폭군 대마왕이어서 반정으로 인정을 받지만 광해군은 비록 많은 역모 사건 처리 과정에서 배다른 형제들을 죽게 만들고 계모 인목대비를 왕대비 자리에서 물러나게 해 욕을 먹긴 했어도 연산군에 비견될 만큼의 패륜 왕은 아니었거든. 그래서 인조반정은 바른 것으로 되돌린다는 반정이 아니라 친명 사대주의자들인 서인 세력이 중립 외교 노선을 걷던 광해군을 몰아내기 위해 일으킨 반란으로 평가를 받기도 해.

 정묘호란은 인조반정 4년 뒤인 1627년에 일어났어. 후금은 광해군에 대한 복수를 한다는 명분을 내걸고 조선을 침입했어. 하지만 그건 구실에 불과해. 후금이 조선을 침입한 진짜 이유는 따로 있어. 후금이 조선을 침입한 이유가 조선이 명나라와 친하고 후금은 배척했기 때문이라고 알려져 왔지만 그것만 가지고 정묘호란의 발발 원인을 설명하기엔 2퍼센트 부족해. 조선이 친명배금 정책을 취한 건 맞지만 조선의 태도와 무관하게 후금이 조선을 침공할 여러 가지 이유가 있었으니까. 그게 뭘까?

 후금은 중국 대륙을 차지하고 싶어 했어. 그러자면 자기들 배후에 버티고 있는 조선을 복속시켜 놓을 필요가 있었지. 만주에 있던 후금이 중국 대륙을 침략했을 때 조선이 후금의 배후를 치면 곤란하니까. 이런 이유 때문에 명나라 정벌에 앞서 조선을 침략한 거야.

이유는 또 있어. 경제적인 문제야. 정묘호란 1년 전인 1625년~1626년 사이에 만주에 대기근이 일어났어. 흉작으로 먹을거리가 부족하자 후금은 국가 위기를 맞았지. 이전에 후금은 명나라와 교역을 통해 식량을 조달하곤 했지만 명나라와 전쟁을 벌이는 바람에 교역이 중단된 상태였어. 그러니 기댈 곳은 조선뿐이었어. 후금은 가까운 조선을 침공해 식량난을 해결하고자 했던 거야.

또 하나, 후금의 내부 문제를 들 수 있단다. 후금의 누르하치 군대는 10년 동안 명나라 군대와 싸워 백전백승을 거두고 있었어. 그런데 1626년 만리장성 동쪽 끝자락인 산해관 근처에서 전투를 벌이던 중 대포로 무장한 명나라 군대에 뜻밖의 패배를 당했어. 이때 누르하치가 부상을 당해 사망했고 누르하치의 여덟 번째 아들 홍타이지가 후금을 통치하게 되었지. 훗날 청 태종이 되는 이자가 뭔가 보여 줘야 한다는 생각으로 조선을 표적으로 삼은 거야. 정묘호란은 이렇듯 복잡한 원인들 때문에 일어났어.

이제 본격적으로 정묘호란 상황으로 들어가 보자. 후금 3만 군대가 얼어붙은 압록강을 건넌 건 1627년 1월. 후금 군대는 의주를 거쳐 안주성에 다다랐어. 안주성을 지키던 남이흥은 군사 3천 명으로 열 배가 넘는 후금 군대를 맞아 끝까지 싸우다 자결했어. 남이흥은 죽기 전에 이런 말을 남겼어.

"장수로서 싸우다 죽는 건 억울하지 않으나 군사 훈련을 실컷 해 보지 못하고 죽는 것이 한스럽다."

장수가 군사 훈련을 해 보지 못하고 죽는 게 한스럽다니, 무슨 말일까. 사연은 이래. 인조반정 이후 공적에 따라 상을 받는 논공행상에 불만을 품은 이괄이 반란을 일으켰어. 이괄은 자기가 일등 공신이라 생각했는데 이등 공신에 봉해지자 들고일어났어. 그 바람에 인조는 난을 피해 전주까지 피란을 갔어. 이괄의 난은 곧 진압되었지만 인조는 변방에서 군대를 거느린 장수들이 언제 또 반란을 일으킬지 두려워 감찰관을 변방에 파견해 장수들이 군사 훈련하는 것을 감시했어. 변방을 지키는 장수들은 군사 훈련을 할 때마다 왜 훈련을 하느냐, 군사를 어디로 이동시키느냐며 꼬치꼬치 따지는 감찰이 못마땅했지. 장수들은 자칫 잘못하다가 역모 혐의를 받게 될까 봐 아예 군사 훈련을 안 했어. 남이흥이 죽기 전에 이것을 지적한 거야.

후금 군대는 황해도까지 쭉쭉 밀고 내려왔어. 이 와중에 인조는 또다시 피란 짐을 꾸려 강화도로 들어갔어. 말을 타고 싸우는 유목민 출신의 후금 기마병들이 수전에 약할 것이라는 판단이었어.

인조의 강화도 피란 작전은 효과가 있었어. 황해도 지역에 진을 친 후금 군대는 더 이상 남하하지 않고 인조에게 강화 협정을 맺자고 요구했어. 후금 군대가 더 이상 남하하지 못하는 이유가 또 있었어. 당시 압록강 하구의 가도라는 섬에 명나라 장수 모문룡이 똬리를 틀고 있었기 때문이야. 모문룡은 만주에서 벌인 후금과의 전투에서 단 한 번의 승리를 거둔 적이 있는데 이후 후금에 밀려 이 섬으로 들어와 있었어. 그는 그곳에서 명나라와 조선으로부터 식량을 지원받으며 장차 후금을 칠 마음을 먹고 있었지. 이런 자가 만약 후금 군대가 조선 내륙으로 남하한 사이에 후금의 배후를 치면 후금 군대는 조선과 모문룡 사이에서 협공을 당할 위험이 있었어. 그래서 후금 군대는 더 이상 내려가지 못하고 황해도에 머물게 된 거야.

하지만 조선은 후금의 압박을 버텨 내지 못하고 결국 후금이 제시한 대로 강화를 맺게 되었어. 후금은 강화 조건으로 후금과 조선이 형제 관계를 맺고, 교역을 하기 위한 시장을 열고, 조선이 해마다 면포와 식량을 바치라고 요구했어. 인조가 그런 조건을 받아들여 정묘호란은 끝이 났어. 정묘호란 강의는 여기까지 할까?

이야기를 마치자 토리가 물었다.

"정묘는 뭐고 호란은 또 뭐유?"

"정묘는 1627년 정묘년을 뜻하고 호란은 오랑캐 호(胡) 자를 써서 오랑캐가 일으킨 난리라는 뜻이야. 임진왜란은 임진년에 왜가 일으킨 난리, 다음 시간에 얘기할 병자호란은 병자년에 오랑캐가 일으킨 난리. 조선은 여진이 세운 후금을 오랑캐라고 불렀어. 오케이?"

"같은 오랑캐끼리 오랑캐라고 부르다니."

"같은 오랑캐라니, 그게 무슨 오랑우탄 가슴 치는 소리야?"

"왕 선생님이 그랬어. 조선도 자기네가 볼 땐 오랑캐라고."

"토리야, 고대로부터 중국이 자기네를 제외한 모든 나라를 오랑캐라고 한 건 맞아. 예부터 우리를 동쪽 오랑캐란 뜻에서 동이(東夷)라 불렀으니까. 그래도 넌 그러면 안 돼. 더구나 지금 같은 세상에 무슨 오랑캐 타령이냐."

"내가 그랬대? 왕 선생님이 그랬다니까. 아, 어쨌든 조선이 후금을 오랑캐 취급하며 무시하다가 정묘호란 당했다는 거 아냐? 그러니까 조선도 문제가 있다는 말이지."

"할 말이 없다. 정묘호란과 병자호란을 불러온 게 그런 원인도 있으니까. 아닌 게 아니라 인조반정으로 정권을 잡은 서인 세력은 당시 이런 생각을 가지고 있었어. '나라가 무너질지언정 명에 대한 의리를 저버리지 않겠다, 의리, 의리, 의리!' 오랑캐 얘기 그만하고 다음 시간엔 오랑캐라고 부르던 청나라에게 얼마나 큰 수모를 당했는지 그 얘길 들려줄게. 후금이 나중에 국호를 '청'으로 바꾸거든. 토리 네가 시로 마무리해라."

"시라면 내가 마다할 위인이 아니지. 기다려 봐. 켁켁."

명나라를 어버이처럼 떠받들고
후금을 왕무시하다 정묘호란 당했네
광해군 중립 외교가 꿈이련가 하노라.

한눈에 보는 한국·중국·일본

1618	1623	1624	1627	1636	1637
중 후금, 명과 전쟁	한 인조반정, 인조 즉위(~1649)	한 이괄의 난	한 후금 조선 침입, 정묘호란	중 후금, 국호 청으로 바꿈 / 한 청 조선 침입, 병자호란	한 인조 삼전도에서 청에 항복

1644	1645
중 청, 명 지배함	한 소현세자 귀국 후 사망

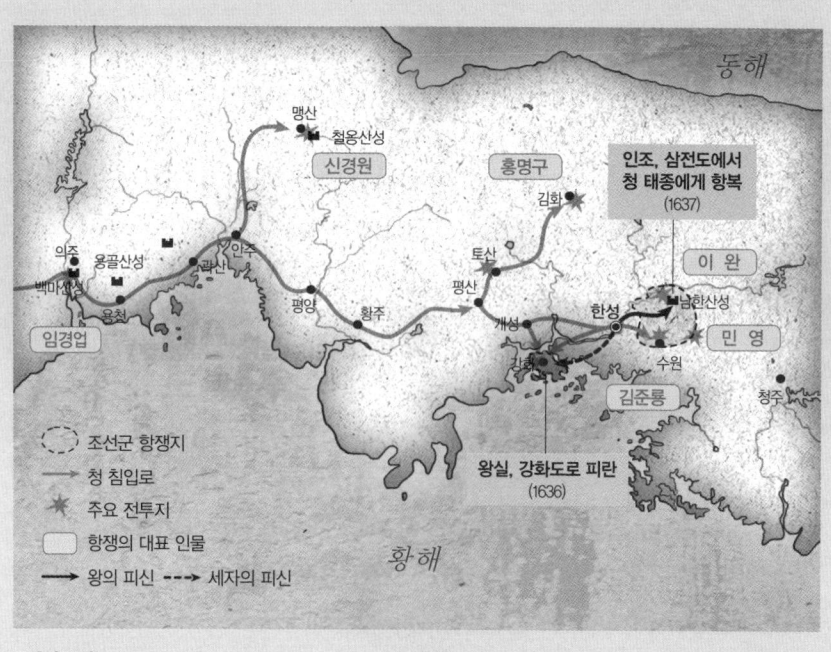

• 병자호란

다섯 번째 이야기

인조, 삼전도 치욕을 당하다

토리의 시를 다 듣고 내가 말했다.

"왕무시니 뭐니 하는 표현 때문에 수준이 떨어지긴 하나 광해군의 중립 외교가 무너진 이후 조선의 상황을 정확하게 짚어 낸 시 같구나."

"비난인지 칭찬인지 헷갈리네. 근데 쫓겨난 광해군은 어떻게 됐어?"

"여기저기 유배 다니다 마지막에 제주도에서 생을 마감했다. 균형 잡힌 국제 감각으로 조선의 운명을 개척했던 군주였는데 죽어서도 왕으로 불리지 못했으니 참으로 딱한 임금이었다는 생각이 들어. 자, 광해군 얘긴 이쯤 하고 조선 역사상 가장 치욕스런 사건인 병자호란 얘기를 해 보기로 하자. 얘기하기 부끄럽지만 병자호란이야말로 사대주의에 절어 있는 조선 사대부들의 민낯을 적나라하게 보여 주는 흑 역사였다. 흑흑."

"아저씨, 너무 슬퍼하지 마. 우리가 역사를 배우는 이유가 뭐야. 역사를 거울삼아 똑같은 잘못을 반복하지 않기 위해서 아냐? 그땐 그랬더라도 지금 안 그러면 되잖아."

"지금도 그러니까 문제지."

"엥?"

내 말에 토리가 두 눈을 크게 떴다.

"지금도 그렇다니 무슨 뜻이야? 지금도 중국한테 사대하고 그래?"

"그런 건 아니고 조선이 중국 떠받들 듯 지금도 큰 나라를 떠받드는 사람들이 있단 얘기야."

"그래? 그게 어느 나란데?"

"고려 시대엔 원나라한테 그랬고 조선 시대엔 명나라, 일제 강점기엔 일본, 해방 후에는 미국. 주로 기득권을 유지하려는 사람들이 그런 행동을 했지. 힘센 나라에 잘 보이는 게 자기들 기득권을 유지하는 데 도움이 된다고 판단해서. 그럼 오늘 강의 시작하자."

나는 병자호란 이야기를 시작했다.

1627년 정묘호란이 끝나자 후금은 조선에 시장을 열고 교역을 시작했어. 시장이 열릴 때마다 후금 상인들이 떼로 몰려왔지. 후금은 산삼이나 모피, 진주 등을 가져오고 조선으로부터 곡식과 소금, 면포, 철기 등을 수

입해 갔어. 그러면서 그들은 교역량을 점점 더 늘려 달라고 요구하고 후금 상인들의 식량까지 대라며 조선 관리들을 난처하게 만들었어.

후금은 압록강 하구의 가도에 버티고 있는 모문룡을 제거하기 위해 조선에 수군을 빌려 달라고도 요구했어. 조선이 거부하자 둘 사이에 껄끄러운 감정이 쌓였지. 이런 와중에 가도에 있던 모문룡이 명나라 장수에게 처형을 당하는 일이 벌어졌어. 이때 모문룡의 부하가 명나라 수군과 화포를 싣고 후금에 투항했어. 후금은 쾌재를 불렀지. 눈엣가시인 모문룡이 제거됐으니 어찌 기쁘지 않았겠니. 게다가 후금에 없던 수군도 생기고, 화포까지 얻었으니 이보다 좋을 수 없었지. 이는 장차 조선에 큰 위협이 되었어.

동아시아 최강국으로 떠오른 후금이 드디어 1636년 4월 국호를 청으로 바꾸고 황제 즉위식을 열었어. 이제부터 후금을 청나라로 바꿔 부를게. 황제 즉위식이 있기 두 달 전 청나라는 이를 알리기 위해 조선에 사신을 파견했어. 청나라 사신 용골대가 조선에 나타나 청나라 황제 즉위식에 사신을 파견하라고 요구하자 조선 조정은 난리가 났어. '발가락의 무좀만도 못한 자들이 감히 황제 운운하다니.' 조선 조정은 청나라 사신을 당장 처형해야 한다고 난리를 쳤어. 위협을 느낀 용골대는 민가에서 말을 훔쳐 타고 청나라로 도망쳤지.

하지만 조선은 청과의 마찰을 피하기 위해 청 황제 즉위식에 사신을 보낼 수밖에 없었어. 그런데 청 태종 즉위식에서 문제가 생겼어. 청나라, 몽

곧, 심지어 중국 명나라 사신까지 모두 청나라 예법에 따라 세 번 절을 하고 그때마다 세 번 머리를 조아리는 삼배구고두의 예를 올리는데 조선 사신은 끝내 머리를 숙이지 않았어. 화가 머리끝까지 난 청 태종은 조선 사신에게 "조선을 치겠다."는 국서를 써 주며 쫓아 버렸지.

조선 조정은 청나라와 맞서 싸우자는 척화파와 화친을 해야 한다는 주화파 사이에 격렬한 논쟁이 벌어졌어. 다수를 차지한 척화파의 기세가 강하자 주화파인 최명길이 주장했어.

"정말 그대들이 청나라와 싸울 생각이라면 압록강 아래 방어선을 치고 싸우자."

이 주장은 인조가 거부했어. 인조는 주화파와 척화파 사이에서 이러지도 못하고 저러지도 못하고 갈팡질팡했어. 그러다가 척화파의 주장에 따라 청나라와 맺은 형제 관계를 끊기로 결정했지. 그렇다면 청 침입에 대비한 방어책을 세웠어야 했는데 그러지도 못했어. 그가 믿는 건 강화도뿐.

1636년 12월 9일 청 태종이 10만 대군을 이끌고 압록강을 건넜어. 병자호란이 시작된 거야. 청군은 용골산성 등 의주에서 평양에 이르는 여러 산성에서 대비하고 있던 조선 군대를 무시하고 그대로 남으로 밀고 내려왔어. 몇 년 전에 모문룡이 제거돼 배후를 공격당할 염려가 없었으니까. 무서운 속도로 남하한 청군이 한성 북쪽 무악재에 당도한 건 침공 6일째 되던 날이야.

인조는 청군 침입 소식을 듣고 왕비와 왕자들을 먼저 강화도로 보냈어. 이어 자기도 강화도로 들어갈 계획이었는데 청군이 예상보다 빨리 남하하는 바람에 강화도로 피란 가는 데 실패했어. 절망한 인조는 남한산성으로 들어갔지. 그곳에 약 1만 4천여 명이 45일 정도 버틸 식량이 있었거든. 인조는 남한산성에서 버티며 구원병이 도착하기를 기다릴 생각이었어.

남한산성을 포위한 청 태종은 빨리 항복하라고 인조를 압박했어. 처음엔 자신을 황제로 인정하라는 정도의 요구를 하다가, 인조가 남한산성에서 오래 버티지 못할 거라 판단되자 척화파를 잡아 보내라는 등 요구 조건을 늘렸지. 주화파와 척화파의 논쟁이 다시 뜨겁게 불붙는 가운데 주화파 신하들과 일부 병사들은 청의 요구대로 척화파를 묶어 보내라고 왕

• 〈해동지도〉에 나타난 남한산성이다. 병자호란 때 인조가 사십여 일을 머무르고, 척화파와 주화파가 논쟁을 벌였던 곳이다.

에게 요청했어. 인조는 이때도 어찌할 바를 모르고 갈팡질팡이었어.

그러는 사이 인조가 남한산성으로 들어온 지도 어느새 한 달이 지났어. 여느 해보다 추운 날씨가 며칠째 이어져 건물을 헐어 불을 때는 상황이 벌어지고, 사십여 일을 버틸 수 있는 식량도 바닥이 보이기 시작했어. 남한산성을 향해 달려오던 구원병이 청군에게 공격당해 남한산성은 도움을 받을 데가 전혀 없는 고립무원 상태에 빠졌지.

남한산성에서 멀지 않은 한강변 삼전도. 청 태종은 이곳에 청군 지휘부를 설치하고 남한산성에 틀어박혀 있는 인조를 더 세게 압박했어. 조선 조정은 청나라에 항복을 할 것인지, 모든 것을 걸고 끝까지 싸울 것인지를 두고 전투보다 격렬한 척화-주화 논쟁을 벌였어. 척화파는 오랑캐인 청나라에 항복하느니 차라리 싸우다 죽자고 목소리를 높였고, 주화파는 종묘와 사직을 보전하고 백성을 살리기 위해서라도 강화 협정을 맺자고 주장했어.

그렇게 40일이 지난 1637년 1월 25일. 왕족들이 피란 가 있던 강화도가 청군에 함락됐다는 소식이 들려왔어. 그제야 인조는 저항을 포기하고 항복하겠다는 뜻을 청군 진영에 전했어.

1월 30일. 조선 역사에 일찍이 없었던 항복식을 거행하기 위해 인조가 남한산성을 나섰어. 왕이 아닌 신하의 자격을 뜻하는 남빛 옷을 입고, 항복의 상징인 서문을 나와 삼전도 나루에 마련된 수항단을 향해 걸어갔지. "하늘의 태양이 빛을 잃었다."고 기록돼 있을 만큼 그날 하루는 춥고

암울했어.

청 태종은 항복을 받는 수항단 위에 앉아 한 걸음 한 걸음 자신에게 다가오는 인조를 흐뭇하게 바라보았어. 마침내 단 아래 선 인조는 삼배구고두를 올렸어. 한 번 절하고, 그때마다 이마를 땅에 세 번 내리찍는 수모. 칼바람이 몸을 후벼 파는 한겨울 한강변에서 언 땅 위에 이마를 찧는 조선의 왕 모습을 보며 청 태종이 말했어.

"정묘호란 이후 맺었던 형제 관계는 군신 관계로 바꾼다. 조선은 명나라에게 바치던 조공을 그대로 청나라에게 바쳐라. 우리가 잡아가는 포로들이 압록강을 건넌 이후 도망치면 조선이 그 포로를 잡아다 청나라에 줘야 한다!"

그 겨울 추위처럼 매서운 항복 조건이었지. 청나라에 항복한 이후 포로 수십만 명이 청나라로 끌려갔어. 여인들은 청나라 장수들의 첩으로 전락하고, 나머지는 노비가 되어 눈물의 세월을 보냈지. 그러다가 어렵게 돌아온 여인들은 정절을 잃었다고 손가락질당하고 남편에게 버림받았어. 나라도, 부인도 지키지 못한 조선의 양반 사대부들이 한 짓이야. 에휴, 너무 안타까워서 병자호란 얘긴 여기까지 해야겠다. 끝!

"아저씨, 하나 궁금한 게 있는데 전쟁이 끝나고 인조는 어떻게 됐어?"
토리가 물었다.

"어떻게 되긴, 정묘호란과 병자호란 두 번의 큰 난리를 겪고도 왕의 자리를 지키며 조용히 삶을 마감하셨지. 일종의 평행 이론이라고나 할까?"

"평행 이론이라니, 그게 뭐야?"

토리가 두 눈을 끔뻑거렸다.

"다른 시대를 살았던 두 사람의 삶이 놀랍도록 일치하는 걸 평행 이론이라고 해. 가령 미국 대통령 링컨과 케네디 두 사람은 모두 머리에 총탄을 맞아 죽었는데 링컨은 포드 극장에서, 케네디는 포드 회사에서 만든 링컨 자동차를 타고 가다 암살됐지. 인조는 선조의 손자였어. 선조는 임진왜란과 정유재란을 맞아 나라가 절단 날 위기를 맞았는데도 전쟁 뒤 편안히 생을 마감했고, 손자인 인조는 정묘호란과 병자호란을 초래하고도 전쟁이 끝난 뒤 잘 살다 돌아가셨지. 선조가 아들 광해군을 미워한 것처럼 인조도 소현세자를 지극히 미워했어. 어때, 많이 닮았지?"

"끝내쥰다. 두 임금 사이에 그런 기막힌 공통점이 있다니. 그걸 또 끄집어 낸 이 작가의 직관력도 판타스틱하고."

"뭐 그 정도 가지고 그러시나, 쑥스럽게. 이제 병자호란 이야기를 마무리할게. 지금부터는 전쟁이 끝나고 청나라로 끌려갔던 사람들 이야기다."

"그게 누군데?"

"삼학사로 불리는 윤집, 오달제, 홍익한 세 사람인데 이들 척화파 3인방이 청나라에 끌려가 처형당했어. 그리고 끌려갔다 살아 돌아온 세 사람도 있는데 그 이야길 잠깐 하고 마칠까 한다."

나는 최명길과 김상헌 이야기를 시작했다.

❀

남한산성에서 농성을 할 때 척화파와 주화파 사이에 격렬한 논쟁이 벌어졌던 거 기억하니? 척화파의 대표 주자는 김상헌(1570~1652), 주화파의 기수는 최명길(1586~1647)이었어. 항복하느냐 마느냐 한창 입씨름을 하고 있을 때 일이야. 최명길이 항복 문서를 쓰자 그걸 읽은 김상헌이 그 문서를 박박 찢었지. 그러자 최명길이 항복 문서를 다시 쓰며 "그대는 찢으시오. 나는 쓰리다." 이랬대나. 그러자 김상헌은 너무 분통해서 목을 매 자살을 시도했는데 운 좋게 살아났어. 왜냐하면 아들이 있는 앞에서 목을 맸기 때문이야. 뼛속까지 친명배금주의자였던 김상헌은 전쟁 후 청나라에 끌려갔어. 그가 청나라로 가면서 남긴 시조야.

> 가노라 삼각산아 다시 보자 한강수야
> 고국산천을 떠나고자 하랴마는
> 시절이 하 수상하니 올 동 말 동 하여라.

한성을 떠나며 언제 돌아올지 모르는 신세를 한탄한 시야. 김상헌이 끌려가고 나서 김상헌과 대립했던 영의정 최명길도 청나라로 끌려갔어. 명과 몰래 관계를 유지했다는 혐의였지. 남한산성에서 서로 죽일 둥 말 둥

했던 두 사람은 청나라 수도 심양에서 같은 감옥에 갇혔어. 이때 두 사람은 서로의 처지를 이해하며 화해했지. 김상헌이 "우리의 우정은 어쩌구저쩌구." 시를 짓자 최명길이 "그대의 마음은 돌 같아서 어쩌구저쩌구." 답하면서. 두 사람은 결국 소현세자가 고국으로 돌아온 후 조선으로 돌아올 수 있었어.

김상헌과 최명길보다 더 극적인 인물은 인조의 아들 소현세자야. 소현세자는 병자호란 뒤 세자빈 강씨와 함께 청나라에 볼모로 끌려갔어. 적국에 인질로 잡혀갔으니 마음이 얼마나 분하고 서러웠겠니. 그런데 소현세자는 청나라에서 나름 잘 지냈어. 청나라와 조선의 외교 창구 역할을 훌륭히 해내고, 끌려온 포로들을 데리고 농사를 짓고 무역을 해 돈도 벌고, 그 돈으로 많은 포로들을 고향으로 돌려보내 주었지. 청나라는 조선에 대해 상의할 일이 있으면 소현세자를 찾았고, 조선에서도 소현세자에 대한 칭찬이 자자했어.

신세 한탄만 하고 원수 갚겠다고 빠득빠득 이만 갈았다면 그러지 못했겠지. 그때 소현세자는 청나라에서 세상 돌아가는 눈을 떴어. 조선이 오랑캐로 여기던 청나라는 세계 최강국으로 떠오르고 하늘처럼 떠받들던 명나라가 힘없이 무너지는 현실을 본 거야. 그런 이유로 소현세자는 청에 호의적인 감정을 갖게 되었고 그런 소현세자의 일거수일투족이 인조에게 전해졌어.

아버지 인조는 기가 막혔어. 볼모로 끌려갔던 아들이 청나라에 대한 불타는 적개심을 키워 나중에 원수를 갚아 주길 바랐는데 그 원수와 친해지다니. 게다가 세자는 아담 샬(Adam Schall)이라는 서양 신부를 만나 서학을 전해 듣고 서양 문물에도 호의를 보였어. 그래서 인조는 세자에 대한 기대를 완전히 버렸지. 거기서 끝이 아니야. 청나라가 인조더러 청나라 조정 회의에 들어와 황제한테 인사하라고 거듭 요구하자 청이 자기를 폐하고 소현세자를 조선의 왕으로 세우려는 거라 의심했어. 그때부터 인조는 소현세자를 아들이 아니라 경쟁자, 아니 적으로 보기 시작했어.

1645년 볼모로 끌려간 지 9년 만에 소현세자가 조선에 돌아오자 인조는 돌아온 아들을 따뜻하게 맞아 주지 않았어. 아버지의 냉담함 때문이었을까. 고국에 돌아온 소현세자는 돌아온 지 두어 달 만에 병을 얻어 눕게 되었어. 그리고 인조의 어의가 세자에게 침을 놓은 지 사흘 만에 세상을 떠나고 말았어.

《조선왕조실록》에는 소현세자의 온몸이 검은빛을 띠었고 이목구비의 일곱 구멍에서 붉은 피가 흘러나왔다고 기록돼 있어. 사람들은 독살을 의심했지. 하지만 물증은 없었어. 소현세자의 비극은 거기서 끝나지 않았어. 인조는 며느리인 세자빈 강씨에게 사약을 내려 죽게 만들었고 소현세자의 세 아들을 제주도로 유배 보내 결국 죽게 만들었어. 친아들, 손자, 며느리를 모두 죽게 만든 조선 왕실의 비극 사건은 그렇게 막을 내리고 말았단다.

"인조 정말 대단하다."

토리가 말했다.

"뭐가 또 대단하다는 거야?"

"자식과 손자한테 어떻게 그렇게 비정할 수가 있어? 선조와 인조는 평행이론이라기보다 조전손전 같아. 그 조부에 그 손자."

"갖다 붙이기는. 하지만 인조가 아무리 비정하다 해도 영조에 비하면 아무것도 아니란다."

"그건 또 무슨 얘기야. 인조와 소현세자보다 더 비극적인 사건이 있다는 말씀?"

"그럼. 그 얘긴 내일 하기로 하고. 참, 어서 왕 서방이랑 나카무라 상 모셔와라. 임진왜란이 동아시아 역사에 미친 영향을 알아봐야지. 참 궁금해. 왜 일본은 남의 나라 쳐들어와서 우리에게 그 큰 시련을 안겼는지."

"오케이."

말이 끝나기가 무섭게 토리가 나갔다. 그러고는 정확히 구 분 만에 두 사람을 데리고 돌아왔다. 우리 세 사람은 반갑게 인사를 나눴다. 자꾸 보니 친근감이 느껴졌다. 우리는 토리가 나눠 준 동시통역기를 끼고 탁자에 둘러앉았다. 이번에도 토리가 진행을 맡았다.

🔵 **토리** 오늘 선생님들을 이 자리에 모신 이유는 임진왜란이 동아시아 역사에 어떤 영향을 미쳤는지 알고 싶어서예요. 제가 생각나는 대로 여쭤 볼 테니까 아무나 생각나는 대로 마구 떠드시면 돼요. 먼저 임진왜란을 부르는 이름이 나라마다 다른데 그 이유부터 말씀해 주세요.

🔵 **이 작가** 우리는 '임진왜란'이라 부릅니다. 임진년에 왜가 난리를 일으켰다는 뜻이죠. 전쟁이 7년 동안 이어져서 '7년 전쟁'이라고도 합니다.

🔵 **나카무라 상** 우리는 당시 연호를 따서 '문록경장의 역'이라 부릅니다. 조선을 벌주기 위해 정벌에 나섰다는 뜻입니다. '도요토미 히데요시의 조선 정벌'이라고도 부르죠.

🔵 **왕 선생** 우리는 만력 황제 때 일어난 일이라 해서 '만력의 역'이라 부릅니다. 왜를 무찌르기 위해 조선을 도운 전쟁이란 뜻에서 '항왜원조'라고도 합니다.

🔵 **토리** 나라마다 부르는 이름이 다른 이유가 뭐죠?

🔵 **이 작가** 토리 너를 왕 선생은 밍밍이, 나카무라 상은 토토로, 아저씨는 토리, 이렇게 부르는 것과 같습니다. 각자 입장대로

부르는 거죠. 그래서 요즘은 좀 객관화해서 조·일전쟁으로 부르는 게 어떻겠냐는 의견이 있습니다. 6·25전쟁을 한국전쟁으로 부르는 것처럼 말이죠.

토리 임진왜란이 동아시아 역사에 어떤 영향을 미쳤나요?

왕 선생 그 얘긴 내가 할게요. 우리가 가장 큰 타격을 입었으니까. 결론부터 말하면 명나라가 망했습니다. 어떻게 그렇게 됐느냐, 일본이 조선을 침략하자 조선이 도움을 요청했고 우리는 기꺼이 군대를 보내 주었습니다. 자식 같은 조선이 도와 달라는데 어떻게 모른 척할 수 있었겠습니까. 그래 5만이 넘는 군대를 보냈는데 그러다 보니 해외 파병으로 명나라 국방력이 약해졌습니다. 그 틈에 만주에 있던 여진이 급속히 힘을 길러 우리를 위협하는 지경에 이르렀고, 급기야 여진이 청나라를 세워 우리를 멸망시켰습니다.

이 작가 맞는 말씀입니다. 임진왜란 와중에 힘을 기른 후금이 병자호란을 일으켜서 우리도 엄청 피해를 봤습니다. 그렇긴 한데요 명이 조선을 도운 건 일본군이 압록강 건너 요동으로 쳐들어올까 봐 조선 땅에서 막아 보자는 생각으로 파병을 한 겁니다. 명이 멸망한 것도 내부 반란으로 수도 북경이 함락된 이후에 청이 북경을 점령했기 때문이죠. 어쨌거나 임진왜란이 명 멸망에 원인이 된 건 맞습니다. 하지만 가장 큰 피해를 본 건 조선

입니다. 전쟁이 벌어진 곳이 조선 땅이었고 조선 사람이 가장 많이 죽었으니까요.

토리 일본은 어떤 변화가 생겼나요?

이 작가 조선 도공들 많이 잡아가서 도자기 문화 발달하고 성리학자들과 책들 가져가서 성리학 발전하고 그랬죠. 피해랄 것도 없어요.

나카무라 상 좀 나서지 마세요. 우리라고 왜 피해가 없었겠습니까. 수십만 군인들이 조선에 가서 전사했고요, 전쟁 직후 도요토미 히데요시 아들 편과 도쿠가와 이에야스 편이 또 한판 붙어서 도쿠가와 이에야스가 승리했습니다. 그때부터 도쿠가와 가문에 의한 에도 막부 시대가 250여 년 이어졌습니다.

토리 도요토미 히데요시는 정말 중국 대륙을 정벌할 생각으로 전쟁을 일으킨 건가요?

나카무라 상 그럼요. 그때 일본은 그럴 만한 군사력이 있었어요. 그래서 조선한테 정명가도, 즉 명나라로 가는 길을 내 달라 부탁했는데 조선이 거절하는 바람에 하는 수 없이 실례를 하게 됐습니다. 조선이 협조했다면 서로 큰 피해 없이 우리 뜻을 이룰 수 있었을 거예요. 보세요. 그로부터 300년 뒤 우리 일본이 청·일전쟁으로 중국 이기고 러·일전쟁으로 러시아까지 이겨서 조선 진출하고 동아시아 석권하고 미국하고도 맞짱 뜨지 않았습니까? 아무튼 본의 아니게 조선에 피해를 입혀 스미마셍(미안합니다)입니다.

🔵 이 작가 하여간 임진왜란 때도 그렇고 일제 강점기 때도 그렇고 지금 역시도 일본의 침략 야욕 때문에 동아시아가 불안합니다. 참회와 반성이 없어요. 독일 보세요. 지금까지 반성하고 있잖아요.

🔵 왕 선생 그러게요. 일본은 동아시아 정치적 지진의 진원지입니다. 좀 착하게 사십시다.

🔵 나카무라 상 중국의 팽창과 북한 핵 때문에 그런 겁니다. 우리도 위협을 느껴요.

🔵 토리 에구, 또 싸우려고 그러시네. 이상으로 삼국 토론 마치겠습니다. 한·중·일 세 나라가 싸우지 말고 평화롭게 지냈으면 좋겠어요.

삼국 토론이 끝났다. 우리는 언제 그랬냐는 듯 서로의 안부를 주고받으며 웃고 떠들었다. 왕 선생은 "밍밍이가 돌아가기 전에 어서 빨리 〈별에서 온 밍밍〉을 찍어야 하는 거 아니냐"고 말했고, 나카무라 상은 여전히 〈미래 소년 토토로〉가 낫겠다고 우겼다. 유쾌한 시간이었다. 세 나라가 우리처럼 친하게 지내면 얼마나 좋을까. 왕 선생과 나카무라 상도 즐거운지 한참을 떠들다 돌아갔다.

유교의 나라, 공부하는 나라

"그럼 생활사 3분 특강을 시작해 볼까?"

왕 선생과 나카무라 상을 데려다주고 온 토리에게 말했다.

"다른 날보다 수업도 한 시간 더하고 삼국 토론까지 해서 피곤한데 좀 쉬면 안 돼?"

토리가 애절한 눈빛을 보냈다.

"무슨 소리. 공자 왈, 배우고 때로 익히면 즐겁지 아니한가, 한 거 몰라? 학생이 공부에 힘써야지, 땡땡이칠 생각이나 하면 쓰나?"

"아유, 알았어. 어서 시작하셔."

"흠. 토리 너는 조선이 어떤 나라라고 생각하나?"

"참 어려운 질문이군. 고려에 뒤를 이어 들어선 나라, 임금과 신하가 견제와 균형을 이뤄 백성들을 다스리던 나라, 형제의 난, 삼촌의 난, 조카의 난 등 난리 블루스의 나라란 생각이 들어."

"거참, 주저리주저리 말이 많구나. 틀린 말은 아니지만 조선을 한마디로 말하면 유교의 나라라고 할 수 있어. 공자의 유학 사상을 학문과 종교로 승화한 유교. 그 유교가 조선의 건국 이념이기도 했고 500년 내내 통치 이념이자 생활 도덕이었으니 말이다. 그래서 이 시간엔 유교의 나라 조선에서 선비들이 어떻게 유교를 공부했고 생활했는지 그 이야기를 하도록 할게. 그럼 토리 네가 16세기 조선에 태어났다 치고 토리 선비의 공부 이야기를 해 볼게. 조선을 유교의 나라라고 했는데 더 정확히 말하면 성리학의 나라라고 할 수 있어."

"엥? 성리학은 또 뭔데?"

"유학의 한 종류라 할 수 있지."

토리가 어이없다는 표정으로 나를 쳐다봤다.

"유학의 한 종류다? 그게 다야? 대답 참 쉽네, 쉬워. 그럼 철학이 뭐야, 그렇게 물으면, 인문학의 일종이지, 이렇게 대답하시겠네?"

"그래서 묻고 싶은 게 뭐야?"

"성리학이 구체적으로 무슨 학문이냐는 거지."

"글쎄다, 너한테 그 문제를 설명하는 건 달을 쳐다보는 개에게 우주를 설명하는 것처럼 어려운 일일 텐데."

"내가 아저씨한테 개 얘기했다고 지금 나한테 복수하는 거야? 얘기하기 싫음 관두셔. 왕 선생님한테 여쭤 보면 되니까."

토리가 자리에서 일어서려는 시늉을 했다.

"아유, 또 왜 그러니. 가긴 어딜 간다 그래. 이 아저씨가 쉽게 설명해 줄게. 유학에는 양명학, 훈고학, 실학 등 여러 종류가 있어. 성리학도 그 가운데 하나야. 중국 송나라 때 주자가 공자의 유학을 새롭게 발전시켜 집대성한 학문이지. 그래서 성리학을 주자 성리학이라고 해. 그럼 성리학이 뭐 하는 학문이냐, 말 그대로 인간의 본성(性)과 우주 만물의 근본인 이(理)를 연구하는 학문이야. '성'과 '이'를 합쳐 성리학. 알겠냐?"

토리는 여전히 알 듯 말 듯한 표정을 지었다.

"그럼 유교나 유학하고는 어떻게 다른데?"

"유학은 한마디로 도덕 선생님이야. 공자 왈, 여기서 이러시면 아니 됩니다, 나라에 충성하고 부모에 효도하세요, 날마다 학문을 닦으세요, 위아래를 알고 까불지 마세요, 맹자 왈, 어진 마음 인을 가지세요, 등등. 근데 성리학은 그 유학 바탕 위에서 좀 새로운 질문을 던져. 인간의 마음은 뭘까? 우주 만물은 무엇으로 이루어졌을까? 뭐 이런 거. 한마디로 성리학은 인간과 우주에 관한 철학 선생님이라 할 수 있어. 조선 선비들은 그런 성리학을 날이면 날마다 연구했던 거야. 이제 좀 됐냐?"

"이제 쪼끔 이해가 가네. 진즉에 그렇게 설명해 줄 것이지."

"알았다. 유념하마. 무슨 얘기하다가……, 그렇지. 조선은 성리학의 나라라고 할 수 있다는 얘기했었지? 이제 본격적으로 그 이야기를 해 보자."

성리학은 고려 때 안향에 의해 전파된 이래 조선 선비들의 학문이자 생활 규범으로 자리 잡았어. 성리학을 공부하는 사람들을 선비라고 해. 선비가 벼슬을 얻으면 대부라 했는데 거기서 사대부란 말이 나왔어.

사대부가 되기 위해 선비들은 어려운 관문을 통과해야 했어. 그건 바로 과거라는 국가 고시였지. 과거에 합격하기 위해 어디서 어떻게 공부했는지 알아볼까? 양반집 자식으로 태어난 토리는 글을 읽을 나이가 되자 서당엘 다니기 시작해. 오늘날 학원 같은 곳이야. 지체 높고 돈 많은 양반들은 과외 선생을 모셔다 개인 과외를 하기도 해.

서당에 간 토리는 훈장님한테 《천자문》,《명심보감》,《사자소학》 따위의 교재로 한자와 유교를 배워. 훈장님이 토리에게 천자문을 외워 봐라, 그러면 토리는 하늘 천 따 지 검을 현 누를 황, 하늘은 검고 땅은 누렇습니다, 이렇게 외어야 해. 잘하면 칭찬, 못하면 회초리. 그리고 어린아이들에게 유교 예의범절을 쉽게 가르치려고 만든 《사자소학》도 공부해. 부생아신 모국오신, 아버지 날 낳게 하시고 어머니 나를 기르셨네, 이러면서 좔좔좔. 서당에서 교육받고 초딩 수준에서 벗어나면 어디로 가느냐. 중등 교육 기관으로 가.

조선 시대 국립 중등 교육 기관으로 서울에는 사부 학당이 있고 지방에는 향교가 있어. 사부 학당은 동서남북 네 곳에 있는 학교야. 그래서 사학(四學)이라고도 불러. 사부 학당과 향교에 입학한 학동들은 이곳에서 열심히 《논어》,《맹자》,《대학》,《중용》 등의 유교 경전을 익히고 중국 시집인 《시경》, 정치에 관한 책 《서경》, 자연 현상의 원리를 풀어 놓은 《역경》의 삼경을 배워. 여기에 공자가 편찬한 역사서 《춘추》와 유교 예법을 소개한 《예기》까지 더하면 사서오경이지.

토리가 사부 학당에서 열심히 사서오경을 익혀서 과거를 봐. 조선 시대 과거에는 어떤 종류가 있는지 알아보자. 조선 시대 과거에는 문과, 무과, 잡과 세 종류가 있어. 토리는 시와 문장에 재능이 있어서 문과를 보기로 해. 문과는 크게 소과와 대과로 나뉘어. 소과는 예비고사, 대과는 본고사야. 소과에는 1차 시험인 초시와 2차 시험인 복시가 있고, 대과에는 초시, 복시에 전시라는 과정이 하나 더 있어. 그러니까 토리가 진정한 과거 합격자가 되려면 소과의 초시와 복시에 합격한 뒤 대과의 초시, 복시, 전시에 쭈르르 합격해야 해!

자, 이제 과거를 볼 차례. 토리는 가장 먼저 소과 1차 시험인 초시에 응시해. 초시 시험 과목은 두 분야로 나뉘어. 유교 경전 시험인 생원시와 시와 문장 시험인 진사시. 토리는 시 천재니까 진사시에 응시해서 가볍게 합격해. 이제 토리 진사라고 불러도 되겠네. 토리 진사는 얼마 뒤 소과 2차 시험인 복시를 치러. 여기서도 토리 진사는 우스운 성적으로 합격! 드디어 성균관에 입학할 자격을 얻어. 이제 토리 진사는 성균관에서 열심히 공부해서 본시험인 대과를 치를 예정이야.

성균관에 입학한 토리 진사, 이제 성균관 학생이니까 유생으로 불러야겠다. 토리가 성균관에 입학해 보니까 서울과 지방에서 올라온 생원, 진사들이 100명이나 돼. 모두 소과의 1차와 2차 시험을 통과한 인재들이지.

이렇듯 쟁쟁한 경쟁자들 속에서 토리 유생이 어떻게 공부하는지 볼까?

토리는 잠도 없어. 밤낮 안 가리고 열심히 공부해. 이런 노력 덕분에 모의고사에서 항상 높은 점수를 받아. 성균관에서는 점수를 매길 때 대통(매우 잘함), 통(잘함), 약통(조금 잘함), 조통(부족함), 불통(낙제) 이렇게 다섯 단계로 점수를 주는데, 토리는 봤다 하면 대통이야. 이렇게 열심히 공부했으니 이제 본선 무대인 대과에 도전해야지.

참, 대과 시험을 보려면 원점이 300점이 돼야 해. 원점이 뭐냐 하면 성균관 학생 식당에서 아침과 저녁을 먹으면 받는 점수야. 아침과 저녁을 다 먹으면 원점 1점. 그러니까 원점 300점을 얻는다는 건 아침과 저녁을 300번은 먹어야 할 만큼 성균관에서 열심히 공부했다는 뜻이야.

드디어 토리 유생이 대과 시험을 치러. 토리는 대과의 1차 시험인 초시와 2차 시험인 복시에 차례로 합격해. 역시 '시 천재' 토리야. 올해 대과 본선 시험에 33명이 합격했어. 토리는 합격자 33명 가운데 한 사람으로 뽑혀 마지막 관문인 전시를 치러. 전시는 임금 앞에서 논술 시험을 봐서 등수를 매기는 거야.

마침내 과거 시험장에 시제가 내걸렸어. '하늘의 변화는 어떤 이치를 따르는지 논하라.' 하늘의 변화에 대해선 토리가 전문가니까 문제를 받자마자 지구가 어떻고 태양이 어떻고, 정치도 자연의 원리에 순응하면 어쩌고저쩌고 하며 일필휘지로 써 내려가. 답안을 검토한 임금이 토리 답안을 장원으로 낙점해. 마침내 토리 장원!

장원 급제한 토리는 대과 합격자에게 주는 홍패라는 합격증을 받아서 자랑스럽게 집으로 돌아가. 그러면 동네에서 말 타고 말 퍼레이드를 벌이고 며칠 동안 잔치를 열어 줘. 자랑스러운 토리, 가문의 영광 토리, 토리는 궁중의 경서와 문서를 관리하고 임금의 자문에 답하는 홍문관에서 공무원 생활을 시작해. 토리, 출세했네.

"어때, 장원 급제한 기분이?"

"아, 좋아. 진짜 조선 가서 과거 시험 봐 보고 싶다. 내 실력이면 장원 급제는 떼어 놓은 당상일 텐데."

"어구, 과거에 급제하게 해 줬더니 자기가 잘나서 그런 줄 아네. 꿈 깨."

"꿈 깨라니. 내가 왕 선생님한테 공자 맹자 다 배우고, 아시겠지만 시 하면 또 나잖아. 우리 별 이상한 문학상 최연소 수상자."

"하, 무슨 말을 못 하겠다. 그런데 과거에 합격하는 게 그렇게 쉬운 게 아냐. 어릴 때부터 10년, 20년 공부해도 붙기 힘들었어. 과거 이야기는 이쯤 하고……. 이렇듯 유교의 나라 조선에서는 선비들이 유교를 열심히 배우고 익혀서 과거 시험을 보았어. 유교는 선비들에게 공부해야 할 학문이자 생활 규범이었지."

"그나저나 유교는 뭘 배우는 거유?"

"삼강오륜 따위의 윤리 도덕 같은 거. 삼강오륜이 뭐냐, 인간이 살면서 지켜야 할 도리를 말해. 군위신강 부위자강 부위부강의 삼강, 부자유친 군신유의 부부유별 장유유서 붕우유신의 오륜. 말이 어려운데 핵심은 이거야. 임금에게 충성하고 부모에 효도하고 어른을 공경하고 남편을 떠받들어라. 한마디로 위아래를 알아라! 조선은 이런 식으로 500년 동안 백성들에게 유교 이념을 주입했어. 그래야 위아래 질서가 잡혀서 백성을 통치하기 쉬우니까. 유교 경전 읽기 힘든 일반 백성들한테는 《삼강행실도》 같은 책을 편찬해서 친절하게 유교를 가르쳤지."

"상감행실도가 뭔데? 상감마마 행차하는 얘기야?"

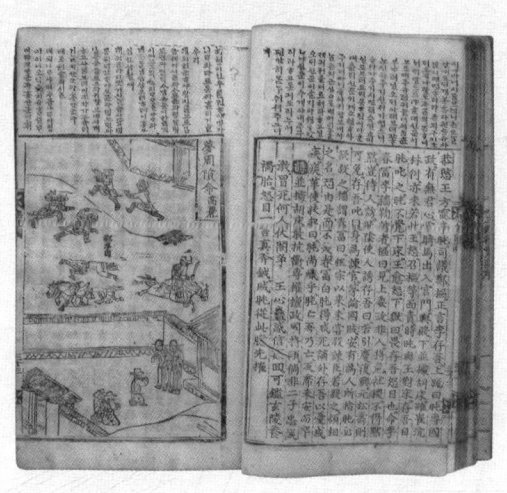

- 《삼강행실도(三綱行實圖)》는 세종의 명을 받아 설순 등이 1511년(중종 6)에 한글로 풀이하여 목판본으로 처음 찍어낸 것을 1730년(영조 6)에 다시 펴냈다. 효자도 35편, 충신도 35편, 열부도 35명을 싣고 있다. 책의 윗부분에는 한글이, 그 아래에는 그림, 그다음 면에는 한문 원문을 수록하여 유교 윤리를 일반 백성들에게 널리 보급하기 위해 만들어진 것이다. ⓒ 한국국학진흥원 제공

"상감행실도가 아니고《삼강행실도》. 사람들에게 모범이 되는 충신과 효자와 열녀 이야기를 그림과 함께 설명한 인물 이야기다. 김화라는 자가 아버지를 죽인 사건에 충격을 받은 세종대왕이 백성들에게 유교 윤리를 쉽게 가르치려고 만든 책이지. 조선은 유교 이념이 백성들 생활 깊숙이 전파돼 온통 유교, 유교 하던 나라야. 누가 조선이 어떤 나라였냐고 물으면 유교의 나라요, 선비의 나라다, 이렇게 대답하면 50점 이상은 맞아. 생활사 3분 특강 유교 강의 끝!"

노트를 접자 토리가 잠깐, 하고 손을 들었다.

"아까 과거 얘기 말이야, 그거 재밌는데 더 해 주면 안 될까? 내가 아마 전생에 장원 급제한 선비였나 봐. 이상하게 궁금하네."

"허 참. 그러냐. 무슨 얘길 해 줄까, 조선 시대 과거에도 부정행위가 있었다는 거? 책 몰래 가져가서 시험 보고, 대리 시험 보고, 답안지 바꿔 치고, 너 혹시 그딴 식으로 합격한 거 아냐?"

"거참 나를 뭘로 보고. 나 '시 천재' 토리야."

"됐고. 천재 얘기하니까 생각나는 게 있다. 조선 최고의 천재와 둔재가 있었어. 율곡 이이와 김득신이란 선비인데 율곡 이이는 말보다 글을 먼저 깨쳤다는 일화를 남긴 천재로 열세 살에 과거에 장원 급제한 이후 여덟 번 더 과거에 급제했어. 그것도 모두 장원으로! 한마디로 '공부가 제일 쉬웠어.'지. 그래서 사람들은 이이를 일컬어 구도장원공이라 불렀어. 아홉 번 장원한 수재라는 뜻이야.

이이와 대조를 이루는 조선 최고의 둔재는 김득신이란 선비야. 열 살 때 글을 익혀 스무 살에 겨우 글 한 편을 지었는데 어려서 하도 배운 걸 잘 까먹으니까 사람들이 김득신 아버지한테 아들 교육을 포기하라고 충고했대. 그래도 아버지는 김득신에게 꼭 과거에 합격하기 위해 공부하는 게 아니라며 용기를 주었고, 아버지의 훌륭한 가르침 덕에 열심히 공부한 그는 예상대로 번번이 과거에 낙방했지. 그래도 포기하지 않고 공부해서 환갑이 다 된 59세에 합격했어. 인간 승리.

김득신이 얼마나 잘 까먹었냐 하면, 어느 날 길을 가다가 수천 번 읽은 책의 구절을 듣고는 어디서 많이 듣던 구절인데 뭐더라, 이러더래. 그래서 하인이, 저 글은 무슨 책 50쪽 셋째 줄에 나오는 글 아닙니까, 귀에 못이 박이도록 들어서 쇤네도 아는뎁쇼, 이랬을 정도.

이런 김득신이 늦게나마 과거에 합격할 수 있었던 건 지독한 독서 덕분이었어. 수백 번 수천 번 읽은 책은 수도 없이 많고, 1만 번 이상 읽은 게 36편이나 돼. 심지어 《사기》에 나오는 〈백이전〉은 무려 11만 3천 번 독파! 이런 지독한 노력 덕에 그는 늦은 나이에도 과거에 합격하고 당대 최고 시인으로 명성을 얻을 수 있었지. 그런 거 보면 김득신은 김독신으로 불려야 할 것 같아. 독서의 신, 김독신.

참, 김득신도 울고 갈 사람들이 또 있어. 80세가 넘은 과거 합격자인데, 고종 때 치른 과거에서 정순교라는 사람이 86세에 합격했어. 조선 기네스북에 최고령 과거 합격자로 오를 만하지? 오늘의 생활사 3분 특강, 끝!"

셋째 날
조선의 르네상스

첫 번째 이야기　　　청나라에 당한 치욕을 씻자, 북벌론!
두 번째 이야기　　　붕당 정치 시대 탕평책을 펴다
세 번째 이야기　　　사도세자는 왜 죽었을까?
네 번째 이야기　　　정조의 개혁 정치
다섯 번째 이야기　　실학의 시대 실학자 정약용
판타스틱 생활사 3분 특강　양반의 나라, 농민의 나라

한눈에 보는 한국·중국·일본

1636	1644	1649	1654	1658
중 금, 국호 청으로 바꿈	중 청, 명 지배함	한 효종 즉위 (~1659)	한 1차 나선(러시아) 정벌	한 2차 나선 정벌

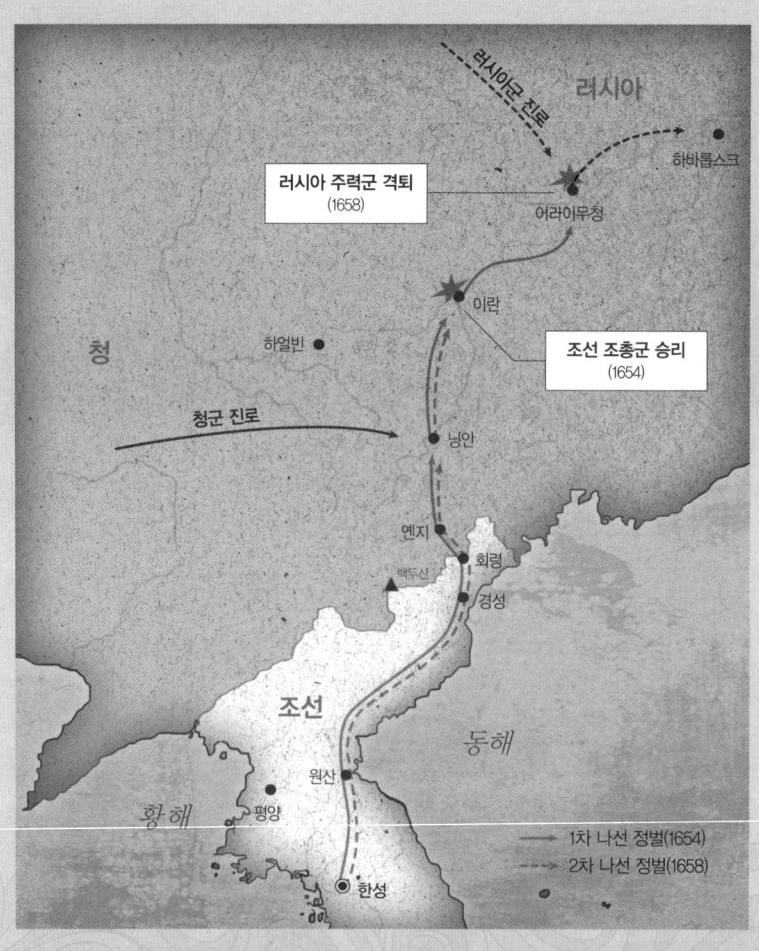

• 나선 정벌

첫 번째 이야기

청나라에 당한 치욕을 씻자, 북벌론!

아침이 밝았다. 지난밤엔 블랙홀에 빨려 들어가는 꿈 따위는 꾸지 않아서 비교적 편안히 잠을 잘 수 있었다. 그래서인지 머리가 가벼웠다. 바로 강의를 시작해도 되겠다 싶었다.

"자, 그럼 오늘 강의를 시작해 볼까?"

내가 운을 떼자 토리가 고개를 끄덕였다.

"좋지. 오늘 강의 주제는 뭔가?"

"뭔가가 뭐야? 말투가 왜 그러냐?"

"내 일찍이 과거에 장원 급제하여 사대부가 됐으니 사대부답게 말해야 하지 않겠는가, 이 작가?"

"하이고, 됐다. 하던 대로 해. 오늘 주제는 병자호란 이후에 일어난 북벌론이다."

내 말에 토리가 "북벌론이 뭔데?" 하며 예상했던 질문을 했다.

"청나라를 쳐부수자, 요런 거."

"청나라를 쳐부순다고? 조선이?"

"왜, 청나라도 조선 침략했는데 조선은 그러면 좀 안 되냐?"

내 물음에 토리는 고개를 갸웃했다.

"아니 뭐 꼭 그런 건 아니지만 조선이 어떻게 자기보다 몇 배나 더 큰 중국 청나라를 친다는 건지 이해가 안 돼서. 북벌론이 왜 나온 거야?"

"어제 병자호란 이야기했잖아. 병자호란 때 삼전도의 치욕을 당한 조선은 청에 대해 복수심을 불태웠어. 청나라, 부숴 버릴 테야! 이러면서. 또 하나는 명에 대한 의리 때문이기도 해. 당시 명나라는 청에 거의 멸망당하기 직전이었거든. 그러자 명을 아버지처럼 떠받들던 조선의 사대부들이 명 대신 청에 복수해 주자, 이러고 나선 거지."

"북벌이 잘 될지 모르겠지만 청나라에 복수하겠다는 조선 사람들 심정은 이해가 가네."

토리가 고개를 끄덕이며 말했다.

"그럼 지금부터 북벌론이 언제 누구에 의해 나오게 됐는지, 어떻게 준비되었고, 실행은 됐는지, 그 이야기를 해 줄게."

나는 북벌론 이야기를 시작했다.

병자호란 때 인조는 참기 어려운 치욕을 당했어. 추운 겨울날 송파 나루 근처 삼전도에 가서 청 황제에게 머리를 찧으며 항복했으니 그 심정이 오죽했겠니. 전쟁이 끝나고 인조는 청에 대한 복수심을 불태웠어.

청에 대해 불타는 복수심을 가진 건 비단 인조뿐만이 아니었어. 만주의 오랑캐로 여기던 청나라에 치욕을 당했다고 생각한 사대부들도 마찬가지였지. 특히 병자호란 때 청나라와 끝까지 싸우자고 주장했던 척화파의 원한이 컸어. 이들은 어떻게든 청에 대한 복수를 해야 한다고 주장하고 나섰어. 이것이 북벌론의 시작이야.

하지만 인조 때 바로 북벌론이 실행된 건 아니었어. 북벌론은 청나라에 인질로 끌려갔던 인조의 둘째 아들 봉림대군이 돌아와 왕위에 오른 뒤에 본격적으로 시작되었어. 인조에 이어 왕이 된 인물, 이 사람이 효종이야. 북벌론을 준비한 효종이 왕이 된 데에는 드라마틱한 사연이 숨어 있어.

효종은 소현세자의 동생이야. 형 소현세자와 함께 청나라 심양으로 끌려갔는데, 먼저 조선으로 돌아온 소현세자가 세상을 떠나자 조선으로 돌아왔지. 둘째 아들 봉림대군이 돌아오자 인조는 봉림대군을 세자로 삼았어. 죽은 소현세자의 아들을 세손으로 삼지 않고 봉림대군을 차기 왕 자리에 앉힌 거야. 왜 그랬을까?

인조는 장남인 소현세자가 너무 마음에 안 들었어. 청나라에서 돌아온 소현세자가 아버지 인조를 뵌 자리에서 "청나라가 서양 문물을 받아들여 무척 부강해지고 있으며, 조선도 서양 문물을 받아들여 부강해져야 한다."는 보고를 했기 때문이야.

세자의 귀국 보고를 들은 인조는 벼루를 들어 소현세자의 얼굴을 내리쳤어. 병자호란 때 당한 치욕을 갚을 생각은 안 하고 청나라가 강하다느니, 서양 문물을 받아들여야 한다느니 하며 마음에 안 드는 이야기를 했기 때문이지. 그 뒤에 벌어진 일은 앞에서 말한 그대로야. 아버지에게 심한 질책을 받은 소현세자는 병으로 드러눕고 침을 맞은 지 3일 만에 몸이 시커멓게 변하고 이목구비 일곱 구멍에서 피를 흘리며 죽었어.

소현세자가 죽은 뒤 인조는 세자빈에게 사약을 내려 죽게 하고, 소현세자의 두 아들도 제주도로 유배를 보내 죽게 만들었어. 인조는 청에 대한 복수를 한 게 아니라 청나라와 친해져 돌아온 세자에 대한 복수를 하고만 거야. 소현세자가 죽자 청나라에 남아 있던 봉림대군이 돌아왔고, 인조는 세자인 소현세자와 달리 청에 대해 복수심을 가지고 있던 차남 봉림대군을 세자로 삼았어. 이것이 봉림대군이 조선 제17대 왕 효종이 된 사연이야.

과연 효종은 즉위하자마자 북벌론을 꺼내 들었어. 우선 그는 조정에 남아 있던 친청파 신하를 내쫓고 반청파를 불러들였어. 대표적인 인물이 송시열이야. 송시열은 봉림대군의 스승이기도 했는데 봉림대군에게 북벌을 건의했다고 알려져 있어.

북벌이 거론되긴 했지만 명나라를 무너뜨리고 날로 강성해져 가는 청을 친다는 게 어디 쉬운 일이겠니. 하지만 봉림대군, 아니 효종은 가능하다고 생각했어.

"10년 동안 10만 대군을 양성해 청의 경비가 허술한 만주를 치면 중국 한인들이 우리를 도와 북벌을 성공시킬 수 있다."

효종은 군인 수를 늘리고, 정예 부대를 기병화 하고, 남한산성 등 주요 방위 시설을 보수했어. 또 네덜란드 선원으로 제주에 표류한 뒤 우리나라에 14년 동안 억류 생활을 한 네덜란드 인 하멜로부터 조총 제조 기술을 익혀 무기를 현대화하는 등 북벌을 위한 준비에 박차를 가했어.

북벌을 준비하던 중 나선 정벌에 나서 전력을 점검해 보는 기회도 가졌어. 나선 정벌이란 나선, 즉 러시아가 청나라 만주로 자꾸 침입하자 청나라가 조선에 지원군을 보내 달라고 요청했고 조선이 이에 응해 지원군을 파병한 거야. 두 번에 걸친 나선 정벌에서 조선군 조총수들이 대단한 활약을 펼쳐 나선인들을 몰아냈어. 이 나선 정벌을 계기로 조선 군대는 북벌에 대한 사전 점검을 한 셈이야.

그러나 북벌의 기회는 좀처럼 찾아오지 않았어. 조선만 강해지는 게 아니라 청나라도 점점 더 강해졌거든. 한 해 한 해 아까운 시간이 흐르는 가운데 북벌의 꿈은 멀어져만 갔어. 일부 신하들은 효종이 북벌을 이유로 왕권 강화를 꾀한다며 대놓고 북벌을 비판했어. 심지어 효종과 함께 북벌을 논의했던 송시열조차 "내가 말한 북벌은 군사 행동을 하는 북벌보다는 전란 때문에 혼란스러워진 조선 사회를 안정화시키고 무너져 가는 신분 질서를 강화하는 사회 경제적 북벌"이라며 북벌에 도움이 안 되는 말을 했어.

그러던 1659년, 10년 동안 10만 대군을 양성해 청을 치겠다던 효종은 즉위 10년 만에 북벌의 꿈을 이루지 못하고 세상을 떠났어. 그와 함께 북벌 논의는 사그라지고 말았지. 이것으로 북벌론 강의 끝.

이야기를 마치자 토리가 입을 벌린 채 말을 하지 못했다.

"왜 그러냐? 강의에 무슨 문제라도 있어?"

"그게 아니라 조금 허무한 거 같아서. 10년 동안 준비했는데 총 한 번 못 쏴 보고 끝난 거잖아. 아무리 효종이 죽어서 그랬다지만 효종 한 사람 죽었다고 북벌론이 그렇게 사라져도 되나?"

"무슨 뜻인지 이해가 간다. 그래서 오늘날까지 북벌론에 대해선 의견이 분분해."

토리가 두 눈을 반짝 뜨며 물었다.

"의견이 분분한 게 뭐야?"

"효종과 송시열 등 북벌론자들이 진짜 청을 치려 한 게 맞느냐 아니냐 의견이 갈리는 거지."

"진짜가 아니면 가짜 청도 있나?"

"아유, 요 녀석 말꼬리 잡기는. 그게 아니라 정말 청을 정벌하려 했느냐는 거야. 명에 대한 의리와 청에 대한 복수심 때문에 북벌을 준비하긴 했지만 실제로 치려 한 건 아니었다는 의견이다."

토리가 고개를 갸웃거리며 물었다.

"정말 청을 정벌하려 한 게 아니면 뭔데?"

"북벌론을 명분으로 효종이 왕권을 강화하려 한 건 아닌가, 하는 거지. 실제로 북벌을 준비하는 과정에서 왕권이 강화된 측면이 있거든. 또한 송시열 입장에선 자기의 정치적 입장을 강화하기 위해 북벌론을 주장했다는 평가를 받기도 해."

"아자씨 생각은 어떤데?"

"나? 글쎄다, 효종을 못 만나 봐서 효종의 진짜 생각이 뭐였는지 모르겠다만 효종이 자신의 왕권 강화를 위해 북벌 계획을 세웠다고 보진 않아. 그는 정말 북벌을 실행할 마음이 있었지만 갑자기 세상을 떠나는 바람에 계획을 실행에 옮기지 못한 것일 수 있어."

"그렇게 생각하는 근거가 뭐야?"

"첫째, 효종이 청나라에 인질로 끌려가 살 때 청나라한테 엄청 괄시를 받았거든. 그랬으니 일단 청에 대한 원한이 컸을 테고. 둘째, 효종이 북벌을 위해 군대를 강화한 내용을 보면 말로만 북벌을 주장한 것 같진 않아. 효종보다는 명나라를 대신해 청에 복수해야 한다고 생각한 신하들이 외려 북벌에 대한 진정성이 없던 것 같아. 효종이 죽자마자 북벌론은 내팽개치고 죽어라 예송 논쟁을 벌인 것만 봐도 알 수 있거든."

"예송 논쟁은 또 뭐야?"

"질문이 꼬리에 꼬리를 무는구나. 안 되겠다. 그 이야기는 다음 시간 주제인 붕당과 탕평책 이야기할 때 자세히 해 줄게. 이번 시간은 북벌론까지 하는 걸로 하자. 자, 시로 마무리할래?"

토리는 "오케이!" 하며 시를 읊었다.

효종의 죽음으로 10년 북벌 도로아미타불.

"우아, 토리 너 진짜 대단하다. 도로아미타불을 다 알고."

"헤헤. 뭐 그 정도 가지고. 내가 찾아보니까 10년 공부 도로아미타불이란 속담이 있더라고. 오랫동안 준비한 일이 하루아침에 허사가 됐다는. 그 속담을 패러디 해 본 거야. 아자씨도 강의 절반 넘겼으니까 도로아미타불 되지 않게 잘하셔."

나는 토리의 말이 밉지 않아 허허 웃었다.

한눈에 보는 한국·중국·일본

1552	1573	1575	1583	1591	1603
한 선조 즉위 (~1608)	일 오다 노부나가 등극, 전국 시대 통일(~1582)	한 사림, 동인과 서인으로 나뉨. 동인 집권. 붕당 정치 시작	일 도요토미 히데요시 등극(~1598)	한 동인, 남인과 북인으로 나뉨. 북인 집권	일 도쿠가와 이에야스 등극, 에도 막부(~1867)
1608	**1616**	**1623**	**1636**	**1659**	**1659**
한 광해군 즉위 (~1623), 북인 집권	중 후금(→청) 건국 (~1912)	한 인조반정, 인조 즉위(~1649), 서인 집권	중 후금, 국호 청으로 바꿈	한 현종 즉위 (~1674)	한 제1차 예송 논쟁, 서인 집권
1661	**1674**	**1674**	**1680**	**1683**	**1689**
중 청, 강희제 즉위 (~1722)	한 제2차 예송 논쟁, 남인 집권	한 숙종 즉위 (~1720)	한 경신환국	한 서인, 노론과 소론으로 나뉨	한 기사환국
1694	**1724**	**1725**			
한 갑술환국	한 영조 즉위 (~1776)	한 탕평책 시행			

조선 제21대 왕 영조가 1742년 성균관 입구에 세운 탕평비이다. 영조는 당쟁을 해소하기 위해 탕평책을 실시하고, 당파를 초월하여 인재를 등용하고 일반 유생들이 당론에 관련된 상소를 올리지 못하게 금지시켰다. ⓒ연합뉴스

두 번째 이야기

붕당 정치 시대 탕평책을 펴다

"자, 그럼 둘째 시간 강의를 시작해 볼까?"

내가 운을 떼자 토리가 고개를 끄덕였다.

"좋지. 이번 시간엔 북벌을 계획했던 효종이 죽고 난 뒤 벌어진 예송 논쟁 이야기를 한다고 했던가?"

"그 이야기를 하긴 할 건데 예송 논쟁 자체가 핵심은 아니야."

"그래? 그럼 이 시간에 무슨 이야기를 해 주시려구?"

"붕당 정치와 탕평책. 붕당 정치 얘기하다 보면 방금 말한 예송 논쟁 이야기도 나온다. 붕당 정치는 임진왜란과 병자호란을 겪고 난 이후의 조선 사회를 이해하는 데 무척 중요한 이야기니까 잘 들어. 그 이야기하기 전에 한 가지 알아 둘 게 있어. 대략 500년 정도 되는 조선의 역사는 임진왜란을 기점으로 조선 전기와 후기로 나누는데 왜 그런 줄 아니?"

"그야 임진왜란이 시간상으로 반 정도 되는 시점이니까 그렇겠지."

"맞았어. 그런데 꼭 시간 때문만은 아니야. 그보다는 임진왜란을 계기로 조선 사회의 모습이 많이 달라졌기 때문이야. 임진왜란과 병자호란을 겪으며 사대부 양반들의 민낯을 똑똑히 목격한 민중들은 유교라는 틀이 얼마나 어처구니없는 것인가를 깨달았어. 또 돈을 주고 양반을 사고팔아 신분 질서가 무너지기 시작했고, 상업과 공업이 발달하는 등 사회 성격이 크게 변했어. 임진왜란처럼 시대를 가르는 분기점이 어느 시대마다 있었어. 고려 시대는 무신 정변을 기점으로 전기와 후기로 나누고, 일제 강점기는 3·1운동을 전후로 시대를 나눠 보기도 하지. 내 말 이해하겠니?"

"그럼, 당연하지. 내가 비슷한 경우를 몸소 겪었으니까."

"뭐라고? 토리 너 때문에 시대가 달라지기라도 했다는 거냐?"

"그럼. 우리 별에서는 나의 출현을 계기로 이상한 문학과 더 이상한 문학의 구분이 생겼어."

"너 정말 생긴 것도 이상한데 하는 말은 더 이상하구나."

"아자씨! 지금 외계인 인권 침해 발언한 거 알아?"

토리가 두 팔로 탁자를 쾅 내리쳤다.

"어이쿠, 미안하다. 귀여워서 그랬다. 무슨 얘기하다가……, 그렇지, 붕당 정치 이야기하려다 삼천포로 빠졌구나. 토리, 너 혹시 네 차례 사화를 겪고 지방에 내려갔던 사림 세력이 선조 때 대거 중앙에 진출하면서 권력을 잡기 시작했다는 거 기억하니? 이들 사림이 동인과 서인으로 나뉘면서 붕당 정치가 시작되었어.

그때 시작된 붕당 정치가 200년 넘게 이어졌으니까 붕당 정치를 이해하지 않고서는 조선 후기를 온전히 이해할 수 없다. 해서 오늘 첫 시간은 붕당 정치가 어떻게 시작됐고, 붕당 정치의 폐해는 무엇이었으며, 붕당 정치의 폐해를 극복하기 위해 어떤 정책을 썼는지, 그 이야기를 해 줄게."

"알았어. 근데 붕당이 뭐야?"

"오늘날 정당 같은 거야. 뜻을 같이하는 사람들이 모인 결합체라고 할 수 있지. 조선 시대는 학문 성향이나 지역이 같은 사람이 붕당을 형성했어. 붕(朋)은 같은 스승 밑에서 공부한 벗을 뜻하는데, 이 사람들이 당을 결성한 게 붕당이야. 이만하고 본론으로 고~!"

나는 붕당 정치와 탕평책 이야기를 시작했다.

붕당은 아주 사소한 문제에서 비롯되었어. 선조 임금 때였어. 이조 전랑 자리를 놓고 작은 시비가 일었단다. 이조 전랑이 뭐냐고? 사람을 관직에 앉히거나 승진시키거나 내쫓는 권한을 가진 아주 중요한 직책이야. 요즘도 인사가 만사라는 말이 매일 신문에 오르내려. 인재를 적재적소에 배치하는 게 정치에서 가장 중요하단 말이지. 그렇게 중요한 업무를 담당하는 자리가 바로 이조 전랑이야.

이조 전랑 자리에 김효원을 천거하자 심의겸이 반대하고 나섰어. 천거는 어떤 일을 잘 맡아 할 수 있는 사람을 그 자리에 쓰도록 소개하거나 추천하는 것을 말해. 그럼에도 김효원이 이조 전랑이 됐는데 문제는 그 다음에 벌어졌어. 김효원이 물러나고 그 자리에 심의겸 동생을 추천하자 김효원이 노! 하고 반대하고 나섰지. 바로 이때 선비들이 김효원을 지지하는 세력과 심의겸을 지지하는 세력으로 갈렸어. 이게 바로 붕당의 출발점이야.

당시 김효원은 도성 동쪽에 살고 있었고 심의겸은 도성 서쪽에 살았어. 그래서 이 두 사람이 사는 곳에 따라 김효원 지지파를 동인, 심의겸 지지파를 서인이라 부르게 되었지. 사는 지역에 따라 동인과 서인을 나누긴 했지만 동인과 서인은 학문 성향에서도 확연히 갈렸어. 동인은 퇴계 이황과 남명 조식을 따르고, 서인은 율곡 이이와 성혼을 받들었어. 이렇듯 조선 최초의 붕당은 지역과 학문 성향에 따라 두 집단으로 나뉘었어.

붕당이 뭐야, 쉽게 말해 오늘날 정당이라고 했지? 정당은 권력을 차지하는 것이 최고의 목적이야. 그렇기 때문에 정권을 쥐기 위한 정당 간의 싸움이 전개되는 건 지극히 당연한 일이야. 조선 시대도 마찬가지였어.

선조 때는 동인이 대체적으로 우세했어. 임진왜란 직전에 일본에 갔던 통신사 중에 김성일과 황윤길이 있었잖아? 한 사람은 동인, 한 사람은 서인이었어. 그런데 당시 동인이 힘이 세서 동인인 김성일의 의견이 받아들여졌어. 어떤 의견이었냐, 도요토미 히데요시는 쥐처럼 생겨서 전쟁을 일으킬 위인이 못 된다는 의견이었지. 그래서 결국 힘이 센 동인의 의견이 받아들여져 전쟁 준비에 소홀히 하게 된 거고. 붕당이 전부 나쁜 건 아니지만 자기 당 의견이면 국가 이익을 무시하고 무조건 옳다고 우기는 건 좀 어처구니가 없어.

선조 때 우세했던 동인은 한 번 더 분열을 겪어. 그렇게 된 계기가 있는데, 서인이었던 정철이 광해군을 세자로 책봉해야 한다고 주장했다가 선조한테 찍혀서 파직당한 일이야. 그때 정철을 죽일까 살릴까 하며 동인 사이에 논쟁이 붙었는데, 정철을 죽여야 한다는 강경파는 북인, 죽이지 말고 유배 보내는 것으로 끝내자는 온건파는 남인으로 불리게 돼. 그리고 북인 중에서도 좀 더 과격한 강경파는 대북, 덜 과격한 강경파는 소북으로 분열하게 되지. 참, 북인은 강경파답게 임진왜란 때 의병 활동을 활발하게 전개했는데 홍의 장군 곽재우가 바로 북인이야. 이 북인이 광해군 때 정권을 장악해.

붕당 정치의 핵심 가운데 또 하나는, '바뀐다'는 거야. 요즘도 그렇잖아. 여당이 야당 되고 야당이 여당 되고. 광해군 때 북인 정권 아래서 숨죽이며 정권을 되찾기 위해 기회를 엿보던 서인은 마침내 인조반정을 일으켜 광해군과 북인 세력을 몰아냈어. 그때부터 서인이 정국을 주도하게 되지. 그 후로 서인이 쭉 집권하게 돼. 여기까지가 붕당 대립의 1라운드라고 볼 수 있어.

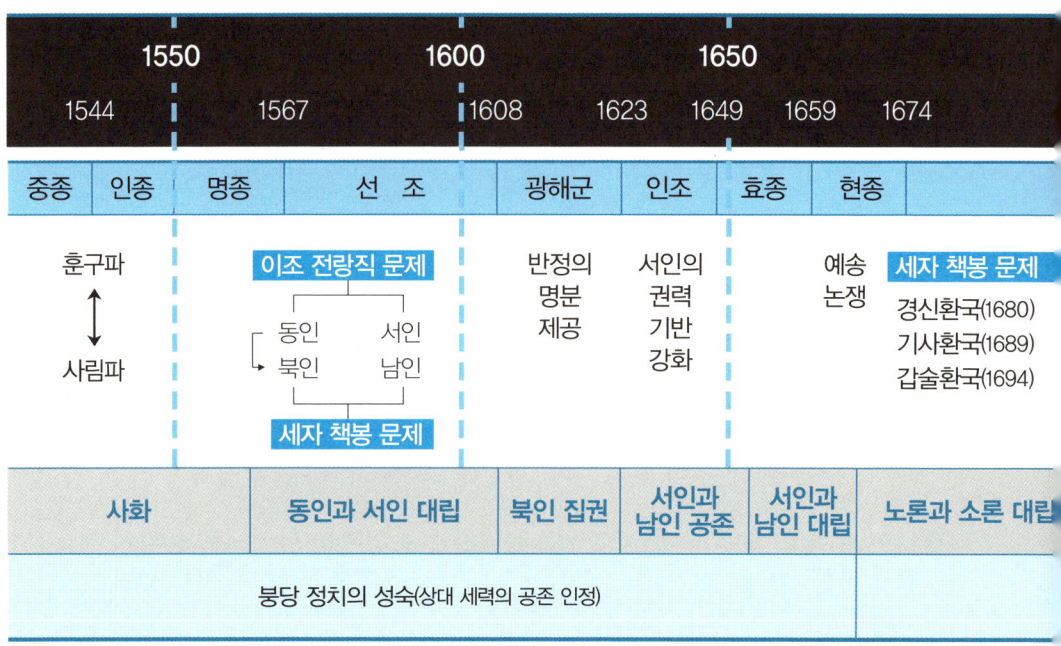

붕당 정치의 변천

 붕당 정치 1라운드 이야기를 마치자 토리가 두 손으로 머리를 감싸 쥐었다.

 "뭐가 이리 복잡해? 동인 서인 남인 북인 대북 소북, 이거 원, 외계 고등 지능 생명체인 내가 들어도 머리가 아플 지경이군."

 "하하. 머리 아프긴 아직 일러. 처음 두 개의 붕당에서 시작된 분열은 200년 세월이 흐르는 사이에 동인은 남인과 북인, 북인은 다시 대북과 소북, 소북은 다시 무슨 북과 무슨 북, 서인은 노론과 소론, 노론은 다시 벽파와 시파……. 이렇게 여러 정파로 분열하게 되거든. 적을 필요 없어. 그림을 그려

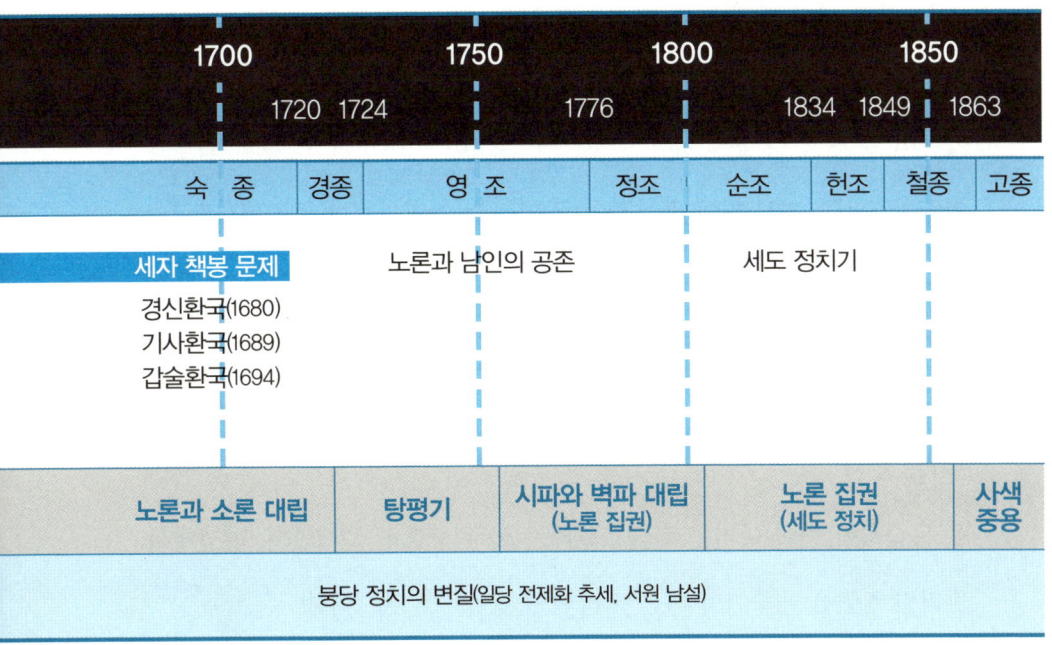

서 붕당의 중요한 흐름과 특성을 설명해 줄 테니까."

나는 노트에 붕당의 흐름을 알기 쉽게 그렸다.

"자, 그럼 붕당 조직도 보면서 서인이 집권한 이후 붕당 대립 제2라운드 이야기를 시작해 볼까?"

지금부터 예송 논쟁 이야기를 해 줄게. 이 논쟁이 붕당 간의 극한 대립을 보여 주는 대표적인 사건이야.

인조반정 이후 광해군 때 집권 세력인 북인이 몰락하고, 서인과 남인이 여당과 야당 행세를 하며 정국을 주도했어. 그러다가 북벌을 계획했던 효종이 죽자 조선 조정에서는 희한한 논쟁이 벌어졌어. 효종은 인조와 인렬왕후 사이에서 태어난 아들인데, 인조는 인렬왕후가 죽은 뒤 장렬왕후를 계비, 즉 새 왕비로 맞이했어. 그런데 의붓아들인 효종이 죽고 대비가 된 장렬왕후가 상중에 상복을 1년을 입는 게 맞느냐, 3년을 입는 게 맞느냐 하는 문제로 논쟁이 벌어진 거야.

지금 보면 무슨 그 따위 문제로 논쟁을 하나 생각하겠지만, 유교 예법을 목숨처럼 중히 여기는 사대부한테는 아주 중요한 문제였어. 논쟁에서 밀리면 정권을 내주어야 하는 절박한 문제이기도 했으니까.

이런 이유로 예송 논쟁이 벌어졌는데, 서인을 대표하는 송시열은 이렇게 주장했어.

"효종이 장남이 아니니 계비는 상복을 1년만 입으면 된다."

그러자 남인을 대표하는 허목이 다른 주장을 하고 나섰어.

"아무리 차남이라도 왕의 신분으로 죽었으므로 계비는 3년 동안 상복을 입어야 한다."

계비가 상복을 1년을 입어야 하느냐 3년을 입어야 하느냐는 논쟁은 겉으로는 성리학의 예(禮)법에 관한 논쟁 같지만, 두 정치 세력 간의 정국 주도권 다툼의 성격이 짙어. 그 싸움에서 송시열의 서인 세력이 승리했고, 이후 정국 주도권은 서인이 쥐게 되었지. 그런데 몇 년 뒤 효종의 왕비가 죽자 제2차 예송 논쟁이 벌어져. 이번에도 서인과 남인이 인조의 계비가 상복을 몇 년 입어야 하느냐를 놓고 대립했어.

서인은 "9개월만 입는 게 맞다." 남인은 "1년 입어야 한다."며 치열하게 논쟁을 벌였는데 이번에는 왕인 현종이 남인 손을 들어 주어 남인이 승리했어. 예송 논쟁은 15년 넘게 이어졌는데 이 논쟁이 단순히 상복을 몇 년 입어야 하느냐의 문제가 아니라 두 정치 세력 간의 주도권 다툼의 성격이 짙어서 조선 사회는 두 쪽으로 쫙 갈라졌어.

앞에서 붕당 정치가 다 나쁜 건 아니라고 했잖아. 붕당 정치는 왕이 한쪽 당에 완전히 힘을 실어 주지 않고 서로 비판과 견제를 통해 균형을 이루게 하는 긍정적인 면도 있다고. 하지만 숙종 때 이르면 붕당 정치는 같은 편끼리만 뭉치는 일치단결, 같은 편의 이익을 위해 죽기 살기로 끝장을 낸다는 사생결단, 즉 너 죽고 나 살자는 식으로 극심하게 대립하고 갈등하는 모습을 보여. 인조반정 이후 대체로 정국을 주도해 왔던 서인 세력이 남인에 대한 처벌을 강하게 할 거냐, 온건하게 할 거냐 하는 문제로 강경파인 노론과 온건파인 소론으로 갈라진 것도 숙종 때 일이야.

숙종은 왕권을 강화하기 위해 이런 상황을 적절하게 이용했는데, 남인과 서인 세력을 번갈아 가며 물갈이하는 환국 정치로 붕당 간의 갈등을 키우기도 했어. 이랬으니 탕평책이 숙종 때 처음 제기되었음에도 제대로 시행될 수 없었지.

탕평이 뭐냐고? 중국 정치 교과서인 《서경》에 나오는 말로, '치우침이 없고 무리 지음이 없으면 왕도가 탕탕평평해진다.'는 뜻이야. 쉽게 말하면 치우침 없이 인재를 고루 등용한다, 이런 뜻.

 붕당의 폐해를 막기 위해 탕평책을 제1과제로 들고 나온 왕은 영조야. 영조는 노론 세력의 지지를 업고 왕이 된 인물이야. 영조는 왕이 되기 전에 당쟁으로 수십, 수백 명의 사대부들이 처형되거나 유배당하는 꼴을 보았어. 그래서 왕이 되면 탕평책을 써서 당쟁을 눌러 버리겠다고 생각했지.

 영조는 왕권을 강화하고 붕당 대립을 완화하기 위해 탕평책을 적극 실시했어. 탕평책의 의지를 알리기 위해 '신의가 있고 아첨하지 않는 것은 군자의 마음, 아첨하고 신의가 없으면 소인배의 마음.'이란 글귀를 쓴 탕평비를 유생들이 공부하는 성균관 입구에 세웠어. 좌의정에 노론을 앉히면 우의정에는 소론을 임명하고, 장관인 판서 자리에 소론을 임명하면 차관은 남인을 앉혔지. 붕당의 온상인 서원을 대폭 정리하고, 2백여 년 전 붕당의 뿌리였던 이조 전랑의 권한을 확 줄였으며 같은 당파끼리 결혼을 금지한다는 금혼패를 집 앞에 붙이게 했어.

 영조의 이런 노력으로 붕당 대립이 완화되고 고루고루 탕탕평평하게 정치가 이뤄졌냐? 꼭 그렇지는 않아. 50년 넘게 왕위에 있는 동안 왕권이 많이 강화되긴 했지만 붕당 대립을 근본적으로 해결하진 못했어. 그럴 만한 이유가 있었어. 영조 자신이 노론의 지지를 업고 왕이 된 까닭도 있고, 강경파인 노론이 권력을 나누는 탕평책에 은밀하고도 강력하

게 저항했기 때문이야. 노론의 생각은 한마디로 이런 거야. '탕평책, 개나 줘 버려!'

그리고 마침내 정권을 독점하려는 노론 강경파의 거대한 음모가 시작되었어. 그건 바로 조선 역사 500년 이래 가장 비극적인 사건, 사도세자의 죽음이었단다.

"토리야, 붕당과 탕평책 강의는 여기까지 하자. 내가 다 머리가 아프다."
토리가 두 눈을 동그랗게 떴다.
"아니 왜? 조선 왕실 최대 비극 사건 이야기 마저 하지 않고?"
"그 이야기는 너무 비극적이어서 얘기하려면 에너지가 필요해. 아, 마침 힘이 나는 음식을 가져온 게 있으니 그것 먹고 계속할까?"
토리가 큭큭거렸다.
"아자씬 뭘 그렇게 준비해 온 게 많아? 정말 끝내준다."
"이게 다 너한테 4차원 입체 강의해 주려고 준비한 거 아니겠냐. 그 음식이 뭐냐, 탕평채라는 음식이다."
"탕평채? 무슨 음식 이름이 그렇게 정치적이야?"
"탕평책에서 따와서 그래. 하얀 청포묵에 파란 미나리와 붉은 쇠고기를 넣고 까만 김을 뿌리면 탕평채 완성. 기호에 따라 참기름과 간장을 뿌려 드시면 더욱 좋습니다."

"색깔이 알록달록 보긴 좋네. 그런데 탕평책에서 따왔다니 그게 무슨 말이야?"

"신하들이 남인 북인 노론 소론으로 갈라져 싸우니까 영조가 각 붕당 대표들 불러 모아서 좌청룡 우백호 남주작 북현무 읊어 가며 각각 파랑 하양 빨강 검정 색깔의 재료로 만든 이 음식을 떡하니 차려 놓고, 색이 다른 이 재료가 이렇게 한데 어울려 고운 빛깔을 내는 음식으로 탄생한 것같이 그대들도 한데 어울려 잘 지내 보는 게 어떻겠느냐고 말했지. 토리야, 너도 한번 잡숴 봐."

토리가 탕평채를 보더니 고개를 돌렸다.

"왜 안 먹어? 여행의 묘미가 뭐냐. 그 나라 음식을 먹어 보는 게 최고 아니냐. 지구에 왔으니 지구 음식을 먹어 봐야지."

"안 먹을래. 난 먹는 게 따로 있어. 이제 탕평채 얘기 그만하고 아자씬 시식해. 난 시나 지어 볼라니까."

"쩝. 할 수 없지 뭐. 그래 이번엔 이태백이 놀던 당시로 할래, 아니면 이런들 어떠하리 저런들 어떠하리 시조로 할래?"

"하이쿠."

"하이쿠? 너야말로 정말 끝내준다. 토리 니가 일본의 전통 시 하이쿠를 알아?"

"이거 왜 이러셔. 나 일본에서 순회 역사 수강 마치고 온 몸이야. 일본 있을 때 얼마나 많이 지어 봤는데. 한 수 읊어 볼까? '얼마나 이상한 일인가,

벚꽃 아래 이렇게 살아 있다는 것은!' 캬, 좋잖아."

내가 손사래를 쳤다.

"그래도 하이쿠는 좀 그렇다. 대한민국 초등학생한테까지 알려 줄 내용은 아닌 것 같아."

"진짜 어불상실이다. 나랑 역사 수업하면서 왜 대한민국 초등학생을 신경 쓰는데?"

"어불상실? 그게 무슨 말이야? 이치에 안 맞아 말이 안 된다는 뜻의 어불성설과 어이가 없다는 뜻의 어이상실의 합성어냐? 그런 거라면 진짜 천재고 실수라면 어이상실이다."

"아니, 뭐…… 에이, 몰라. 하이쿠로 할래. 짧지만 세련되고 함축적인 시니까. 그럼 한다. 켁켁."

> 남인북인 노론소론
> 언제까지 싸울 건가
> 나라는 망해 가는데.

한눈에 보는 한국·중국·일본

1722	1724	1725	1735	1746	1750
중 청, 옹정제(세종) 즉위	한 영조 즉위 (~1776)	한 탕평책 시행	중 청, 건륭제(고종) 즉위(~1795)	한 《속대전》 편찬	한 균역법 시행

1762
한 사도세자 뒤주에서 사망

• 장조(사도세자)와 그의 비 헌경왕후(혜경궁 홍씨)를 합장한 융릉과 그의 아들 정조와 효의왕후를 합장한 건릉이 함께 있는 융건릉이다. ⓒ Revi

세 번째 이야기

사도세자는 왜 죽었을까?

"토리야, 짧은 시라 짓기 어려울 텐데 나름 잘 지었다. 통!"

"쳇."

토리가 입을 삐죽였다.

"대통이 아니고 왜 그냥 통이야?"

"음율, 형식, 발상 다 좋은데 내용에 살짝 문제가 있어. 네 시엔 당파 싸움 때문에 나라가 망했다는 의식이 깔려 있잖아."

"그런 거 아니었어? 임진왜란도 당쟁 일삼다 일본군 침략받은 거고, 노론, 소론, 남인, 북인 사색당파 싸움하느라 일제 식민지 됐다던데."

"나카무라 상이 그러던? 그게 바로 전형적인 일제 식민 사관이야. 당쟁 때문에 애꿎은 양반들 저세상으로 가시긴 했지만 꼭 그것 때문에 나라가 망한 건 아니야. 말했지만 붕당 정치 초기엔 비판과 견제를 통해 나름 균형을 유지하기도 했으니까. 일제 식민지가 된 건 외려 붕당이 없어지고 하나의 가문이 권력을 독점하는 세도 정치가 오래 지속되면서 나라가 완전히 망가졌기 때문이야. 일제가 도둑놈 심보로 남의 나라 먹으려 들었기 때문이기도 하고. 그래도 당쟁의 폐해가 작다고는 말 못 하겠다. 다 같이 잘 살기 위한 정쟁을 해야 하는데 너 죽고 나 살자, 이런 식으로 싸웠으니……."

"거 봐. 그러다 망한 거잖아."

"토리야, 그 얘긴 그만하자. 그래도 영조께서 붕당 없애려고 얼마나 노력하셨냐. 비록 큰 성과를 거두진 못했지만. 이번 시간엔 당쟁의 폐해가 극에 달했던 뒤주 살인 사건에 대해 얘기할게. 준비됐으면 간다!"

나는 사도세자 이야기를 시작했다.

1762년 윤5월 13일, 창경궁 내 휘령전 앞뜰. 장소에 어울리지 않는 뒤주 하나가 휘령전 앞마당에 떡하니 놓여 있었어. 휘령전은 지금의 문정전이야. 사방이 온통 고요한 가운데 손때 묻어 반들반들해진 뒤주 덮개 위로 따가운 초여름 햇볕이 내리쬐고 있었지. 들리는 소리라곤 창경궁 뒤뜰 회화나무에 착 달라붙어 울고 있는 매미 소리뿐. 부엌에나 있어야 할 물건이 무슨 사연으로 어울리지도 않는 곳에 저렇게 떡 버티고 서 있었던 걸까.

얼마 뒤 휘령전 앞뜰의 고요를 깨는 소리가 뒤주 속에서 들려왔어. 사람 소린지 짐승 소린지 알 수 없는 웅웅거림. 그 소리는 가만히 귀 기울여야 들릴 정도로 작았어. 가만히 들어 보니 그건 사람이 내는 소리였어! 뒤주에서 들려오는 사람의 목소리…….

나는 세자다. 조선의 21대 임금 영조의 아들이다. 임금의 아들인 내가 어찌하여 한여름 뙤약볕 뒤주 안에 이렇게 갇혀 있어야 한단 말인가.

오늘 아침 나는 아버지의 부름을 받고 휘령전으로 나왔다. 아버지는 나를 보자마자 칼을 던지시며 자결하라고 말씀하셨다. 짐작은 했지만 주상께서 자식인 나에게 그런 명을 내리실 줄은 몰랐다. 나는 살려 달라 빌었다. 하지만 아버지는 꿈적도 않으셨다. 외려 더 크게 화를 내시며 어서 자결하라 재촉하셨다. 내 아들이 휘령전으로 달려와 아비를 살려 달라고 애원했으나 아버지는 손자의 청도 들어주지 않으셨다.

나는 모든 것을 포기하고 칼을 들었다. 주위에 있던 신하가 칼을 빼앗았다. 나는 옷을 풀어 목을 맸다. 내가 쓰러지자 내시들이 달려와 옷을 풀었다. 휘령전 앞뜰에 뒤주가 들려 들어온 건 바로 그 뒤였다. 아버지께서 내게 뒤주에 들어가라 명하셨다. 나는 뒤주 속으로 들어갔다. 하루 이틀 지나면 꺼내 주시리라 믿었기에. 아버지께서 덮개에 대못을 박으시고 굵은 동아줄로 뒤주를 꽁꽁 묶으셨다.

내 아무리 정신 질환이 있다 한들, 아버지 명 없이 궁을 나가 산천을 유람하는 비행을 저질렀다 한들, 하나밖에 없는 외아들에게, 그것도 한 나라의 세자인 나에게 어찌 자결하라 하실 수 있단 말인가. 도대체 무엇 때문에 아버지는 나를 죽이려 하신단 말인가. 언제부터 우리 부자 사이가 이리되었을까.

처음부터 이렇지는 않았다. 아버지는 마흔둘에 나를 낳으셨다. 내가 태어났을 때 나는 왕실의 영광이요, 국가의 경사였다. 나는 아버지의 대통을 이을 유일한 후계자였다. 나는 걸음마를 시작할 무렵부터 아버지에게 세자 교육을 받았다. 말을 하기 시작할 때부터 책 읽는 법을 배웠다. 《효경》을 읽었고 《동몽선습》을 익혔다. 아버지는 세 살배기 어린 나를 곁에 두시고 나랏일을 보셨다. 그러고는 신하들에게 이렇게 자랑하셨다.

"장차 조선의 왕업을 이을 세자니라."

기대를 한 몸에 받고 자랐지만, 나는 책 읽는 게 싫었다. 아니다. 책 읽는 게 싫었다기보다 칼 쓰고 활 쏘는 게 더 좋았다. 아버지는 그런 나를 걱정하셨다. 내가 열 살 될 무렵 책 한 권을 다 읽고 아버지께 말씀드렸다.

"아바마마, 겨우 책 한 권을 뗐습니다."

아버지께서 근심스레 쳐다보며 말씀하셨다.

"세자야, 그렇게 책을 안 읽어서 어떡하려 하느냐?"

책을 보면 머리가 어지러웠다. 그래서 책보다 무예를, 글보다 그림을 즐겼다. 아버지는 문무를 겸하는 것이 군주의 이상적인 모습이라 말씀하시면서도 책 읽기에 소홀한 나를 걱정하셨다. 어느새 아버지의 걱정은 질책과 책망, 호통과 비난으로 바뀌었다. 그때부터였으리라. 아버지와 나 사이에 보이지 않는 금이 생기기 시작하고, 내가 아버지를 두려워하기 시작한 것은.

아버지는 가끔 칭찬도 하셨지만 대부분 나를 꾸짖고 나무라셨다. 나를 못마땅하게 여기신 이유는 학문을 열심히 닦지 않는다는 이유였다. 아버지는 사대부들보다 더 책을 즐겨 읽으셨으며 신하보다 교양을 더 많이 쌓으신 분이셨다. 아버지는 내게도 당신과 똑같이 학문을 좋아하는 군주가 될 것을 요구하셨다. 매일 책 읽는 양을 적으라 하시고 일기를 써서 한 달에 한 번 당신에게 보이라 명하셨다. 그 모든 것이 나에겐 고통이었다.

아버지는 여러 신하들 앞에서 나를 혼내고 소리치시고 나무라시며 창피를 주셨다. 보다 못한 대신들이, 세자에게 너무 그리 엄하게 대하시면 주눅이 들어 외려 역효과가 난다고 아뢰었지만 아버지의 질책은 멈추지 않으셨다. 내 나이 열다섯 살 무렵, 이미 혼례를 치르고 아버지를 대신해 나랏일을 보기 시작했을 때에도 계속해서 꾸중을 들었다. 그때마다 나는 눈앞이 깜깜해지고 심장이 쿵쿵 뛰었다. 어쩌다 아버지께서 내 거처로 오실 때면 아버지 발자국 소리만 듣고도 심장이 벌렁거렸다.

나를 걱정하는 한 신하가, 혼날 때 혼나시고 벌 받을 때 벌 받더라도 너무 마음 졸이지 마소서, 하고 말했지만 그건 아버지를 모르고 하는 소리다. 아버지의 불같은 호통을 수차례 듣고 나면 정신이 혼미해지고 머릿속이 하얗게 변하고 만다. 아버지와 나 사이에, 그리고 나를 둘러싼 노론과 소론 사이에 눈에 보이지 않는 갈등이 시작된 건 내가 스무 살 무렵이었다.

그해 봄, 나주 관아에 흉흉한 벽서 한 장이 붙었다. 아버지 영조의 30년 가까운 정치를 비난하는 글이었다. 아버지는 포도대장에게 명하여 아버지를 비난한 범인을 체포하라 명하셨다. 범인은 머지않아 붙잡혔다. 소론 강경파의 소행이었다. 범인과 관련된 자들이 줄줄이 잡혀 들어왔다. 아버지는 자신이 정치적 생명을 걸고 추진한 탕평책이 무너지는 아픔을 느끼셨고, 대대적인 국문(중죄인을 신문하는 일)이 시작되었다. 이 일로 소론 강경파가 큰 타격을 입었다.

아버지와 노론은 이참에 소론의 뿌리를 뽑겠다는 기세로 나왔다. 하지만 나는 사건이 더 이상 확대되는 것에 반대했다. 나는 소론에 대해 적대감이 없었고 외려 노론보다 소론 쪽 인사들과 가까운 편이었다. 노론 강경파와 아버지는 이런 나를 위험한 인물로 낙인찍었다. 노론은 아마 내가 왕이 되면 소론과 손잡고 노론을 공격할 거라 염려했으리라. 그때부터였다. 아버지와 나 사이를 이간질하는 노론의 공작이 집요해지기 시작한 것은. 그것은 나에게 큰 위기였다.

그 무렵 내 아들인 세손(훗날 정조)이 무럭무럭 자라나고 있었다. 아버지께서는 손자인 세손을 무척 사랑하셨다. 나에 대한 기대가 무너지자 그 기대가 세손에게로 향한 것이리라. 그것은 나에게 또 다른 위기였다.

아버지께서는 노골적으로 말씀하셨다.

"종사를 이을 사람은 세손이다!"

이 나라를 이을 사람이 내가 아니라 세손이라니, 아마 그때 이미 아버지께선 나를 버리시고 내 아들을 후계자로 삼을 생각을 하셨는지 모른다.

노론은 나를 제거하기 위해 집요하게 내 비행을 아버지께 고해바쳤다. 우리 부자 사이는 점점 더 멀어져 갔다. 아버지만 생각하면 가슴이 떨리는 병이 더욱 심해졌다. 나는 벗어나고 싶었다. 아버지께 인사를 드리러 가기 싫어 병을 핑계로 인사를 드리지 않았으며, 여승을 궁궐로 불러들이고, 후궁을 칼로 베어 죽이고, 아버지 몰래 관서(평안도와 황해도 북부) 지역으로 유람을 다녀오기도 했다. 아버지를 원망하며 허공에 칼을 휘둘렀다. 내시들에게 내 아버지를 비난하는 욕을 하라고 시켰다. 아버지가 원망스럽고 두렵고 미웠다. 그렇게라도 아버지에 대한 두려움과 원망을 떨쳐 내고 싶었다. 내 이런 발악은, 나경언의 반역 행위 고발로 끝이 나고 말았다.

내가 뒤주에 갇히기 한 달 전, 노론의 사주를 받은 나경언이란 자가 세자인 내가 역모를 꾸며 난을 일으키려 한다고 고해바쳤다. 조정이 발칵 뒤집혔다. 의금부에 불려온 나경언은 세자의 비행이라며 열 가지 죄목을 추가로 고했다. 하지만 며칠 뒤 나경언은 세자가 역모에 관련됐다는 말은 거짓이라고 실토했다. 나는 간신히 죽을 위기를 면했다. 그렇게 거짓 역모 고발 사건이 마무리되는 줄 알았다. 그런데…….

오늘 아침 아버지께서 갑자기 나를 부르셨다. 휘령전 앞에 선 아버지께서는 "변란이 호흡지간(숨을 한 번 들이쉬었다가 내쉬는 사이. 아주 짧은 시간이라는 뜻)에 있다."고 소리치셨다. 그러더니 내게 곤룡포를 벗으라 명하셨다. 아버지께서는 나를 정녕 반란을 도모한 죄인으로 생각하신 걸까. 나는 죄인처럼 옷을 벗고 뜰에 엎드렸다. 아버지께서 명하셨다.

"자결하라!"

나는 엎드려 울부짖었다.

"살려 주십시오, 아버님. 제가 비록 죄가 많사오나, 죽을 이유까지야 없지 않습니까?"

하지만 아버지께서는 내 울부짖음을 듣지 않으셨다. 얼마 뒤 뒤주가 들어오고 나는 그 안에 갇혔다. 찌는 듯 덥고 목이 마르고 배가 고프다…….

세자가 뒤주에 갇힌 뒤 해가 뜨고 지기를 몇 날, 아버지 영조가 닷새 동안 뒤주를 감시하다 돌아가고, 이레째 되던 날 천둥 번개가 치고 큰비가 내렸어. 그리고 그다음 날인 윤5월 21일 뒤주 속에서 세자는 숨을 거두고 말았어. 아들이 죽었다는 소식을 들은 영조는 마치 슬퍼하기라도 하는 듯 죽은 세자에게 시호를 내려 주었어. 시호는 왕이나 벼슬이 높은 자가 죽었을 때 그의 공덕을 기리기 위해 붙이는 이름이야. 생각할 사(思) 슬퍼할 도(悼), 사도세자라는 시호를.

이야기를 마치고 내가 물었다.

"토리, 사도세자 이야기를 들은 소감이 어때?"

"아주 중요한 교훈을 얻었어."

"그게 뭔데?"

"공부 안 한다고 아들을 너무 윽박지르면 안 된다는 거. 사도세자가 마음의 병을 얻은 게 바로 그 때문 아니야? 책보다 칼과 활을 더 좋아하고, 글보다 그림을 더 좋아하는 아들한테 무조건 글만 읽으라고 했으니 문제가 생길 수밖에. 그리고 또 책 안 읽는다고 큰소리로 혼내고 무안 주고 그러니 누군들 마음의 병이 생기지 않을 수 있겠어?"

"참, 대~단한 발견일세. 콜럼버스의 신대륙 발견 이후 최고다. 또 뭐 느낀 건 없냐?"

"있지. 앞에서 이방원의 왕자의 난, 수양대군의 삼촌의 난, 인조의 조카의 난, 난이란 난은 다 들어 봤지만 영조가 저지른 아빠의 난만큼 비정한 건 처음이야. 어떻게 아버지가 아들을 그토록 무자비하게 죽일 수 있대? 끌끌."

"그러게 말이다. 그래서 이 사건을 조선 왕실 최대 비극이라고 하는 거 아니겠냐."

"그런데 아무리 생각해도 모르겠어. 도대체 사도세자는 왜 죽은 거야? 영조는 왜 외아들을 죽였냐고."

토리가 고개를 갸우뚱했다.

"그 점이 미스터리야. 도대체 왜 죽였을까. 꼭 죽여야만 했을까. 크게 두

가지 해석이 있어. 하나는 사도세자가 정신 질환이 심하고 용서받지 못할 비행을 저질러서 죽었다는 주장이고, 또 하나는 당쟁의 희생양이라는 의견이지. 권력을 거의 독점하고 있던 노론 세력이 그 권력을 유지하기 위해 사도세자를 죽게 만들었다는 설. 넌 어떻게 생각해?"

토리가 한참을 생각하더니 대답했다.

"거참 어려운 질문이군. 내 생각엔 당쟁의 희생양이란 의견이 더 맞는 것 같아."

"어째서 그렇게 생각하는데?"

"생각해 봐. 사도세자가 미쳤는지 안 미쳤는지는 내가 정확히 모르겠지만, 설령 미쳤다 치더라도 그런 아들을 죽이는 아빠가 어디 있냐고. 그렇다면 그 아빠가 미친 거지. 병이 있으면 치료해 주고, 하는 짓이 맘에 안 들면 멀리 유배라도 보내면 될 일 아냐?"

"듣고 보니 그렇군. 그래서 많은 사람들이 사도세자의 뒤주 살인이야말로 당쟁의 끝을 보여 준 사건이라고 말하지. 그런데 어떤 역사가는 왕과 세자의 갈등에서 원인을 찾기도 한다."

"그건 또 무슨 소리야?"

"세자가 맘에 안 들고 하는 짓은 점점 더 이상하고 자기 말도 안 듣고 이러다간 자기가 쌓은 왕업이 무너질 것 같은 위기감이 드는 순간, 맘에 드는 세손이 나타나자 후계자를 교체해 버린 거!"

"그래도 그렇지 어떻게 아들을……."

"선조가 죽는 날까지 광해군을 인정하지 않은 거나, 인조가 청나라에서 돌아온 소현세자를 의문의 죽음으로 내몬 걸 보면 알 수 있지 않아? 그 바닥에선 왕 마음에 안 들면 아들이고 뭐고 없는 거야. 그래서 권력은 부자 사이에도 나눌 수 없는 거라고 하지. 자, 슬픈 이야기는 여기까지 하고 다음 이야기하도록 할까? 아차, 시로 마무리해야지. 나도 하이쿠로 한 수 읊어 볼란다. 흠흠."

얼마나 비참한 일인가

뒤주에 갇혀

죽어 간다는 것은!

한눈에 보는 **한국·중국·일본**

1724	1725	1735	1746	1750	1762
한 영조 즉위 (~1776)	한 탕평책 시행	중 청, 건륭제(고종) 즉위	한 《속대전》 편찬	한 균역법 시행	한 사도세자 뒤주에서 사망

1776	1776	1785	1791	1793	1795
한 정조 즉위 (~1800)	한 규장각 설치	한 《대전통편》 편찬	한 금난전권 철폐	한 친위 군대 장용영 창설	중 청, 가경제(인종) 즉위(~1820)

1796
한 수원 화성 축조

• 수원 화성의 서북공심돈과 화서문. ⓒ 박찬희

네 번째 이야기

정조의 개혁 정치

통! 토리가 손바닥으로 탁자를 내리치며 말했다.

"대통은 아님."

"하하, 어째서 참 잘했어요가 아니고 잘했어요냐?"

"사도세자의 비극을 잘 담아내긴 했지만 어디서 본 듯한 구성이랄까, 창의적이지 않아."

"내가 시 천재 토리만 하겠냐. 사도세자 이야기를 했더니 너무 마음이 아프다. 우리 나가서 한 바퀴 돌고 올까?"

"좋지."

토리가 고개를 끄덕였다.

큰 바위 하우스를 나와서 천천히 섬 둘레를 돌았다. 어젯밤까지 하늘에 드리웠던 먹구름이 가시고 따스한 햇살이 내리쬐었다. 차가운 겨울바람도 멈춰 한결 따뜻하게 느껴졌다. 시원한 바람을 들이켜며 말했다.

"가만 보면 역사도 날씨랑 비슷한 거 같다. 폭풍우가 지나가면 따스한 햇살이 비추고 그러다 다시 먹구름이 끼고 비가 오고. 안 그러냐?"

"어디 역사뿐이겠수. 인간과 외계인 관계도 그렇지. 아자씨, 기억나? 아자씨가 나 처음 보더니 쫄아서 누, 누구냐 너는. 이랬던 거? 그때 우리 둘 사이 엄청 우중충했잖아. 그런데 지금은 이렇게 화사해졌으니."

토리 이 녀석은 도대체 어디서 요런 말이 튀어나오는 건지.

우리는 섬 한 바퀴를 천천히 다 돌고 나서 큰 바위 하우스로 돌아왔다.

"이번 시간은 정조의 '문예 부흥 시대'에 대한 얘기다. 영조는 아들을 뒤주에 가둬 죽인 아버지라고 비판을 받지만, 그래도 나름 업적이 많은 왕이야. 왕 노릇을 52년 동안 했으니 왜 업적이 없겠니. 영조 자신이 노론에 치우쳐 있었다는 한계가 있지만, 그래도 영조는 마지막까지 탕평책을 실시한 왕이야. 또 영조는 군대 안 가는 대신 내던 군포를 2포에서 1포로 줄여 주는 균역법을 실시해 백성들의 부담을 조금이라도 덜어 주려고 했어. 그 밖에 태종 때 설치했던 신문고 제도를 부활하고, 가혹한 형벌을 폐지했으며, 사형 전 세 번 심사하는 삼심제를 실시하고, 《경국대전》을 보완해 《속대전》을 편찬하기도 했어. 엊그제 생활사 3분 특강에서 청계천 정비 사업이 이루어졌다고 한 거 기억하니? 그 공사를 영조 때 한 거야. 영조 이야기는 이쯤에서 정리하고, 이제 조선의 르네상스를 이룬 정조 이야기해 볼까?"

토리야, 생각해 봐. 뒤주에 갇혀 죽어 가는 아버지를 지켜봐야 했던 열한 살 소년의 마음을. 얼마나 비통했을지 감히 상상이 안 가는구나. 어린 정조는 아버지의 원수를 갚겠다는 복수심이 불타올랐을 거야.

　하지만 그게 쉽지 않았어. 아버지를 뒤주에 가둔 사람은 할아버지 영조고, 뒤주를 갖다 바친 사람은 외할아버지 홍봉한이고, 아버지를 죽여야 한다고 할아버지에게 고한 사람이 할머니였으니, 누구한테 복수를 하냐고. 게다가 아버지를 죽이는 데 적극 가담한 노론 세력은 정조가 왕이 되어 복수를 할까 봐 어린 세손인 정조마저 죽이려 했어. 그래서 세손 시절 정조는 제 한 몸 살아남기 위해 조심조심해야 했지.

　왕이 되기 전 정조는 복수는 잠시 미루고 자기만의 도서관을 만들어 책 읽기에 전념했어. 유교 경전과 역사서, 왕들의 교과서라 불리는 《정관정요》까지 두루두루. 《정관정요》는 고려 시대 이야기할 때 한 번 언급했지? 당 태종이 나라를 어떻게 다스렸는지를 적은 책으로, 광종이 개혁의 칼을 빼 들기 전 읽고 또 읽었다는 책.

　그 당시 정조는 중국 청나라에 대한 공부도 많이 했어. 영·정조 시절 청나라는 건륭제라는 황제가 통치하던 시절이었어. 건륭제는 60년 동안 황제로 있었는데 그가 다스리던 시절 청나라는 정치·경제·군사·문화, 거의 모든 면에서 큰 발전을 이루었어. 서양의 발달한 과학을 받아들이고 천주교 신부들이 왕래하는 북경은 그야말로 세계적인 도시였지.

그래서 건륭제의 할아버지 강희제부터 아들 옹정제, 손자 건륭제에 이르는 시기를 강희제의 강, 건륭제의 건 자를 따서 강건성세라 불러. 강희제에서 건륭제에 이르는 그 시기에 태평성대를 이뤘다는 뜻이야. 왕이 되기 전, 정조는 청나라의 발전을 귀로 듣고 책으로 읽으며 조선을 개혁할 꿈을 꾸었을 거야. 그리고 마침내 1776년 25세 나이로 왕위에 올랐지.

정조는 경희궁에서 열린 즉위식에서 무시무시한 말을 뱉어 냈어.

"나는 사도세자의 아들이다!"

피의 복수를 암시하는 이 말을 듣고 사도세자의 죽음에 관여했던 신하들은 후덜덜 떨었을지 몰라. 하지만 정조는 왕이 되자마자 바로 피의 복수를 하지는 못했어. 정조가 왕위에 오르는 걸 방해했던 세력이 정조를 암살하기 위해 정조가 머무는 침전에 자객을 들여보낼 정도로 힘이 막강했으니까.

그렇다고 가만있을 정조가 아니지. 정조는 세손 시절부터 자기를 보호해 주었던 홍국영을 앞세워 자신을 반대하고 없애려 한 자들을 제거해 나가기 시작했어. 복수의 범위를 최소한으로 하면서 꼭 제거해야 할 사람들을 골라서. 연산군처럼 조선 역사의 한 페이지를 시뻘겋게 피로 물들이지 않은 것만 봐도 정조는 대단히 존경받아야 할 군주임에 틀림없어. 아무튼 그 문제는 홍국영한테 맡기고, 우리는 정조가 펼치는 개혁 정치의 모습이 어땠는지 따라가 보기로 하자.

정조 정치의 핵심은 개혁과 문화 정치야. 그래서 정조를 개혁 군주라고도 하고 조선의 문예 부흥을 이끈 군주라고도 불러. 정조는 이를 추진하기 위해 가장 먼저 규장각을 설치했어. 규장각은 원래 왕실 도서관으로 출발했는데, 정조는 그것에 머무르지 않고 규장각을 통해 자신의 통치를 뒷받침할 핵심 인재를 양성했지.

규장각을 통해 배출된 대표적인 학자들이 있어. 박제가, 이덕무, 유득공, 이서구 등의 실학자야. 이 중에 박제가와 이덕무, 유득공은 서자 출신이야. 아버지만 양반이고 어머니는 양인이라는 말이지. 정조 이전엔 과거도 못 보고 벼슬할 꿈도 못 꾸던 사람들이야. 그런데 정조는 서자는 물론 양반과 천민 사이의 아들인 얼자를 포함한 서얼 차별을 철폐하고 이들을 규장각 검서관으로 임명해 자신이 꿈꾸는 문화 정치를 이끌 인재로 키워 냈어. 검서관은 규장각 관료들을 도와서 서적을 검토하고 교정하거나 필사하는 벼슬아치야. 이들이 바로 성리학의 한계를 극복하고 현실을 개혁하기 위한 학문의 필요성을 주장한 실학자들이야.

정조는 또 영조 때부터 추진한 탕평책을 강하게 실시했어. 오랫동안 정치에서 소외받아 온 남인과 소론을 등용하고, 노론 중에서도 자신의 탕평책을 지지하는 신하들을 정치에 합류시켰어.

규장각을 통해 측근을 양성하고 탕평책을 통해 인재를 고루 등용하면서 정조의 왕권은 차츰 안정되어 갔어. 하지만 학문만 가지고는 정치가 안 돼. 권력은 총구에서 나온다는 말이 있듯이 개혁 정치를 하려면 힘이 있어야 해. 그래서 정조는 장용영이라는 친위 군대를 창설했어. 장용영은 처음에 수십 명으로 출발했는데 정조 후기에는 5천여 명으로 수가 늘어나. 이들은 정조를 지키는 친위대 구실을 했지.

이 밖에도 정조는 여러 가지 개혁 정책을 펼쳤어. 특히 1791년 실시한 금난전권 철폐는 상업이 발달하는 데 큰 기여를 했지. 금난전권이 뭐냐고? 한성에는 두 종류의 상인이 있었어. 종로 운종가에서 나라의 허가를 받고 장사를 하는 시전 상인과 허가 없이 장사를 하는 난전 상인. 시전 상인들은 나라에 세금을 내고 조정에서 필요한 물품을 독점해서 납품했어. 그 대신 좌판에서 물건을 파는 난전 상인들을 단속할 권리를 줬지. 이게 바로 난전을 금한다는 뜻의 금난전권이야. 그런데 조선 후기 들어 한성 인구가 폭발적으로 늘어나고 상업이 발달하자 난전이 걷잡을 수 없이 커졌어. 그래서 정조는 시전 상인들이 가지고 있던 금난전권을 폐지해 상업이 더욱 활발하게 이뤄지도록 한 거야.

그로부터 몇 년 뒤, 정조는 오랫동안 마음에 품어 왔던 구상을 실행에 옮겼어. 그건 바로 억울하게 죽은 아버지 사도세자의 무덤을 수원으로 옮기고 그곳에 왕권 강화를 위한 새로운 신도시, 수원 화성을 건설하는 일이었어.

정조는 화성 건설 책임을 채제공과 정약용에게 맡겼어. 설계에서 공사 감독까지 맡았던 정약용은 10년 계획으로 잡았던 화성 공사를 3년 만에 지었어. 공사에 참여한 일꾼들에게 정당한 임금을 주어 의욕을 북돋워 주고, 거중기라는 기계 장치를 사용해 공사 기간을 훨씬 앞당겼다는 건

- 창덕궁의 아름다운 정원에 있는 부용지와 주합루다. 1층이 국왕의 서재인 규장각이다. 중앙에 있는 문은 임금 전용 문인데, 왕과 신하들이 물과 고기가 만난 것 같다 하여 어수문이라는 이름을 붙였다. ⓒ Daderot

널리 알려진 이야기야. 거중기는 정약용이 직접 발명한 기계야. 딱 한 대가 만들어졌는데, 왕실에서 직접 제작해 공사 현장에 하사했다고 해. 작은 힘으로 무거운 물건을 들어 올릴 수 있도록 만든 이 기계 덕분에 일꾼들이 더 효율적으로 일했을 뿐만 아니라 공사 기간을 단축하고 공사 비용도 크게 줄일 수 있었지.

그런데 정조는 화성을 완공하고 4년 뒤인 1800년에 종기가 심해져 세상을 뜨고 말아. 그런데 참 이상한 게 정조가 죽은 뒤 조선은 급격하게 무너져 내려. 왜 그런 일이 벌어졌는지는 내일 생생하게 들려줄게. 문예 중흥을 이끈 정조 이야기는 여기서 마치도록 하자.

토리가 고개를 갸우뚱했다.
"왜, 뭐 미심쩍은 거라도 있냐?"
"정조가 왕권을 강화하기 위해 수원 화성을 건설했다고 했잖아. 근데 화성 건설과 왕권 강화가 무슨 관계가 있어? 화성 건설하면 왕권이 강화돼?"
"올! 토리 대단히 예리한데. 아주 좋은 질문이야. 화성 건설이 왕권 강화에 무슨 도움이 되냐, 이 문제를 이해하려면 먼저 당시 정치 상황을 알아야 해. 왕이 된 뒤 정조는 자신과 대립하는 자들을 제거하고 규장각 신하들을 자신의 핵심 측근으로 삼아 왕권을 강화해 나갔어. 그래도 여전히 노론 강경파는 틈만 보이면 정조를 몰아내기 위해 호시탐탐 기회를 노리고 있었지. 그래서 정조는 그에 대응하고자 장용영이라는 친위 부대를 만들어 군사력도 확보해 나갔어. 바로 이런 분위기 속에서 정조는 아버지 사도세자의 무덤을 수원으로 옮기는 것을 계기로 신도시 건설을 실행하게 돼.

새로운 도시를 건설한다는 건 국력이 총동원되는 사업이야. 막대한 자금이 들어가고, 효율적으로 인부들을 배치하고, 국가가 가진 최첨단 과학 기술을 동원해 정해진 기간 안에 공사를 마쳐야 하는 국가의 최대 공사지.

정조는 보란 듯이 수원 화성을 완성시켰어. 화성 완공은 그 자체로 이미 정조의 왕권이 그만큼 강하다는 걸 보여 주는 상징적인 사건이야.

정조는 모두 열세 차례나 화성으로 행차했어. 그때마다 수원 지역 유생들을 불러 특별 과거 시험을 실시했지. 화성에 자기가 구상하는 도시를 건설하고 자신들의 측근 세력을 양성하기 위해서. 정조는 또 친위 부대인 장용영의 궁궐 밖 병영을 수원에 두고 행차 때 대대적인 군대 열병식과 훈련을 실시했어. 자신의 반대 세력에게 '봐라, 이것이 용감하고 씩씩한 나의 친위 부대 군사들이다. 이래도 나에게 도전하려느냐.'며 시위라도 하듯이. 이런 게 바로 왕권을 강화하는 과정이었어.

이렇듯 정조는 화성을 건설하면서 왕권 강화를 위한 계획을 착착 진행시켰지만 정작 화성이 건설되고 나서 몇 년 뒤 세상을 떠나는 바람에 자신의 꿈을 다 이루지는 못했어. 그 뒤 조선은 이른바 세도 정치가 판을 치며 쇠락의 길을 걷게 돼. 어때, 질문에 답이 좀 됐냐?"

"응. 이제 이해가 가네. 마지막으로 한 가지 더. 정조가 왕권 강화와 함께

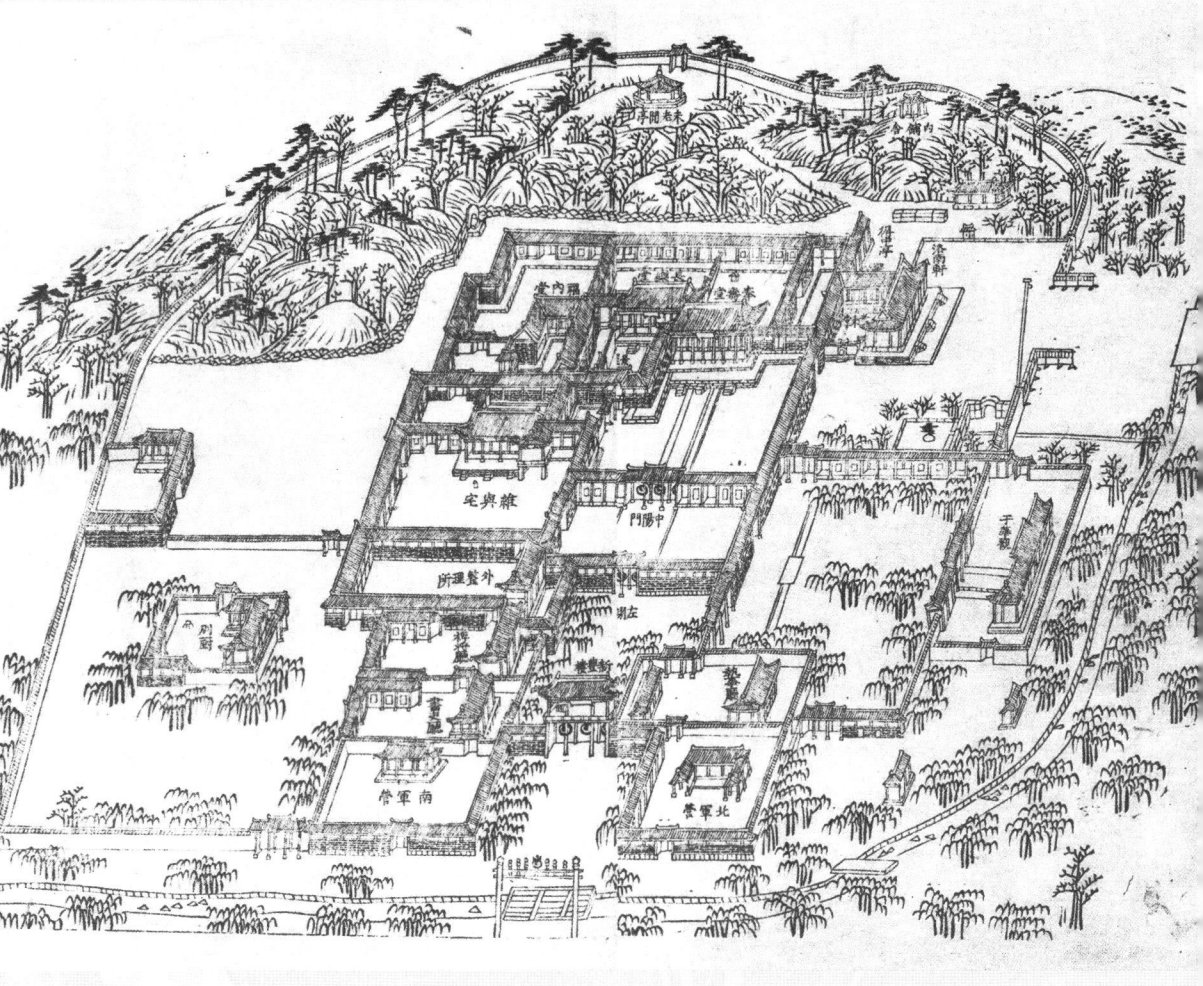

• 정조가 수원 화성으로 행차했을 때 머물던 행궁을 그린 〈행궁전도〉다. ⓒ 서울대학교 규장각 한국학연구원 소장

문예 부흥을 이끌었다고 했잖아. 그런데 그 내용이 뭔지 모르겠어."

"쉽게 말하면 이런 거야. 정조 때 새로운 학문인 실학이 발달하고 천주교인 서학이 보급되고, 또 규장각에서 새로운 활자 만들어 책 엄청 찍어 내고 사대부뿐만 아니라 서얼, 중인, 평민에 이르기까지 글 짓고 그림 그리는 사람들이 많이 생겨나서 문화 발전에 획기적인 변화를 가져왔다는 거."

"그러니까 구체적으로 좀 말해 달라고."

"흠, 구체적이라······. 조선의 법전인《경국대전》과《속대전》을 모아《대전통편》을 만들고, 또 법의학 책인《무원록》도 편찬하고, 재판할 때 참고할 수 있게 재판 기록을 모아《심리록》이란 책도 펴냈지. 문무를 동시에 갖춘 군주답게 정조는 무예에 관한 책인《무예도보통지》를 펴내고 자기가 읽은 유교 경전을 해석한 책도 직접 지었어. 세손 때부터 쓴 일기를 모은《일성록》도 펴내고. 책 출판한 얘기만 했다만 여하튼 정조 시대는 세종대왕 시절에 버금갈 만큼 문화가 꽃피었어. 정조 시대에 피어난 문화 이야기는 뒤에서 또 해 줄게. 시로 마무리해라."

"알았어. 이번엔 한시로 해 볼게. 켁켁."

규장각 만들어 인재 키운 건

문예 부흥 위한 정조의 마음

화성을 건설한 깊은 뜻은

아버지를 향한 그리움.

한눈에 보는 한국·중국·일본

1582	1592	1608	1670	1735	1750
중 명, 마테오 리치 천주교 전파를 위해 중국 도착	일 서양 인쇄술 전래	한 광해군, 대동법 실시	한 효종, 유형원 《반계수록》 저술	중 청, 건륭제(고종) 즉위(~1795)	한 영조, 균역법 실시

1760	1770	1774	1778	1780	1782
한 영조, 이익 《성호사설》 간행	한 영조, 유형원 《반계수록》 간행	일 스기다 서양 의학서 《해체신서》 번역	한 정조, 박제가 《북학의》 저술 / 안정복 《동사강목》 간행	한 정조, 박지원 《열하일기》 저술	중 모든 서적을 분류 편집한 《사고전서》 편찬

1784	1796	1814	1824		
한 정조, 유득공 《발해고》 저술	한 정조, 정약용 수원 화성 축조	한 순조, 정약전 《자산어보》 저술	한 순조, 유희 《언문지》 저술		

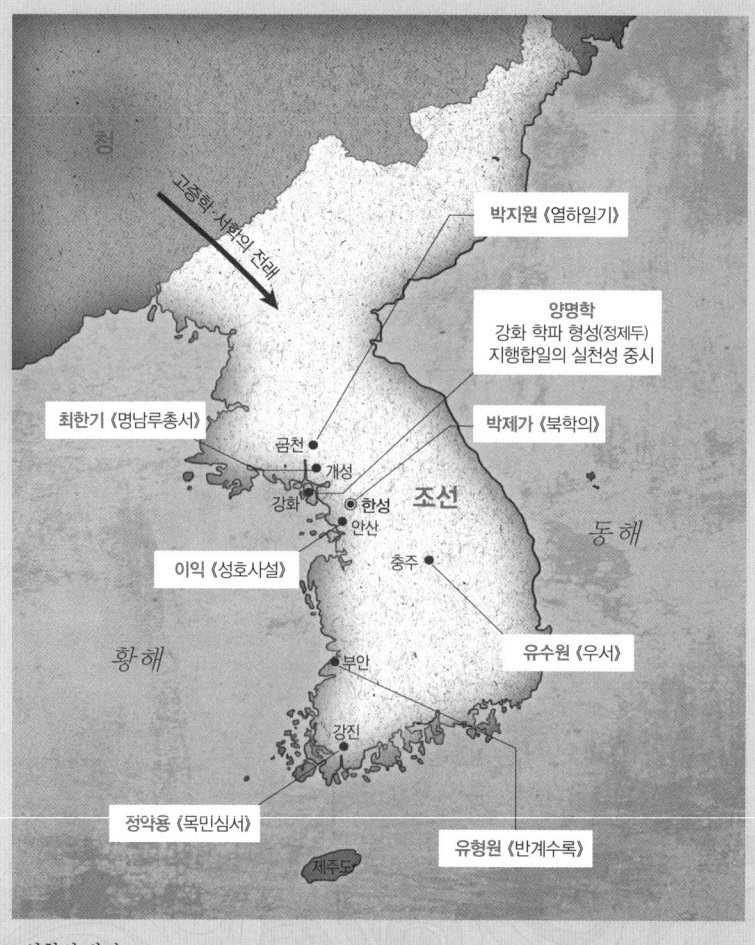

• 실학의 발달

다섯 번째 이야기

실학의 시대
실학자 정약용

시를 듣고 '참 잘했어요' 도장을 찍어 주었더니 토리가 헤헤 웃었다. 토리가 웃는 모습을 보니 나도 기뻤다.

"이번 시간엔 정조가 사랑한 남자 이야기를 해 줄게."

"엥? 혹시 정조가?"

토리가 두 눈을 동그랗게 뜨고 나를 바라봤다.

"아니…… 정조가 동생처럼 때론 친구처럼 아껴 준 신하가 있었다는 뜻이야."

"그 신하가 누군데?"

"다산 정약용. 정조를 얘기할 때 빼놓을 수 없는 정조의 남자, 실학을 집대성한 실학자."

나는 정조와 정약용 이야기를 시작했다.

❄

　정약용(1762~1836)이 정조를 처음 만난 건 1783년이야. 그해 정조는 세자 책봉을 축하하기 위해 특별 과거 시험을 치렀어. 그 시험에서 정약용이 좋은 성적으로 합격했지. 합격자들을 불러 축하하는 자리에서 정조가 정약용에게 물었어.

"올해 나이가 몇이냐?"

"임오생이옵니다."

　임오년(1762년)에 태어났다는 말에 정조가 잠깐 말을 잃었어. 임오년은 아버지 사도세자가 뒤주에 갇혀 죽은 바로 그해였거든. 그래서 정조는 아버지를 떠올리며 정약용에게 왠지 호감을 느끼게 되었어. 과거에 합격해 성균관에 입학한 이후 정약용은 정조의 사랑을 듬뿍 받았어. 임오생이라는 이유 때문이냐고? 그건 아니고 정약용의 총명함과 박학다식을 사랑해서였지.

　한번은 정조가 성균관 유생들에게 《중용》에서 팔십여 개의 질문을 뽑아 주고 답을 하라는 숙제를 낸 적이 있어. 정약용은 정조의 질문에 막힘없이 술술술 써내고, 또 만나서 물어보면 찰찰찰 답을 했어. 이랬으니 세종대왕도 울고 갈 만큼 학식이 뛰어났던 정조가 정약용을 사랑할밖에.

　정약용은 성균관에서 단연 돋보이는 학생이었어. 네 살 때 《천자문》을 읽고, 일곱 살 때 한시를 지어 열 살 때 이미 자기가 지은 시를 묶어 《삼미집》이란 시집을 냈다니, 거의 시 천재 토리 수준이지.

정약용은 성균관에서 보는 시험에 매번 일등을 할 만큼 뛰어난 유생이었어. 정조는 그런 정약용을 밤에 따로 불러 대화를 나눴어. 두 사람이 학문으로 우정을 나누던 이야기가 전해 오고 있어. 정조가 한자 중에 세 글자를 합쳐서 만든 글자를 찾아내서 정약용에게 글자 대기 내기를 걸었대. 가령, 정조가 '입 구(口)' 자 세 개를 합해 '물건 품(品)' 자를 쓰면, 정약용이 '날 일(日)' 자 세 개를 합해 '밝을 정(晶)' 자를 쓰는 식으로. 그러면 정조가 밝을 정 받고 다시 '나무 빽빽할 삼(森)' 자를 써. 그렇게 십여 글자를 주고받았는데 정조는 은근 자존심이 상했어. 자기는 예습을 하고 나왔는데 정약용은 즉석에서 술술 써내니까.

결국 누가 이겼냐고? 정조가 졌어. 마지막에 정조가 써낼 것이 없다고 하자 정약용이 석 삼(三)을 쓰면서 말했어.

"한 일 자 하나는 백성, 둘은 재상, 셋은 임금입니다. 이것을 연결하면 임금 왕(王)자가 됩니다. 전하께서도 만백성을 두루…… 어쩌고저쩌고."

이런 얘기를 나누며 서로 껄껄껄 웃었다고 해.

이 이야기는 정조와 정약용이 깊은 우정을 나눴다는 걸 보여 주는 일화야. 세종이 김시습과 했던 내기라 전해지기도 하고. 누가 됐건, 신하를 아끼고 사랑하는 성군과 현명한 신하가 우정을 나누는 모습이 보기 좋지 않니?

정약용은 28세에 대과에 합격해 벼슬에 나가게 되었어. 뛰어난 학문에 비해 좀 늦은 편이지. 이유가 있어. 당시 정약용은 남인 계통이었는데 시험 채점을 하는 채점관이 노론이어서 정약용을 합격시켜 주지 않았다는 거야. 증거는 없어. 하지만 정조가 총애하는 정약용을 노론들이 시기하고 질투한 건 사실이야.

정조는 개혁 정치를 맡아 진행할 적임자로 정약용을 생각한 것 같아. 정약용은 그런 정조의 기대에 부응했지. 실학자로서 학문을 함께 논하고, 암행어사로 파견돼 탐관오리의 죄를 고발하고, 지방 군수가 돼 백성들의 어려운 삶을 어루만져 주고.

앞에서 수원 화성을 만든 이야기했잖아? 화성 설계에 참여하고 거중기를 발명해 공사 기간을 반 이상 앞당겼단 얘기. 그때 정약용은 한강을 건너는 배다리도 고안해서 정조를 기쁘게 해 주었어. 이렇게 정조와 함께 18년 동안 환상의 호흡을 맞춘 정약용은 1800년 정조가 죽자 무척 슬퍼했어. 궁궐로 달려와 울면서 이런 시를 지었을 정도야.

> 천 줄기 흐르는 눈물이 옷에 가득하고
> 바람 속 은하수도 슬픔에 잠겼어라.

정조가 죽은 뒤 정약용은 18년 동안 유배 생활을 해야 했어. 정조가 살아 있을 때는 반대파의 공격을 다 막아 주었는데 정조가 죽어 바람막이

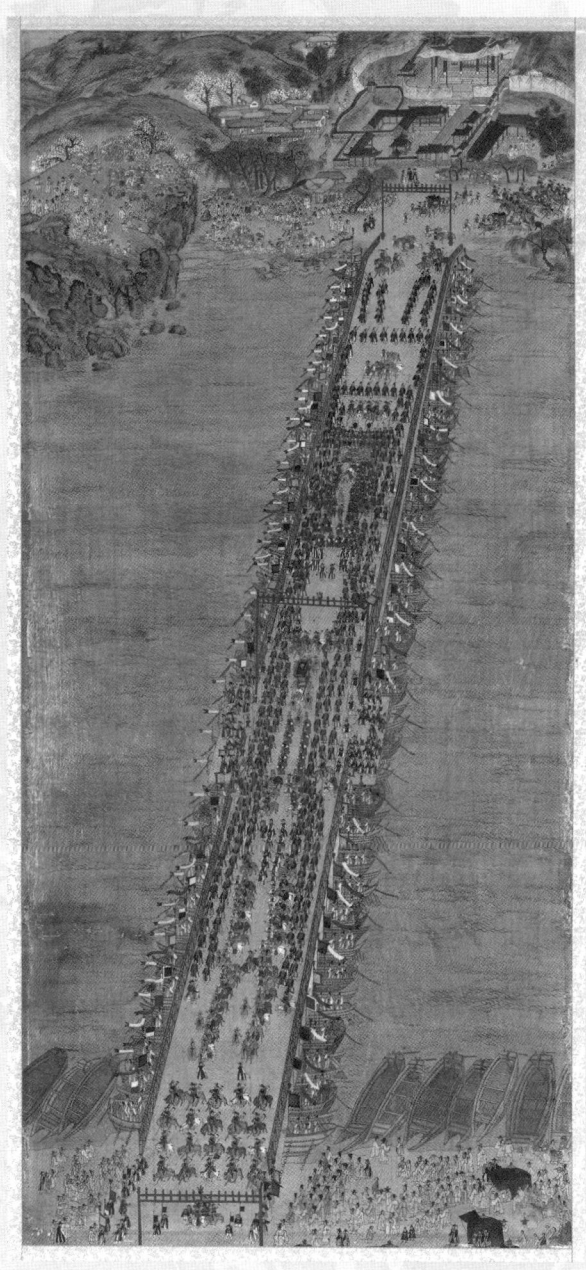

• **노량주교도섭도**
정조의 화성 행차를 그린 8첩 병풍인 〈화성능행도〉 중 하나다. 긴 왕의 행렬이 배다리를 이용해 한강을 건너는 모습을 그리고 있다. ⓒ 국립고궁박물관 제공

가 없어지자 끈 떨어진 연 신세가 된 거지. 그나마 정약용의 공을 인정해 죽이지 않은 게 다행이야. 그럼 이제 정약용 하면 빼놓을 수 없는 실학 이야기를 들려줄게.

　

토리가 기다렸다는 듯이 "실학이 뭐야?" 하고 물었다.

"아, 좋아. 굉장히 중요한 질문이야."

토리가 의아하다는 듯 눈을 깜박였다.

"뭐 대단한 질문은 아닌 것 같은데 감탄하고 그래? 쑥스럽게."

"아냐, 대단해. 무엇이 무엇이냐고 묻는 건 역사 공부를 하는 가장 기본적인 태도거든. 말 나온 김에 내가 정말 중요한 얘길 해 줄게. 어쩌면 이 얘기가 우리 역사 수업 전체를 통틀어 가장 중요한 핵심이 될 거다. 너 혹시 개원결의라는 말 들어 봤나?"

"유비, 관우, 장비가 장비네 복숭아밭에서 의형제를 맺은 도원결의는 들어 봤어도 개원결의는 금시초문일세."

"아마 그럴 거다. 내가 만든 말이니까. 하하! 개원결의가 뭐냐, 개념 – 원인 – 결과 – 의의를 줄인 말이야. 역사를 이해하는 핵심 틀이지. 한마디로 역사를 훔치는 가장 완벽한 방법이라고나 할까? 이걸 알면 정확하게 역사를 이해할 수 있어. 글을 쓸 땐 기승전결, 역사를 이해할 땐 개원결의. 오케이?

먼저 개념부터. 개념이란, '그것은 무엇인가' 하는 거야. 정의를 내리는 거지. 실학이란 무엇인가, 인조반정이란 무엇인가, 사화란 무엇인가, 동학농민운동은 무엇인가. 여기에 정확하게 답을 할 수 있어야 해. 비단 역사뿐만 아니라 문학, 수학, 철학, 과학 같은 모든 학문이 여기서 출발해. 수학이나 영어 문법에서 개념만 정확히 알아도 50점 먹고 들어가는 거야. 예수가 베드로에게 했던 질문도 바로 이거야. "너는 나를 누구라 생각하느냐?" 내가 누군지 정의를 내려 보라는 거지. 그 질문에 베드로가 "주는 그리스도요 하나님의 살아 계신 아들이십니다."라고 정확하게 정의를 내리는 순간 예수의 제자가 되고 기독교의 역사가 시작된 거야.

개념 다음엔 원인. 사건이 일어난 배경을 뜻해. 인조반정은 왜 일어났을까? 광해군이 명나라와 후금 사이에서 줄타기 외교를 펼치자 이에 불만을 품은 친명 사대주의자들인 서인이 광해군을 몰아내려 했던 거, 이게 인조반정이 일어난 배경이야. 역사에서 사건의 원인을 이해하면 반 이상은 아는 거야.

원인 다음은 결과. 한마디로 그래서 어떻게 됐냐는 거지. 인조반정 이후 서인 정권이 들어서서 명나라만 받들고 후금을 오랑캐 취급하다가 병자호란을 겪었다, 이게 결과야.

마지막으로 의의. 그 사건의 역사적 의미가 뭐냐는 거야. 혹은 사건의 본질이 뭐냐는 것이기도 하고. 인조반정은 잘못된 것을 바르게 되돌린다는 의미로 반정이라 하지만 실은 권력에서 소외되어 왔던 서인 세력이 일으킨 쿠데타다, 명나라에 의리를 지키지 않은 광해군을 왕위에서 쫓아냈다고 하는 건 나중에 갖다 붙인 명분에 불과하다, 이게 인조반정의 본질이지.

이렇게 사건의 개원결의를 파악하면 역사를 제대로 볼 수 있어. 개원결의, 이거 엄청 중요한 거니까 꼭 알아 둬라. 우리 속담에 자식에게 물고기를 잡아 주지 말고 물고기 잡는 방법을 가르치라는 말이 있는데, 이 개원결의가 바로 역사라는 물고기를 잡는 가장 정확하고 효과적인 방법이야. 앞으로 아저씨 강의 들을 때 이 개념을 머릿속에 두고 들으면 역사의 맥이 쫙 잡힐 거다. 개원결의!"

이야기를 한참 듣고 있던 토리가 한숨을 내쉬었다.

"휴, 아니, 그렇게 중요한 걸 왜 지금 알려 주는 거야?"

"우리 속담에 늦었다고 생각할 때가 가장 빠르다는 말이 있다. 지금도 늦지 않았으니 앞으로 항상 머릿속에 넣어 둬라. 그건 뭐지? 왜 일어났지? 그래서 어떻게 됐지? 이렇게. 아, 이거 대한민국 초등학생한테는 안 해 준 얘긴데 너 운 좋은 줄 알아."

"아이고, 고맙다고 절이라도 해야 하나? 근데 개원결의 말이야, 아저씨가 만든 거라니까 왠지 믿음이 안 가. 크크."

"얘 좀 봐라. 무슨 말을 그렇게 서운하게 하냐. 그렇게 나를 못 믿으면서 어떻게 강의를 듣겠다는 거야? 나 강의 안 할란다."

"아유, 아저씨 왜 그래. 미안해. 농담이야, 농담."

"미안할 거 없어. 사실 그 말은 서양의 유명한 역사가가 한 말이기도 하거든. 에드워드 할렛 카라고 영국의 유명한 역사가가 있다.《역사란 무엇인가》라는 책에서 '역사는 현재와 과거의 끊임없는 대화다.' 이렇게 말한 사람이지. 그분이 또 무슨 말을 했냐 하면, '역사 연구는 원인에 대한 연구이다.' 이렇게 말했어. 가령, 임진왜란은 왜 일어났을까, 라는 질문을 역사가에게 던졌다고 해 봐. 그 물음에 도요토미 히데요시가 전쟁을 하고 싶었으니까요, 하고 답한다면 그 역사가는 상상력이 지나치게 부족한 사람으로 여겨질 거야. 왜냐, 임진왜란은 일본을 통일한 도요토미 히데요시가 중국을 점령해 황제가 되려는 과대망상적인 욕망과, 아직도 진정으로 승복하지 않는 지방 영주들의 도전을 외부 세력과의 전쟁을 통해 해결하려는 의도와, 명나라와 조선이 공식적인 무역을 거부하자 힘으로라도 무역을 재개하려는 욕심 등 여러 가지 원인들이 복잡하게 얽혀서 일어난 전쟁이거든. 역사가는 그 많은 원인들을 중요도에 따라 배열하고, 그 가운데 가장 중요한 원인을 파악하는 사람이야. 더 나아가 숨어 있는 진짜 원인을 밝혀내는 사람이지."

"아자씨는 그걸 어떻게 알았대?"

"내가 십여 년 넘게 동서양을 통틀어 역사책 1398권을 읽으면서 역사란 뭘까, 역사가가 말하려고 하는 게 뭘까? 이런 의문을 가졌거든. 읽어 보니 그거더라고. 원인을 파악해야 사건의 본질을 파악할 수 있다! 그러니까 개원결의가 하루아침에 나온 게 아니라는 말씀이지."

토리가 두 눈을 동그랗게 떴다.

"아자씨, 정말 끝내준다. 역사책 1398권을 읽었다는 것도 놀랍고 그 많은 책을 읽고서야 그걸 깨달았다는 게 더 놀라워."

"욕인지 칭찬인지 모르겠다. 암튼 지금부터 실학 이야기를 하자. 실학이 뭐냐고 물었지? 실학은 유학의 일종이다. 흠."

"아자씨, 또!"

"하하, 알았다. 친절하게 설명해 줄게."

　　정약용을 일러 '실학을 집대성한 사람'이라고 말해. 실학을 모두 모아서 체계적으로 정리한 사람이란 뜻이지. 그럼 실학이 뭐냐, 실생활에 도움이 되는 학문이란 뜻이야. 조선 후기에 유행했던 학문이자 사상. 어때, 개념이 확 잡히지 않니?

　　그럼 실학이 나온 배경이 있겠지? 그래, 맞아. 두 번의 큰 전란을 겪은 게 가장 큰 이유야. 조선은 건국 후 200년 만에 임진왜란을 맞고 그로부터 2, 30년 뒤에 또 병자호란을 겪었어. 나라가 아주 쑥대밭이 됐지. 광해군은 피폐한 백성들을 구제하기 위해 각종 공물을 쌀로 바치는 대동법을 실시하고, 영조는 균역법을 실시해 세금 부담을 줄여 주었어. 이런 구제 노력이 있었지만 백성들은 여전히 살기 힘들었어. 자기 땅도 없이 농사지어 나라에 세금 내고, 땅 주인인 양반한테 또 갖다 바치고, 그러다 보니 뭐 남는 게 있어야지. 그런 와중에도 우리 탐관오리님들이 농민들을 알뜰하게 수탈하셔서 일반 백성들은 그야말로 죽을 맛이었어.

사정이 이런데도 양반 사대부들은 세금도 안 내, 군대도 안 가, 이러면서 학문 연구와 자기 수양에 힘썼어. 조선이 어떤 나라냐고 했을 때 성리학의 나라라고 했던 거 기억나? 그 양반들이 연구한 게 바로 주자가 만든 성리학이라는 것도? 자기 수양, 의리, 예의, 우주 원리, 인간의 본성, 뭐 이런 거 연구한 학문.

전쟁으로 온 국토가 쑥대밭이 되어서 삶이 피폐해진 백성들은 죽겠다고 난리인데, 양반님네들은 왕이 죽었을 때 대비 마마가 상복을 3년 입어야 하나, 1년 입어야 하나로 몇 년 동안 논쟁을 벌였어. 그들에겐 그 예법이 밥보다 중요했으니까. 아니, 그들에겐 그게 밥이야. 그 논쟁을 통해 상대 당을 쫓아내고 자기 자리를 지킬 수 있었으니까.

바로 그 무렵, 성리학자 중에 생각 있는 사람들이 나타나서 "이건 아니다. 나라가 이렇게 어려운데 그딴 거나 따지고 있는 게 말이 되느냐." 이러면서 잘못된 제도를 뜯어고치고 백성을 잘살게 하는 실질적인 학문을 하자! 이렇게 치고 나왔어. 그들이 바로 우리가 아는 초기 실학자들이야.

정약용을 실학의 집대성자라고 했지? 그럼 실학이라는 학문을 처음 개척한 사람도 있겠네? 실학의 개척자는 반계 유형원(1622~1673)이야. 병자호란 이후 유형원은 벼슬에 뜻을 접고 전북 부안에 내려가 수십 년 동안 독서와 저술 활동을 하면서, 농민들이 어떻게 생활하는지 똑똑히 지켜봤어. 그래서 책을 수십 권 냈는데, 그중에 자신의 호를 따서 지은 《반계수록》이라는 책이 있어. 여기서 유형원은, 부유하고 강한 나라를 만든

다는 부국강병의 방안과 백성들의 삶에 실제로 도움이 되는 제도를 제시했어. 유형원은 특히 토지 제도 개혁에 주목하고 농민들에게 최소한의 경작지를 주자고 주장했어. 또 노비 제도에 대해서도 강하게 비판했는데, 유형원의 주장이 너무 과격해서 당대에는 출간되지 못하고 한 세기가 더 지나 영조 대에 겨우 출간할 수 있었지.

유형원의 뒤를 이은 실학자는 성호 이익이야. 이익(1681~1763)은 유형원을 존경해서 그의 실학 사상을 연구하고 따랐어. 이익도 평생 벼슬하지 않고 시골에 내려가 살면서《성호사설》등을 짓는 등 저술 활동에 전념했지. 노비 제도 폐지하자, 뭐 이런 주장도 하면서 국가 개혁을 주장했어. 이익의 뒤를 이은 실학자가 바로 정약용이야.

정약용이 실학에 관여한 바가 워낙 많아서 한꺼번에 다 설명하기 어려워. 정약용은 위의 두 사람처럼 토지 문제를 해결하는 게 부국강병을 이루는 데 무척 중요하다고 봤어. 그래서 여전제를 주장했는데, 이 제도는 쉽게 말하면 전 국토를 나라의 것으로 만들고 사람들에게 일할 수 있는 땅을 나눠 주고 일한 만큼 가져갈 수 있게 하자, 이런 내용이야. 이 주장은 당연히 실행이 안 됐지. 어떻게 보면 오늘날 사회주의 방식과 비슷한데, 당시 조선 사회에서 받아들여지기 어려웠을 테니까. 아무튼 유형원에서 이익으로, 이익에서 정약용으로 이어지는 이 실학자들을 중농학파라고 불러. 농업을 중시한 실학자들이란 뜻이야.

중농학파와 대비되는 실학자들이 있어. 이른바 중상학파 실학자들인데 홍대용, 박지원, 박제가 같은 북학파가 여기에 속해. 이들이 관심을 가진 건 농업보다 상공업이야. 특히 상업. 이들이 그렇게 생각한 배경이 있어. 이들은 모두 실학자면서 청나라에 다녀왔다는 공통점이 있어. 박지원이 청나라에 다녀와서 지은 《열하일기》와 박제가가 쓴 《북학의》가 아주 유명해. 홍대용은 지구는 돈다고 주장한 과학자인데 청나라에서 발달한 서양 과학을 접하고 실학사상을 갖게 되었어. 이들은 조선이 부국강병하려면 청나라에서 배우고, 상업과 공업을 발전시키고, 양반도 상업에 종사하게 하고, 수레와 선박을 이용해 물건을 대량으로 실어 나르고, 소비도 왕창해서 화폐가 팍팍 돌아가게 만들어야 한다고 주장했어.

이 밖에도 조선 후기 실학자들은 언어, 역사, 자연, 지리 등에서도 우리 것을 연구해야 한다고 주장했어. 그 결과 언문, 즉 한글에 관한 연구서인 유희의 《언문지》, 발해를 처음 소개한 유득공의 《발해고》, 우리 역사를 중국 역사관에서 벗어나 주체적으로 기술한 안정복의 《동사강목》, 흑산도 물고기에 관한 정약전의 《자산어보》, 김정호의 《대동여지도》 같은 책들이 출간됐지. 실학자들의 업적을 다 살펴볼 수 없지만 앞에서 언급한 중농학파인 유형원, 이익, 정약용의 '유익정' 트리오와 중상학파인 박지원, 홍대용, 박제가의 '박대박' 삼총사 정도는 꼭 알아 두기 바란다.

영·정조 시대와 그 이후 크게 발달한 실학은 정치와 사회 개혁에 그대로 반영되지는 못했어. 많은 실학자들이 권력 중심부에서 밀려나 있었던 이유도 있고, 조선은 여전히 기존 성리학적 질서가 공공하게 유지된 사

經世遺表

회였기 때문이야. 그래도 실학사상은 당시 역사와 지리, 언어, 과학 등 성리학자들이 관심을 덜 가지는 분야까지 영향을 미쳤고 조선 말 개화사상가들에게도 큰 영향을 끼쳤어.

　실학을 집대성한 정약용 얘기하다 실학 전반에 대한 이야기를 하게 됐네. 정약용은 정조와 함께 18년을 보낸 뒤 정조가 죽자 18년간 강진에서 유배 생활을 하면서 많은 저술을 남겼어. 정약용이 집필한 대표적인 실학서가 《목민심서》, 《흠흠신서》, 《경세유표》야. 《목민심서》는 고을 수령들인 목민관이 지켜야 할 태도와 올바른 행정 제도에 대해 기술한 책이고, 《흠흠신서》는 백성들이 억울한 일을 당하지 않게 하기 위해 쓴 형법 책이고, 《경세유표》는 국가의 개혁 원리에 관해 밝힌 책이야.

　정약용이 쓴 책이 워낙 많아서 우리 역사에서 가장 많은 책을 펴낸 '책다산왕'이라고 할 수 있어. 정조가 죽는 바람에 정약용이 정치에서 더 많은 뜻을 펼치지 못했지만, 정약용이 이렇게 많은 책을 집필한 때가 정조가 죽고 나서 유배 생활을 한 18년 동안이니 역사의 아이러니라는 생각이 드는구나. 정약용이 정치를 계속했다면 이렇게 많은 책을 남기기 어려웠을 테니까.

이야기를 마치자 토리가 궁금하다는 듯이 물었다.
"그래서 실학이 뭔데?"

"헐! 말해 줬잖아. 실생활에 도움이 되는 학문이나 사상이라고."

"그럼 성리학과 어떻게 다른데?"

"음, 그러니까, 그게 뭐냐면,……"

"에이, 뭐야? 개념을 잡는 게 가장 중요하다면서 자기도 모르네 뭐."

"얘 좀 봐라. 모르긴 누가 모른다고 그래. 실학은 성리학의 공허한 이론 싸움을 비판하면서 생겨난 학문이야. 그렇다고 실학자들이 성리학 자체를 부정한 건 아니야. 하지만 실학자들은 두 번의 전란을 겪은 조선을 개혁하는 데 성리학은 큰 도움이 안 된다고 판단했어. 그래서 성리학의 바탕 위에서, 아는 것과 행하는 것을 일치시켜야 한다고 강조하는 양명학과, 사실에 바탕을 두고 학문을 연구해야 한다는 고증학, 그리고 서구 과학 사상까지 받아들여서 현실을 개혁할 수 있는 학문, 즉 실학을 만든 거야. 무슨 말인지 알겠지?"

"알 듯 말 듯 하도다. 쩝."

"그럴 거다. 쉽지 않은 주제니까. 시로 마무리하고 이번 시간 마치자. 이번엔 내가 지어 볼게. 흠흠."

한 송이 실학의 꽃을 피우기 위해

18년간 정약용은 그렇게 열심히 공부했나 보다

마침내 실학의 큰 봉우리로 우뚝 섰으나

기뻐해 줄 임 가고 없구나.

양반의 나라, 농민의 나라

밤이 늦었지만 생활사 3분 특강은 해야 할 것 같아서 입을 뗐다.

"오늘 3분 특강은 양반과 농민, 그리고 노비에 관한 이야기다."

"양반이라면 어제 3분 특강에서 했잖아. 선비들이 과거 본 이야기."

"맞아. 그런데 양반 얘기만 했지 양반보다 더 많은 민중들에 관한 얘기는 안 했잖아. 조선이 아무리 양반의 나라라고 하나 수로 보면 10분의 1 정도밖에 안 되고 나머지는 상민, 노비, 천민이었으니 그들을 빼놓고 조선을 이야기할 수는 없어. 해서 오늘은 조선의 신분 계층과 그들이 하는 일에 관한 이야기를 들려줄게."

"그래? 그러면 어디 해 보셔. 이 몸이 과거에 급제했으니 무슨 일을 하고 어떻게 생활하는지 무척 궁금하군."

"알았다. 그럼 양반과 농민 이야기를 시작할게."

조선 시대 신분은 크게 양인과 천인으로 나뉘어. 양인은 다시 양반, 중인, 상민으로 나뉘지. 천인에는 노비와 백정, 기생, 음악 연주가, 광대 등이 있어. 양반을 왜 양반이라고 하는지 아니? 문반과 무반을 합쳐서 양반이라고 부르는 거야. 문반과 무반은 당연히 문무 벼슬을 한 사대부들을 가리키고.

조선 시대는 양반의 나라라고 해도 될 만큼 양반이 우대받는 사회였어. 양반에게는 엄청난 특권이 주어졌는데, 세금도 안 내고 군대도 안 가고 힘든 나랏일에 동원되는 노역에서도 열외였지. 그들이 주로 하는 일은 유교 경전 공부하고 과거 시험 봐서 출세하는 거야. 그렇게 관리가 되면 조정 대신이 되기도 하고 고을 수령이 되어 백성들을 다스리지. 그럼 과거에 장원 급제한 토리 양반의 하루를 한번 들여다볼까?

과거에 급제하여 홍문관에서 관리 생활을 시작한 토리 양반은 세월이 흘러 홍문관 교리가 되었어. 홍문관은 왕실의 서적을 편찬하고 왕에게 자문을 해 주는 기관인데, 교리 벼슬은 정5품에 해당하는 높은 벼슬이야. 어느 겨울날 토리 양반은 오전에 있을 경연을 위해 이른 새벽잠에서 깨어나. 경연은 왕과 학문을 토론하는 자리야.

일찍 일어난 토리는 노비를 불러 세숫물을 대령시켜. 세수를 한 다음에는 아침 식사 전에 먹는 조반을 들어. 오늘 조반은 흰죽과 장아찌. 조반을 마친 토리는 의관을 정제하고 홍문관에서 출근을 위해 보내 준 관노비의 도움을 받아 말을 타고 출근해. 구종이라 불리는 관노비가 말고삐를 쥐고 "쉬이, 물렀거라." 이러면 길 가던 상민(양반과 중인이 아닌 일반 백성)들은 서둘러 비키거나 고개를 숙여. 육조 거리를 지나 경복궁 정문인 광화문에 도착한 토리 양반은 문이 열리기를 기다렸다가 궁궐에 들어가. 들어가서는 임금이 계시는 사정전으로 가서 왕과 경연을 펼쳐.

오늘 토리가 준비한 강의는 《논어》, 《맹자》, 《대학》, 《중용》 가운데 《중용》이야. 매번 하는 경연이지만 임금 앞에서 강의를 한다는 건 여간 부담이 아니야. 그래서 살짝 긴장하고 있는데 임금이 그걸 알았는지 "토리 교리는 쫄지 말고 편안히 하라."고 말해. 긴장을 푼 토리가 드디어 강의를 시작해.

"중용에 이르기를, 무릇 뜻을 이루고자 하면 작은 일에도 최선을 다해야 한다고 하였습니다. 그렇게 정성을 다하면 밝아지고, 밝아지면 드러납니다. 하옵고 어쩌고저쩌고 좔좔좔……이옵니다."

토리 교리의 강의 내용이 흡족했는지 임금은 강의가 끝난 뒤 있는 아침 식사에 술을 내려 줘. 토리는 다른 관원들과 함께 궁중에서 아침 식사를 하고 홍문관에 나가 요즘 출간 준비 중인 서적에 관해 의견을 나누고 집으로 돌아와. 오늘은 경연이 있어 일찍 퇴근했지만 보통은 해가 질 때까지 궁궐에서 일을 할 때가 많아.

말을 타고 집으로 돌아온 토리 교리는 국수로 간단히 점심을 먹고 잠시 눈을 부쳐. 그리고 나서 오후에 지방 수령으로 나가는 친구에게 작별 인사를 하기 위해 집을 나서. 친구 집에 도착한 토리는 친구에게 아쉬운 마음을 전하고 집으로 돌아와. 그러곤 저녁을 먹고 아들 공부가 어찌 되어 가는지 점검한 뒤 다시 책을 읽다 잠을 자지. 토리 교리의 하루 일과 끝!

양반이라고 밥 먹고 공부만 하는 건 아니야. 농사철엔 들에 나가 노비들이 농사를 잘 짓나 감독도 하고, 까딱 잘못하면 십수 년 동안 유배 생활을 하기도 해. 아무리 그래도 평민이나 천민들에 비하면 삶이 편하지, 뭐.

양반 아래 신분으로는 중인이 있어. 중인은 북촌과 남촌 중간인 청계천 주변에 살아서 중인이라 불렸어. 의관, 역관, 율관, 산원, 화원 등이 대표적인 조선의 중인인데, 오늘날로 치면 의사, 동시 통역사, 법률가, 수학자, 화가 같은 직업이야. 요즘은 이런 직업들이 아주 인기가 좋지만, 조선 시대엔 유교 경전 공부하는 선비에 비해 낮은 취급을 당했어. 중인도 양반처럼 태어날 때부터 신분이 정해져 있어. 중인 집안에서 태어나면 중인이 되는 거야. 중인 아들들은 중인이 보는 과거에 합격해 아버지 가업을 이어. 조선 중인들이 청색 두루마기를 입고 서로 몰려다녀서 초록은 동색이란 말이 생겼대.

중인 아래 신분이 상민이야. 농민, 수공업자, 장사꾼이 상민에 속해. 조선의 신분 계층을 나눌 때 사농공상이란 말을 써. 사농공상에 밑줄 쫙! 사농공상은 선비, 농민, 수공업자, 상인을 일컫는 말이야. 신분을 나누는

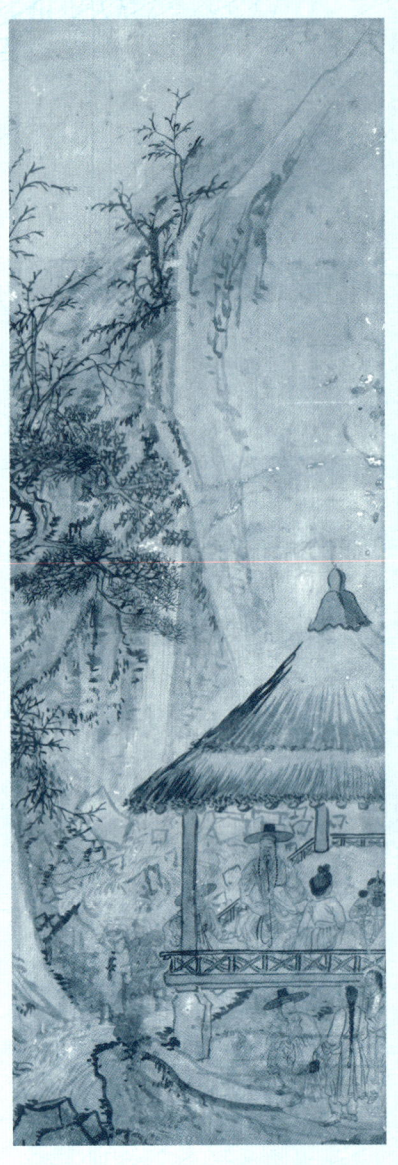

- 조선 후기 거장 김홍도가 그린 〈행려풍속도〉 가운데 정자에서 풍류를 즐기는 선비의 모습과 대장간에서 작업하는 모습, 벼 타작하는 모습 등 다양한 조선 사회 인간사를 담은 작품이다. ⓒ 국립중앙박물관 소장

기준이자 직업의 귀천을 나타내는 말이기도 해. 이 기준에 따르면 장사를 하는 상인이 가장 낮은 취급을 받았지. 의리나 예법 등을 중시하던 조선 양반들은 잇속이나 챙기는 장사치를 천하게 생각해서 그래.

 상민들 중에서도 그 수가 가장 많은 신분은 농민이야. 조선이 농경 사회였으니 당연하지. 농민들은 신분상으로는 양인, 즉 양반과 중인과 함께 힘든 노역에 종사하지 않는 백성에 속해 있기 때문에 원칙적으로 과거를 볼 수 있었어. 하지만 동트면 들에 나가 일하고, 해 지면 들어와서 밥 먹고, 자기 바쁜데 그 어려운 공부를 어떻게 하겠어. 그러니 농민에게 과거는 그림의 떡이지. 과거는 안 봐도 좋다 이거야. 그런데 조선 농민들은 엄청 힘들게 살아야 했어. 자기 땅이 없는 농민이 대부분이어서 농사를 짓고 나면 땅 주인과 수확을 반으로 나누고 다시 나라에 세금을 내고 나면 뭐가 남는 게 있어야지.

 그뿐이가. 군대 가야지, 군대 안 가려면 군포 내야지, 성 쌓는 공사 시작하면 불려 나가서 성 쌓아야지, 궁궐 공사에도 나가야지. 농민들은 양인이란 허울 좋은 신분 때문에 이중 삼중 고통을 당했어. 농민을 가장 힘들게 하는 건 농민들로부터 곡식 한 톨이라도 더 뽑아 먹으려는 못된 고을 수령들이야. 그래서 조선 후기에 들어서면 전국 각지에서 농민 봉기가 일어나. 먹고살기 힘든 농민들은 도적 떼에 들어가 도적이 되기도 했어. 그래서 어떤 관리는 이런 농민들을 일러 '흩어지면 백성, 모이면 군도(떼 도둑)'라고 했어. 도적이 알고 보면 다 농민이라는 거지.

지금까지 양반, 중인, 상민 이야기를 했는데 마지막으로 상민 밑에 있던 천인 이야기를 해 줄게. 삼국 시대나 고려 시대처럼 조선 천인들도 세금 안 내고 군대도 안 가지만, 자유가 없었어. 천인들은 사람 취급을 못 받았어. 그저 양반의 재산 목록 1호일 뿐이지. 그래서 노비를 셀 때 한 명 두 명 세지 않고 한 구 두 구 이렇게 가축 세듯 했어.

조선 중기 때 기록에 따르면, "백성 절반이 노비"라고 할 만큼 노비가 많았어. 조선 후기 들어 줄어들긴 했지만 여전히 노비는 조선 인구의 많은 비중을 차지하는 계층이었어. 어떤 집에는 노비가 100명이 넘고 그 이상 되는 양반집도 있었다니 정말 어마어마한 수지.

노비는 남자 종인 노(奴)와 여자 종인 비(婢)를 합쳐 부르는 말이야. 관청에 속한 노비는 관노비, 개인에 속한 노비는 사노비라 불러. 사노비 중에는 주인집에 살면서 집안일을 거드는 솔거 노비와, 주인과 따로 살며 농사도 짓고 필요할 때마다 주인집 일을 하는 외거 노비가 있었어. 양반들은 노비가 중요한 재산이자 일손이었기 때문에 노비들을 혼인시켜 노비 수를 늘렸어. 노비와 노비가 혼인해 낳은 자식과 노비와 상민이 혼인해 낳은 자식이 모두 노비가 됐으니까. 토리네 노비 돌쇠와 이 작가네 집 여종 간난이가 혼인해서 자식을 낳으면 누구네 노비가 되는지 아니? 엄마를 따르는 법에 따라 이 작가네 집 노비로 등록돼.

노비가 많은 집에서는 노비가 하는 일이 정해져 있었어. 문을 지키는 노비, 주인 일을 도와 집안일을 돌보는 겸인, 아침에 세숫물 대령부터 잠

자리 펴는 일까지 시중을 드는 몸종, 농사짓는 노비 등등. 하지만 노비가 많지 않으면 분업이 어디 있어, 이 일 저 일 다 하는 거지.

노비 수는 조선 후기 들어 대폭 감소해. 이유가 있어. 부자가 된 상민들이 양반 문서를 사서 이름으로나마 양반이 되자 세금이 줄어들었어. 그러자 국가에서 세금을 더 걷기 위해 노비를 양인으로 만들었어. 이렇게 신분 이동이 일어나다 보니 조선 후기 땐 신분 제도가 많이 파괴되어 양반 수도 엄청 늘었어.

조선의 최하층이 노비지만 노비보다 더 천한 취급을 당하는 사람이 있었어. 백정이라 불리는 천민들이야. 백정은 고려 시대 때 일반 양민을 가리키는 말이었는데 조선에 들어와 소나 돼지를 잡는 천민 계층을 이르는 말이 되었어. 요거 별표 두 개!

소나 돼지를 잡는 일을 한다는 이유로 양반은 말할 것도 없고 농민도 백정을 사람 취급하지 않았어. 인간 백정이라는 말이 오늘날에도 남아 있는데, 살인마에게 붙이는 아주 안 좋은 표현이야. 백정은 양반과 상민으로부터 심한 멸시를 받았어. 백정은 혼인할 때 가마를 타면 안 돼. 죽으면 관에도 못 넣어. 백정에 대한 차별은 신분제가 폐지된 뒤에도 남아 있어서 일제 강점기인 1924년 진주에서 백정 출신들이 신분 차별을 없애기 위한 사회 운동을 벌였는데, 형평사를 중심으로 벌여서 형평운동이라고 해.

소 돼지 잡는 이야기하니까 음식 생각이 나네. 조선 시대 사람들은 어떻게 밥을 먹었을까? 조선 전기 때 양반은 보통 아침과 저녁 이렇게 하루 두 끼를 먹었어. 점심은 말 그대로 배에 점을 찍을 만큼 아주 적은 양의 간식을 말하는데, 세월이 흘러 정규 식사가 되었지. 밭일하는 농민은 보통 하루 세 끼를 먹었는데 모내기 때처럼 농번기에는 조반부터 밤참까지 하루 다섯 끼를 먹었어. 농민이 주로 섭취한 음식은 80퍼센트 이상이 쌀이나 보리 따위의 곡류야. 오십여 년 전까지도 밥을 그만큼 많이 먹었어. 그런데 지금은 어떨까? 곡류 섭취량이 반으로 줄고 고기 섭취량은 여섯 배로 늘었어. 그래서 요즘 아이들이 옛날보다 키가 큰 거래.

음식 얘기 나왔으니 한 가지만 더 알려 줄게. 우리나라를 대표하는 음식은 김치야. 한국 하면 김치, 김치 하면 한국이지. 소금에 절인 배추에, 시뻘건 고춧가루를 잔뜩 넣어 버무린 속을 꽉 채운 맛있는 김치. 이 김치에 들어가는 고추는 임진왜란 전후에 일본에서 들어왔다고 알려져 있어. 그러니까 그 전엔 고춧가루가 안 들어간 허연 김치를 먹은 거지. 고추처럼 고마운 음식이 또 있어. 고구마와 감자. 고구마와 감자가 들어온 건 18세기 이후야. 고구마, 감자도 없던 조선 전기 때 가난한 농민들은 얼마나 배고팠을까? 먹는 얘기하니까 배가 고프네. 3분 특강 이만 마치고 고구마나 구워 먹어야겠다. 끝.

이야기를 마치자 토리가 입맛을 다셨다.

"배고프냐? 나도 고프다."

"배고프긴, 하도 먹는 얘기하니까 그런 거지."

"마침 아저씨가 고구마랑 김치 가져온 게 있으니까 같이 먹자. 너 잘 먹어야 키 커. 옛날에 내 친구 만식이는 편식하다가 키 안 컸다."

"아자씨나 많이 잡숴. 나는 요거 하나면 일주일 오케이니까."

토리가 알약 비슷한 걸 내밀었다.

"그러지 말고 먹어 보라니까. 지구에 왔으면 지구 음식을 먹어 봐야지."

"그럼 그럴까?"

고구마와 김치를 챙겨 밖으로 나갔다. 바닷가 아늑한 바위 아래 자리를 잡고 장작불을 지폈다. 타닥타닥 타는 장작불 속에 고구마를 파묻었다. 얼마 뒤 고구마 익는 냄새가 났다. 장작불 속에서 잘 익은 고구마를 꺼내 토리에게 주었다. 토리가 고구마를 입에 넣고 오물거렸다.

"우왕, 맛있는데!"

그러더니 이번엔 김치를 입에 넣었다.

"으악! 이 인간이 정말!"

김치를 먹은 토리가 방방 뛰며 난리를 쳤다.

토리와 역사 수업을 시작한 지 보름이 지난 날 밤이 그렇게 깊어 갔다.

넷째 날

조선의 몰락

첫 번째 이야기	홍경래는 왜 봉기했나?
두 번째 이야기	흥선대원군의 개혁 정치
세 번째 이야기	병인양요와 신미양요
네 번째 이야기	강화도 조약, 일제 침략의 신호탄
판타스틱 생활사 3분 특강	《경국대전》으로 보는 조선 사람들

한눈에 보는 한국·중국·일본

1796	1800	1811	1814	1820	1824
중 청, 가경제(인종) 즉위	한 순조 즉위(~1834), 세도 정치기(~1863)	한 홍경래 봉기(~1812)	한 정약전 《자산어보》 저술	중 청, 도광제(선종) 즉위(~1850)	한 유희 《언문지》 저술

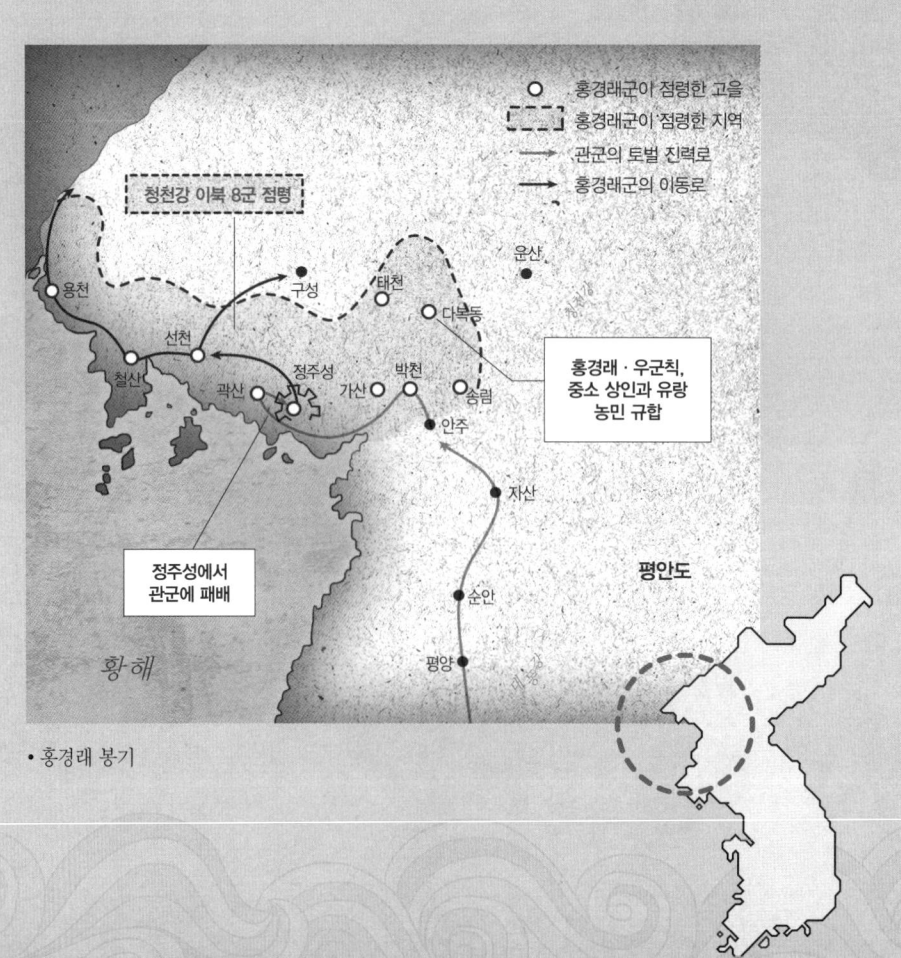

• 홍경래 봉기

첫 번째 이야기

홍경래는 왜 봉기했나?

거실에 나와 보니 토리가 탁자에 앉아 있었다. 우리는 언제나 그랬던 것처럼 사이좋게 섬을 한 바퀴 돈 뒤 큰 바위 하우스로 돌아왔다. 강의를 시작하려는데 토리가 뽀옹, 하고 방귀를 뀌었다. 그러더니 이상하다는 듯 고개를 갸우뚱했다.

"아이참, 이상하네. 지난밤부터 내 몸에서 가스가 나와."

"하하하. 그게 방귀라는 거다. 지구인이라면 누구나 하루에 몇 번씩 뀌는 방귀."

"난 지구인도 아닌데 왜 방귀가 나오지?"

"간밤에 고구마를 먹어서 그런 걸 거야. 고구마 더 먹을래? 그거 잔뜩 먹으면 방귀 연료로 너네 별까지 날아갈 수 있을 텐데. 하하하."

"그게 무슨 소리야. 방귀 연료로 날아가다니."

"알려 줘? 고구마를 잔뜩 싸 가지고 비행접시에 타. 그리고 고구마를 계속 먹어. 그러면 방귀 가스가 뿡뿡 나올 거야. 그 가스를 연료로 비행접시가 우주를 나는 거지. 어때?"

토리가 레이저 눈빛으로 나를 쏘아보았다.

"그게 말이야, 방귀야? 내 참."

"알았다. 그만할게. 네가 말도 안 되는 소리 하지 말라니까 말도 안 되는 조선 제일의 엽기 사건 생각이 나는구나."

토리가 두 눈을 반짝 떴다.

"조선 제일의 엽기 사건? 그게 뭔데?"

"어제 마지막 강의 때 출연하셨던 다산 정약용 있잖니. 정조가 죽고 나서 그분이 강진으로 유배 갔을 때 그 고을 주민한테 직접 들은 얘기란다. 얼마나 엽기적인지 한번 들어 볼래?"

그렇게 말한 뒤 애절양 이야기를 시작했다.

강진 어느 마을에 갓난아기를 둔 부부가 살았어. 어느 날 그 고을 아전이 이 집에 찾아와 군포를 내라고 말했어. 군포 알지? 군대 안 가는 대신 옷감으로 내는 세금.

"이 집은 남자가 셋이니 군포 세 필을 내시오."

남편은 어리둥절해 대상자가 적혀 있는 군적을 살펴봤어. 그랬더니 군적에 아버지와 자기, 그리고 아들 이름이 나란히 적혀 있지 않겠어. 그래 남편이 따졌지.

"제 아비는 돌아가신 지 3년 지났고 아들은 이제 갓 태어났는데 어떻게 세 사람이란 말이오? 16세에서 60세에 해당하는 남자는 나 하나뿐 아니오?"

하지만 아전은 들을 생각도 않고 다짜고짜 군적에 적혀 있는 대로 세 사람 몫의 군포를 내라고 다그쳤어. 남편이 그만한 군포가 없다고 하자 아전이 외양간에 있는 소를 끌고 가 버렸어.

아전이 소를 끌고 가자 화가 난 남편은 낫을 들고 방으로 들어갔어. 그러더니 낫으로 자신의 성기를 확 잘랐어.

"이것이 자식을 낳아 이렇게 되었구나. 흐흐흑."

밖에서 무슨 일인가 궁금해하던 아내가 방에 들어가 보곤 너무 놀라 방바닥에 풀썩 주저앉았지. 소를 빼앗긴 것도 억울한데 남편마저 저리되었으니 그 아내는 얼마나 원통했을까.

화가 난 아내가 피가 뚝뚝 떨어지는 남편의 성기를 들고 관아로 쳐들어갔어.

"세상에 이런 법이 어딨소? 죽은 시아버지, 갓난아기에게까지 군포를 내라는 게 말이 됩니까? 빼앗아 간 소를 돌려주시오!"

하지만 아내는 소를 되돌려 받기는커녕 아전들에게 흠씬 두들겨 맞고 쫓겨났단다.

※

"어때, 이 정도면 말도 안 되는 조선 제일의 엽기 사건이라 할 만하지?"

"정말 엽기적이네. 어떻게 그런 일이 일어날 수 있어?"

"정조가 죽고 난 뒤 무너져 가는 조선의 실상을 적나라하게 보여 주는 사건이다. 조선 말기는 유력한 가문이 권력을 독차지하고 정치를 마음대로 휘두르며 부정부패를 일삼던, 이른바 세도 정치 시기였지. 탐관오리의 수탈과 삼정 문란으로 백성들이 아주 죽을 지경이었어."

"삼정이 뭔데?"

토리가 물었다.

"토지에 세금을 매기는 전정, 군대 안 가는 대신 내는 군포, 햇보리가 나올 때까지 집집마다 곡식이 거의 바닥나는 봄철 춘곤기에 나라로부터 곡식을 빌리고 가을에 갚는 환곡을 묶어서 삼정이라고 해. 이 삼정을 가지고 관리들이 장난을 치는 바람에 백성들이 고통을 겪었어. 앞서 이야기한 부부도 삼정 가운데 군포 때문에 비참한 꼴을 당한 경우야. 그땐 죽은 사람을 군적에 올려 부당하게 군포를 물리는 백골징포, 갓난아기를 군적에 올려 군포를 뜯어 가는 황구첨정이 아주 심했어. 그 부부 이야기를 들은 정약용이 〈애절양〉이라는 시를 지었지. 애절양이란 성기를 자른 것을 슬퍼한다는 뜻이다."

"후유. 너무 비참해서 더 이상 듣고 있기 힘들어. 빨리 다음 이야기나 해 줘."

"알았다. 오늘 첫 시간은 홍경래 이야기를 해 줄게. 홍경래는 삼정 문란과 세도 정치를 타도하기 위해 평안도에서 봉기를 일으킨 인물이야. 아, 타도라는 말은 쳐서 쓰러뜨린다는 뜻인데 앞으로 심심치 않게 나올 테니 뜻을 알아 둬. 그럼 이야기를 시작할게."

나는 홍경래 이야기를 시작했다.

❀

홍경래(1771~1812)는 서북 지역인 평안도 사람인데, 젊어서 몇 차례 과거를 봤지만 번번이 떨어졌어. 합격자 명단엔 언제나 한성의 권세 있는 자제들 이름만 올라 있었지. 홍경래는 과거에 급제하지 못한 이유가 서북 지역 사람을 차별해서 그렇다고 생각했어.

조선은 건국 이래 북쪽 지역 사람을 차별해 왔어. 서북 지역인 평안도는 고려의 정서가 남아 있다고 싫어했고 동북 지역인 함경도는 여진 오랑캐와 친하다고 무시했지. 함경도는 그나마 태조 이성계가 살던 지역이라 차별이 덜했지만 평안도에 대한 차별은 이루 말할 수 없을 정도였어. 평안도 차별이 얼마나 심했는지 그 지역 인물로 높은 벼슬을 한 사람이 없을 정도였어. 벼슬은 고사하고 과거에 붙기도 엄청 어려웠지. 홍경래는 평안도 차별을 몸소 겪고 나서 조선 사회에 회의를 느꼈어.

1800년 이후 조선은 정조가 죽고 안동 김씨가 권력을 독점하던 세도 정치가 시작되었어. 세도가들은 돈을 받고 관직을 주었고, 그렇게 관직을 사서 관리가 된 고을 수령들은 본전을 뽑으려고 백성들을 기름 짜듯 쥐어짰지.

홍경래는 이런 상황을 보며 생각했어.

'지역 차별, 세도 정치, 삼정 문란, 농민 수탈, 도저히 못 참겠다. 조선을 갈아엎자!'

홍경래는 뜻을 펼치기 위해 평안도와 한성을 오가며 자신과 뜻을 같이할 동지를 모으기 시작했어. 몇 년간 전국을 다니며 서자 출신이라고 차별을 당하던 우군칙, 청나라와의 무역으로 큰돈을 번 이희저, 양반 출신 김창시, 힘이 장사인 김사용 같은 사람을 자기편으로 만들었어. 그렇게 봉기 지도부를 꾸린 홍경래는 조선 군대와 싸울 군인을 모집했어. 일단 광산 노동자를 구한다는 구인 광고를 내고 광산에 찾아온 사람들에게 군사 훈련을 시켜 봉기를 일으킬 군인으로 만들었지. 이렇게 봉기를 준비한 세월이 어언 십여 년.

드디어 홍경래에게 때가 찾아왔어. 1811년, 그해는 큰 흉년이 들어 농민들이 먹고살기가 더욱 힘들었어. 그래서 농민들의 불만이 극에 달했지. 홍경래는 그 기회를 놓치지 않았어. 12월 18일, 홍경래는 평안도 가산에서 마침내 세도 정치 타도를 위한 봉기를 일으켰어.

"조선에서 평안도는 버림받은 땅이다. 임진왜란, 병자호란 때 우리 서북인들이 나라를 구하기 위해 목숨 걸고 싸웠건만 조정은 우리를 무시하고 차별했다. 심지어 권세 있는 가문의 종들조차 우리를 평안도 놈이라 부른다. 이 어찌 억울하고 원통하지 않은가."

홍경래가 열변을 토하자 봉기군이 함성을 지르며 호응했어. 홍경래는 봉기군 대장인 대원수가 되어 남군을 맡고, 부원수 김사용이 북군을 맡아 조정이 있는 남쪽으로 진격을 시작했어. 남진을 시작한 홍경래 부대는 봉기를 일으킨 지 십여 일 만에 평안도 일대 거의 모든 성을 점령했어. 이제 평양을 거쳐 한성으로 쳐들어갈 일만 남았지. 그런데 중간에 문제가 생겼어. 박천이란 곳을 점령한 뒤 그다음에 어느 곳을 점령할 것인가를 두고 내분이 벌어진 거야. 그러자 불안을 느낀 홍경래 부하가 몰래 홍경래를 공격해 홍경래에게 부상을 입혔어.

다행히 홍경래는 목숨을 건졌지만 며칠 동안 움직일 수 없었어. 홍경래 군대에 패했던 관군이 그사이 전열을 가다듬기 시작했어. 그리고 마침내 봉기군과 관군이 송림이라는 곳에서 크게 한판 붙었어. 이 송림전투에서 홍경래 군대는 관군에 크게 패했어. 그래서 홍경래는 인근에 있는 정주성으로 밀려 들어가게 되었지.

홍경래 군대는 정주성을 근거지로 농성을 벌이기 시작했어. 농성이 길어지자 다시 내분이 일어났어. 양반, 농민, 노동자, 유랑민 등 다양한 계층의 사람이 모이다 보니 저마다 이루고자 하는 목표가 달라서 쉽게 뜻을 하나로 모으기 어려웠던 거야. 게다가 관군이 정주성을 포위하는 바람에 성안의 식량이 바닥나기 시작하자 성을 빠져나가는 농민들이 생겨나기 시작했어. 하지만 성을 나갔다고 살길이 열린 건 아니야. 진압군들은 반란에 가담했다며 그 지역 농민들을 죽이고 집을 불태우는 등 만행을 저질렀어. 이에 화가 난 농민들이 다시 성으로 들어가고 관군과 봉기군 사이의 싸움이 치열하게 전개되었지.

 농성을 시작한 지 어느새 1백여 일이 지난 1812년 4월, 관군은 봉기군 몰래 성벽 밑으로 땅굴을 파고 그곳에 화약을 묻었어. 그러고는 봉기군이 방심하는 사이 화약을 터뜨려 성벽을 무너뜨렸지. 무너진 성벽을 넘어 관군이 물밀 듯 밀어닥쳤어. 홍경래는 끝까지 관군과 싸우다 총에 맞아 전사했어. 성안에 있던 2천9백여 명이 포로로 잡히고 아녀자와 어린이를 제외한 2천여 명이 처형당했지. 10년을 준비한 홍경래 봉기는 1백여 일 농성 끝에 진압되고 말았어. 세도 정치를 타도하고 서북 지역 차별을 철폐하겠다던 홍경래의 꿈도 물거품이 되고 말았지.

이야기를 마치고 나서 토리의 눈치를 살폈다.
"어때, 홍경래 이야기를 들은 소감이."
"십여 년을 준비한 봉기가 1백여 일 만에 막을 내렸다니 허무한 생각이 들어. 어제 북벌론 강의에서 10년 동안 준비한 북벌이 효종이 죽자 없었던 일이 됐던 것처럼. 홍경래가 그리 오래 준비하고도 패한 이유가 뭐야?"
"아주 좋은 질문이구나. 홍경래 봉기가 실패한 데는 여러 원인이 있어. 첫째, 서북 지역 차별 철폐를 명분으로 봉기를 일으킨 탓에 전국적인 호응을 끌어내지 못했어. 둘째, 당시 민중들이 열망하는 신분 차별 철폐라든가 토지 제도 개혁 같은 개혁 방안을 제시하지 못했어. 셋째, 진격 도중 일어난 내분으로 관군에게 시간을 벌어 준 것도 실패의 원인이라면 원인이지. 이런 모든 원인들이 합쳐져 결국 실패한 거야."

토리가 곰곰이 생각하는 척하더니 물었다.

"실패한 봉기를 무슨 이유로 이른 아침 첫 시간부터 얘기하고 난리야?"

"홍경래의 봉기가 비록 실패했지만 나름 의미 있는 사건이기 때문이지."

"의미 있는 사건이라…… 그게 뭔데?"

"홍경래의 봉기는 비록 실패했지만 그 저항 정신은 계속 이어져 내려왔다. 1862년 진주 민란을 시작으로 전국에서 농민 봉기가 일어났고, 그로부터 삼십여 년 뒤에는 동학 농민들이 낡고 부패한 정권을 타도하기 위해 대대적인 봉기를 일으켰지. 이런 이유로 한국을 빛낸 100명의 위인들이란 노래에 홍경래 이름 석 자가 당당히 올라간 게 아닌가 생각해. 그런 의미에서 토리 네가 시로 마무리해 봐라."

"알았어. 시라면 내가 또 언제 어디서나 좔좔좔이니까. 켁켁."

　　큰 뜻 세우고 지내 온 십여 년 세월

　　마침내 떨쳐 일어나니 평안도가 요동쳤네

　　아깝게 패하여 뜻을 이루지 못하였으나

　　홍경래 큰 뜻은 농민들 가슴에 남았네.

한눈에 보는 한국·중국·일본

1840	1849	1851	1854	1863	1864
중 청, 아편전쟁 (~1842)	한 철종 즉위 (~1863)	중 청, 태평천국(양무) 운동 시작 (~1864)	일 미·일 화친 조약 체결	한 고종 즉위 (~1907), 흥선대원군 집권	한 흥선대원군, 서원 철폐 시작

1865	1866	1867	1868		
한 경복궁 중건 (~1868)	한 당백전 주조	한 환곡 대신 사창제 실시	일 메이지 유신, 메이지 시대 (~1912)		

• 흥선대원군

두 번째 이야기
흥선대원군의 개혁 정치

다음 강의를 시작하려고 자세를 잡자 토리가 원망과 애원이 반쯤 섞인 눈빛으로 나를 바라보았다. 칭찬 한마디를 듣고 싶다는 듯한.

"멋져. 아주 훌륭해. 한시면 한시, 시조면 시조, 일본 하이쿠까지 능수능란하게 읊어 대는 솜씨라니, 하산해도 되겠어. 하하."

토리 표정이 금세 밝아졌다.

"그치? 내가 잘하지? 내 그럴 줄 알았어. 우리 별 이상한 문학상 대상 수상잔데 그 솜씨가 어디 가겠어? 켈켈켈."

공연히 칭찬을 했단 생각이 들었지만 칭찬은 외계인도 춤추게 한다는 말도 있으니 원활한 수업을 위해 일단 패스.

"이번 시간은 홍경래 봉기 이후 일어난 중요한 정치 흐름에 대해 얘기할

게. 홍경래 봉기 사건은 독재를 일삼던 세도 정치에 금을 낸 사건이었어. 하지만 기득권층이 그리 만만한 상대가 아니지. 홍경래 봉기로 잠시 기우뚱하던 세도 정치가 그 후로도 50년이나 더 이어졌으니까. 그렇듯 강고한 독재 정치가 막을 내린 건 혜성처럼 등장한 인물 때문이었어. 그 사람이 바로 홍선대원군이다."

내 말에 토리가 놀라는 표정을 지었다.

"아자씨, 정말 대단하다. 우주여행도 한번 안 해 본 사람이 어떻게 혜성을 알아?"

"허허. 어찌 손으로 꼭 찍어 봐야 똥인지 된장인지 아냐. 예기치 않은 곳에서 광속으로 날아오는 작은 별을 혜성이라고 한다는 걸 모르는 지구인은 드물어. 그래서 지구에선 예상치 못한 사람이 갑자기 등장했을 때 혜성처럼 나타났다는 표현을 쓰지. 우주 좀 날아다녔다고 너무 아는 체하지 마라."

"아는 체 말라니. 아자씨, 무슨 말을 그리 섭섭하게 해?"

"그만하자. 너랑 말다툼할 시간이 없다. 말이 나왔으니 혜성 이야기 하나만 하고 갈게. 얼마 전 유럽 우주국 에사(ESA)가 발사한 혜성 탐사 로봇 필레가 67P라는 혜성에 착륙했어. 로제타라는 로켓에 실려 5억 킬로미터나 되는 거리를 10년 동안 날아가서 화성과 목성 사이를 돌고 있는 혜성에 탐사 로봇을 착륙시켰지. 지구인들도 그 정도 기술은 있다. 흠."

내 말에 토리가 푸웁, 하고 웃음을 터뜨렸다.

"그러잖아도 지구에 오다가 필렌지 펠렌지 나 그거 봤어. 난 거기서 여기오는 데 일 분 걸렸거든. 일 분 거리를 10년 동안 날다니, 그것도 재주라면 재준가? 큭큭."

토리의 비아냥에 은근 부아가 치밀어 올랐다.

"토리, 너 아주 잘났구나. 너무 잘난 너를 보니 더 이상 내가 역사 강의할 필요를 못 느끼겠어. 여기서 이만 끝내자. 흥."

내 말에 토리가 아양을 떨었다.

"아유, 아자씨 또 왜 그래. 내가 아자씨 좋아하는 거 알면서. 어서 수업 시작합시다. 이 작가님. 헤헤."

"이그, 내가 졌다. 근데 무슨 얘기하다가 또 삼천포메다로 빠졌냐? 그렇지, 혜성처럼 등장한 흥선대원군 얘기하다 그랬지?"

나는 흥선대원군 이야기를 시작했다.

❀

앞 시간에, 정조가 죽은 뒤 세도 정치가 시작되었다고 했지. 보통 세도 정치 60년이라고 하는데, 조선은 이 세도 정치 때문에 서서히 망해 갔다고 봐도 무방해. 세도 정치가 이어지는 동안 가장 고통을 당한 건 당연히 농민들이었어. 한성 조정에서 부정부패와 사치를 일삼으니 지방에서도 백성들을 수탈해 자신의 배를 불리는 탐관오리들이 판을 쳤어. 왜냐하면 지방 고을 수령 중엔 세도가들에게 뇌물을 주고 관직을 산 사람이 많았거든. 그럼 그 뇌물이 어디서 나오겠냐? 백성들에게서 빼앗은 것들이지.

하지만 세도 정치 아래서 농민보다 더 생명의 위협을 느끼는 사람들이 있었어. 바로 왕족이야. 그 신분 높은 사람들이 왜 생명의 위협을 느꼈냐, 이유가 있어. 세도가들은 자기들이 권력을 유지하려고 왕족 중에 조금 똑똑하다 싶은 사람이 있으면 역모 사건으로 엮어서 제거했어. 군주가 똑똑하면 자신들 같은 부패하고 무능한 세도가들은 살아남을 수가 없거든. 흥선대원군의 형도 그런 이유로 죽었어. 그래서 흥선대원군은 살아남기 위해 조심, 또 조심하며 지냈지. 원래 야심이 큰 인물이었지만 본래 캐릭터와는 정반대로 행동하면서.

그럼 세도 정치 아래서 살아남기 위한 흥선대원군의 뛰어난 처세술, 아니 호신술을 볼까? 장안에서 싸움깨나 하는 왈패들과 어울려 다니며 기생집을 제집처럼 드나들고, 남자를 여자로 바꾸는 일 외에 못 할 것이 없다는 안동 김씨 집을 드나들며 먹을거리를 구걸하고, 남의 잔칫집과 상갓집을 찾아다니며 술 동냥이나 하고……. 명색이 왕족인데 이러고 다녔으니, 세상 사람들이 흥선대원군을 이렇게 놀려 댔지.

"이하응 대감 미친 거 아냐? 완전 상갓집 개구만."

"파락호도 저런 파락호가 없네. 끌끌."

'상갓집 개'라는 말은 돌봐 줄 주인을 잃고 먹을거리나 이리저리 구하러 다니는 개 같단 말이고, 파락호는 재산이나 세력 있는 집 자손이 재산을 모조리 탕진하고 망가져 버린 난봉꾼을 뜻해. 도대체 왜 저러고 다니면서 사냐, 이런 소릴 들을 정도로 형편없는 사람이란 말이지. 하지만 흥선대원군을 진짜 바보로 알았다면 그 사람이야말로 정말 바보야. 왜냐하면, 흥선대원군이 그렇게 행동한 건 세도 정치 아래서 살아남기 위한 계산된 행동이었으니까. 바보처럼 굴어야 세도가들에게 찍히지 않을 수 있었거든. 어쨌든 흥선대원군은 바보처럼 행동하며 일단 살아남기에 성공했어. 그런 뒤, 당시 왕실에서 가장 높은 어른인 조대비에게 은밀히 선을 댔지.

"철종께서 후사가 없으니 갑자기 승하하시면 제 둘째 아들을 왕으로 삼아 주십시오."

상갓집 개 취급을 받으면서까지 살아남은 게 이런 목적을 달성하기 위해서였다니, 정말 놀라워. 흥선대원군의 제안에 조대비는 어떤 반응을 보였을까? 그녀는 그 은밀한 제안을 받아들였어. 이유가 있어. 조대비는 친정이 풍양 조씨인데, 안동 김씨들이 권력을 잡고 휘두르는 게 너무나 못마땅했어. 그래서 흥선대원군과 손잡고 안동 김씨를 몰아낼 생각을 했지. 거래 성립. 그리고 정말 철종이 후사 없이 세상을 떠나자, 흥선대원군의 둘째 아들을 다음 왕으로 지목했어. 그가 바로 조선의 마지막 임금인 고종이야.

고종이 임금이 되자 어린 왕을 대신해 조대비가 수렴청정을 했지만 그건 어디까지나 형식적인 것이고, 실제 섭정은 흥선대원군에게 맡겨졌어. 안동 김씨 세력은 난리가 났지. 자기들이 구박하던 난봉꾼 흥선대원군이 국가 최고 권력자가 됐으니 왜 안 그랬겠어.

이때부터 흥선대원군의 10년 정치가 시작됐는데, 그는 역대 어느 임금보다 활발하게 개혁 정치를 펼쳤어. 흥선대원군이 가장 먼저 한 일이 뭐였을까. 당연히 물갈이지. 일단 안동 김씨 몰아내기. 정승, 판서, 의금부, 포도청, 지방 고을 수령 등 안동 김씨 일가이거나, 그들에게 빌붙어 벼슬하던 관리를 죄다 내쫓았어. 오늘날로 치면 총리, 장관, 검찰총장, 경찰청장, 도지사를 싹 갈아 치운 거야. 그러고는 그동안 정치 현장에서 소외돼 왔던 남인, 북인, 소론 쪽 인사를 그 자리에 앉혔어. 이런 조치를 통해 60년 이어져 온 세도 정치에 마침표를 찍었어.

흥선대원군의 다음 칼날은 서원을 향했어. 서원이 뭐야, 지방 유생이 모여 공부하고 공자를 비롯한 유학자를 제사 지내는 곳이잖아. 그 옛날 조선 전기부터 사화를 당한 선비가 내려가 학문을 닦으며 힘을 기르던 곳. 그랬던 서원은 점점 당파 싸움의 근거지가 되었고, 이후 세도 정치 시기에는 지방 농민에게 각종 금품을 거두는 등 농민을 수탈하는 기관으로 변질됐어. 그래서 흥선대원군은 서원 다 필요 없다, 최초 서원인 백운동 서원 등 꼭 필요한 서원만 남기고 철폐한다! 이런 명령을 내렸어. 그렇게 해서 600개가 넘던 서원이 47개만 남고 문을 닫았어. 양반 유생들이 광화문에 몰려와 상소를 올리고 해 봤지만 흥선대원군은 눈도 꿈쩍 안 했지.

흥선대원군이 양반을 화나게 한 일이 또 있었어. 일반 평민만 내던 군포를 양반도 내게 한 거야. 그러자 일반 평민들은 흥선대원군 만세 부르고 난리가 났지. 그뿐인가. 말 많고 탈 많던 환곡 제도를 사창 제도라 고쳐 부르고 백성들이 피해를 당하지 않게 해 주었어. 그래서 흥선대원군에 대한 칭송이 대단했지. 그런데 경복궁 중건 사업을 벌이면서 백성들한테 점수를 잃기 시작했어.

경복궁 중건은 흥선대원군이 이룬 업적이기도 하지만 백성들한테 욕을 먹은 사업이기도 해. 흥선대원군은 왕의 권위를 회복해야 한다는 생각으로 임진왜란 때 불탄 경복궁을 보수하고 새로 지었는데, 공사가 길어지고 나랏돈도 굉장히 많이 들어갔어. 그러자 부족한 돈을 보충하기 위해 이런저런 세금을 거둬들이기 시작했고 당백전이란 화폐도 만들었지.

당백전은 엽전 100푼과 맞먹는 화폐인데, 이 돈이 유통되면서 돈의 가치가 떨어지고 물가가 치솟아 가뜩이나 힘든 백성들 삶이 더욱 팍팍해졌어. 그러자 백성들 사이에서 흥선대원군을 원망하는 목소리가 점차 높아졌지. 그런데 이런 내부 반발은 외부에서 밀어닥친 시련에 비하면 아무것도 아니야. 흥선대원군에게 불어닥친 외부의 시련이 뭘까. 그 이야기는 다음 시간에 들려줄게.

토리가 생각하는 척 두 팔로 턱을 괴더니 내 목소리를 흉내 냈다.
"외부의 시련이 뭘까, 그 이야기는 다음 시간에……. 캬, 아저씨 강의 기술이 날로 발전하는 거 같아. 호기심 유발 작전. 큭큭."

"웃지 마. 정들어. 호기심 유발하려는 게 아니고 내용상 나눠서 설명하는 게 좋으니까 그런 거야. 잘 알지도 못하면서. 그건 그렇고, 흥선대원군 강의 들은 소감이나 말해 봐."

"재밌었어. 어느 날 혜성처럼 나타난 흥선대원군. 세도 정치 60년을 끝장낸 개혁 정치가."

"엄밀히 말하면 혜성처럼 나타났다는 표현은 적절하지 않아. 흥선대원군이 자기 아들을 왕위에 앉히려고 얼마나 노력했냐. 그러니까 혜성처럼 나타났다는 건 그를 모르고 하는 소리지. 자, 시 한 수 지으면서 이번 시간 마무리할까?"

"좋지. 근데 흥선대원군은 왜 첫째 아들이 아니라 둘째 아들을 왕으로 만들었어?"

"우아, 송곳 토리네. 얘기 안 해 주려고 했는데. 간단해. 자기가 왕 대신 정치하려고 그런 거야. 둘째 아들 나이가 열두 살이니까 왕이 되면 누군가가 대신 정치를 해야 하잖아. 그래서 흥선대원군은 자기가 정치를 주도하기 위해서 나이 어린 아들을 왕위에 세운 거지. 큰아들은 그러기에 너무 컸으니까. 이런 것만 봐도 흥선대원군이 얼마나 주도면밀한 사람인지 알겠지? 자, 이제 시로 마무리!"

"아저씨 차롄데."

"그래? 그럼 그러지 뭐. 흥선대원군이라…… 흠흠."

상갓집 개 취급받으며 참고 기다린 세월
왕의 아비가 되어 개혁의 칼자루를 휘둘렀네
세도 정치 타도하고 서원 철폐까지 한 일도 많지만
경복궁 중건하느라 욕을 바가지로 먹었네.

한눈에 보는 한국·중국·일본

1791	1801	1839	1840	1842	1851
한 신해박해	한 신유박해	한 기해박해	중 청, 영국과 아편전쟁(~1842)	중 청, 영국과 난징 조약 체결	중 청, 태평천국(양무) 운동 시작(~1864)
1854	1856	1858	1860	1863	1866 봄
일 미·일 화친 조약 체결	중 청, 애로호 사건	중 청, 영국·프랑스·러시아·미국과 톈진 조약 체결 일 미·일 수호 통상 조약 체결	중 청, 영국·프랑스와 베이징 조약 체결	한 고종 즉위(~1907), 흥선대원군 집권	한 병인박해
1866. 7.	1866 가을	1868	1871		
한 제너럴셔먼호 사건(미국)	한 병인양요(프랑스)	한 흥선대원군 부친 묘 도굴 사건 일 메이지 유신, 메이지 시대(~1912)	한 신미양요(미국)		

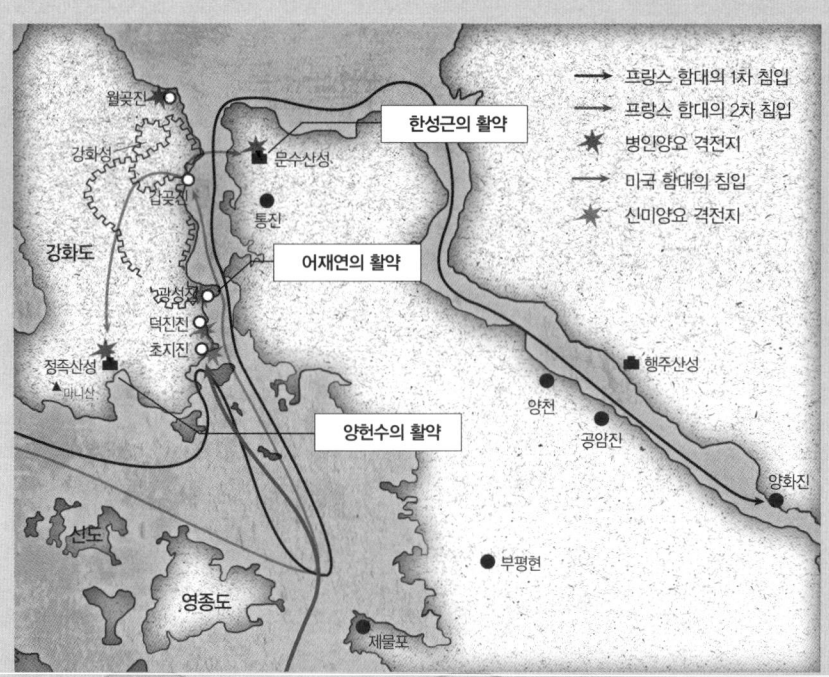

• 병인양요와 신미양요

세 번째 이야기

병인양요와 신미양요

내가 시를 마치자 토리가 기다렸다는 듯 입을 열었다.

"아자씬, 조선 시대에 태어나지 않기를 참 잘했어."

"그건 무슨 소리냐? 내가 무슨 조선 시대 부적격자라도 돼?"

"시 땜에 그렇지. 시어도 조잡하고 기승전결도 없고, 그렇게 시를 못 지어서 어디 초시에라도 붙겠어?"

"허 참. 그렇게 잘하는 네가 한번 지어 봐라."

"못 할 것도 없지. 한번 해 볼까? 킥킥. 흥선대원군 가슴속에 숨겨 둔 비수 하나, 그것은 대망. 어때?"

어쭈구리. 괜찮았다. 은유와 절제미가 살아 있는 게.

"토리야, 그저 그렇다. 약해."

"에이, 거짓말하지 마셔. 괜찮다고 생각했으면서. 큭큭."

"너 또, 내 머릿속에 들어갔다 왔구나. 그러면 못쓴다. 시 얘기 그만하고 강의 시작하자. 오늘은 조선 후기에 일어난 사건 중 가장 충격적이고 중요한 일에 대해 이야기할 거다. 역사 무대가 한반도를 벗어나 한·중·일 동아시아를 넘어 서양으로 확장된, 그야말로 세계사적인 사건이지."

토리가 입을 딱 벌리고 놀라는 시늉을 했다.

"우아, 그렇게 중요한 얘기야? 중국과 일본 역사라면 내가 좀 아는데 어떤 사건을 얘기할랴구?"

"때는 바야흐로 19세기, 산업화를 이룬 서구 제국주의 세력이 아시아를 향해 물밀 듯 밀려오던 서세동점의 시기란다."

"제국주의는 뭐고, 서세동점은 또 뭐야?"

"음, 제국주의는 뭐랄까, 아주 강한 나라야. 군사력도 강하고 경제력도 강해. 하지만 강하다고 다 제국주의는 아니고, 강한 힘을 이용해 다른 나라를 침략해야 제국주의야. 그럼 서세동점은 뭐냐, 영국이나 프랑스 같은 서구 제국주의 국가가 동쪽에 있는 아시아를 향해 점점 밀어닥친다는 뜻이다. 이럴 게 아니라 칠판에 동아시아 지도 그려 놓고 설명을 해야겠다. 시대 배경을 이해해야 이번 시간 주제인 병인양요와 신미양요 이해가 잘될 테니까."

나는 칠판에 동아시아 지도를 그렸다.

먼저 청나라 지도를 보자. 1800년 대 이후 청나라는 강희제와 옹정제와 건륭제로 이어지는 태평성대가 끝나고 혼란이 시작된 시기였어. 그 시기 청나라에서 놀라운 사건이 벌어졌어. 산업화를 이룬 영국이 청나라로 와서 자기네들과 무역을 하자고 요구한 거야. 그러자 청은 "우리는 물건이 많아서 니들 물건 필요한 게 없다. 우리 물건 줄 테니 몇 개 가져가라." 이랬어.

강희제에서 건륭제로 이어지는 청나라의 태평성대를 소위 강건성세라고 하는데, 그 시기를 거치며 중국 역사상 가장 넓은 영토를 다스리던 청나라였으니 그럴 만도 했지. 하지만 청나라는 영국을 몰라도 너무 몰랐어. 그때 영국은 이미 아프리카와 인도에서 식민지 건설에 나섰던 세계 제일의 대국이었거든.

이런 영국이 물건 좀 팔겠다고 무역을 하자는데 청나라가 거부하고 나선 거야. 영국은 살짝 기분이 나빴어. 그런데 그보다 더 큰 문제가 있었어. 중국 홍차를 좋아하는 영국 사람들이 차를 너무 많이 수입하는 바람에 돈이 부족해진 거야. 고민 끝에 영국은 청나라 사람이 좋아하는 아편을 팔기 시작했어. 그러자 이번엔 청나라 은이 모자라게 되었지. 화가 난 청나라는 영국이 가져온 아편을 불살라 버렸어. 이렇게 해서 청나라와 영국 사이에 아편전쟁이 시작되었고, 두 번의 아편전쟁에서 청나라가 패해 상하이 등의 항구를 개방하게 되었어. 이 엄청난 사건이 1840년대 초

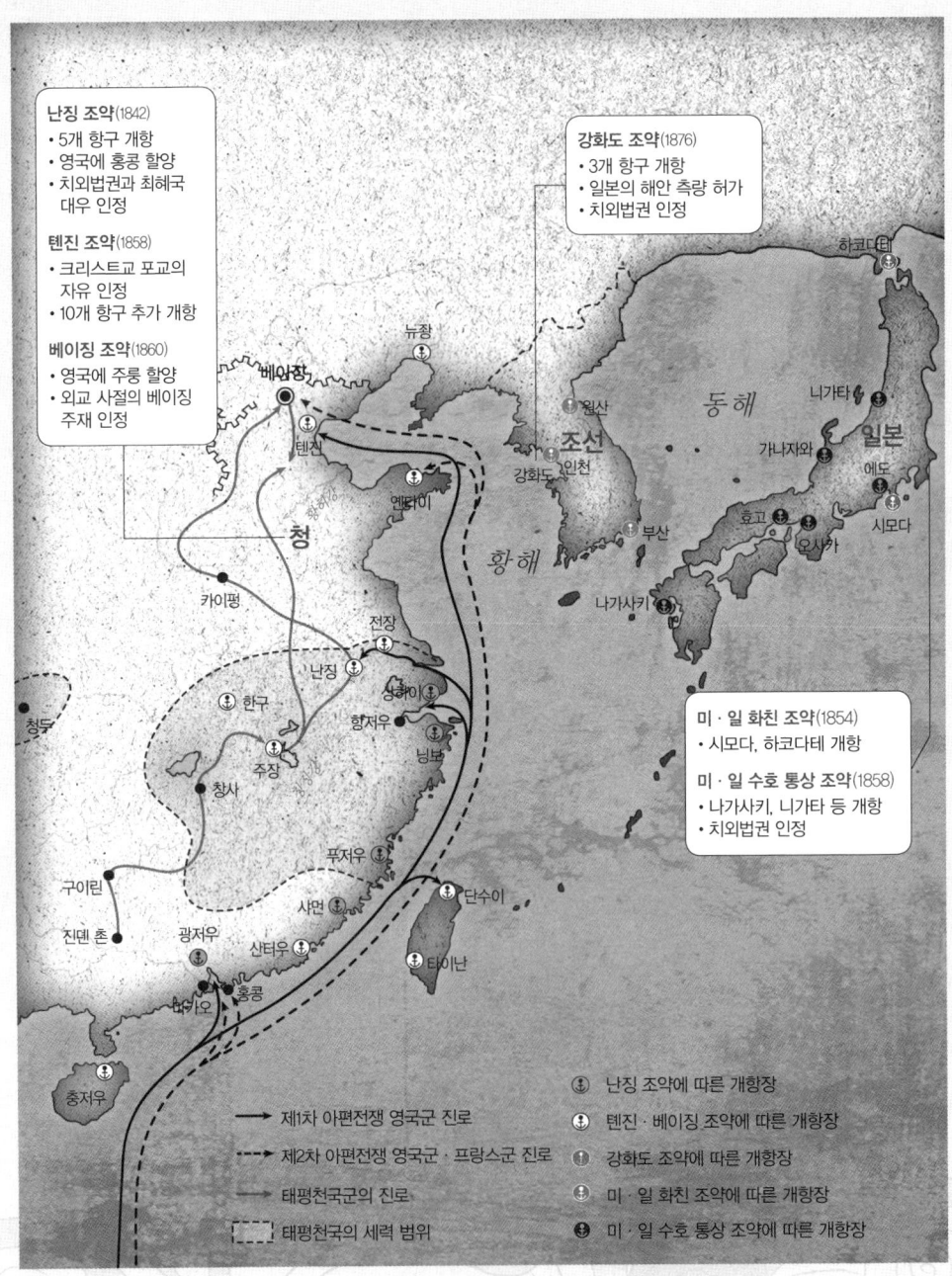

- 서구 세력의 동아시아 진출

와 1850년대 말에 벌어졌단다.

다음은 일본 지도를 볼까? 그 시기 일본은 미국의 통상 압력을 받고 있었어. 통상은 나라 사이에 무역을 하는 걸 말해. 미군 페리 제독이 흑선이라 불리는 시커먼 함대를 이끌고 일본 요코하마 항구에 들어와서는, "어이 무역 좀 하지." 이러자 일본 막부 세력은 통상 요구를 거부했어. 그러자 흑선에서 대포가 날아들고 난리를 치니까 1854년에 어쩔 수 없이 항구를 개방하게 되었지. 청나라처럼.

아버지의 나라라 여기던 중국과 이웃 나라 일본이 서구 세력에 털리는 엄청난 사건을 접한 조선은 바짝 긴장하지 않을 수 없었어. 서구 세력에 어떻게 대응할 것인지 고민하던 흥선대원군은 서구 세력 중에서도 한반도 머리 꼭대기에서 야금야금 한반도를 넘보는 러시아가 가장 신경 쓰였어. 그래서 이이제이(以夷制夷) 작전을 쓰기로 했지. 이이제이가 뭐냐, 중국이 즐겨 사용하는 방법인데 오랑캐를 이용해 오랑캐를 친다는 뜻이야.

흥선대원군은 처음에 러시아의 남하를 막기 위해 프랑스와 협상을 벌였어. 그런데 프랑스와 협의가 잘 안 됐지. 그런 와중에 국내에서 천주교 신자들을 엄벌해야 한다는 여론이 크게 일자 여론에 떠밀려 천주교 신자를 탄압하게 되었는데, 그때까지도 흥선대원군은 이 사건이 엄청난 파장을 몰고 오리라고는 생각하지 못했을 거야.

천주교 박해는 18세기 말, 정약용의 외사촌인 윤지충이 자신의 어머니 장례를 천주교 의식에 따라 치른 것을 계기로 시작되었어. 정조가 죽은 이후엔 정권을 잡은 노론 세력이 반대 세력인 남인을 제거하기 위해 천주교 박해를 일으켰고. 남인 중에 천주교 신자가 많아서 천주교도 탄압하고 남인도 제거하는 일석이조를 노린 거지.

천주교 박해 때 정약용의 삼 형제가 큰 수난을 당했어. 정약종은 처형을 당하고 정약전과 정약용은 유배를 갔어. 그 후로도 여러 번 천주교 박해가 있었는데, 흥선대원군 집권 이후 벌어진 병인박해에 비하면 아무것도 아니야.

병인년인 1866년, 프랑스와의 외교 협상에 실패한 흥선대원군은 천주교 신자를 엄벌해야 한다는 여론에 밀려 천주교 탄압에 나섰어. 이때 조선에 들어와 포교 활동을 하던 프랑스 신부 아홉 명이 처형되고, 조선인 천주교 신자 8천여 명의 목이 잘렸어. 서울 한강변인 새남터와 양화대교 북단 잠두봉 봉우리가 처형 터였지. 생각해 봐라. 수천 명의 신자가 한강 옆 봉우리에서 목이 뎅강뎅강 잘려 나가는 모습을. 너무 끔찍하지? 그래서 이 봉우리의 이름이 잠두봉에서 절두산으로 바뀌었단다. 머리를 잘랐다는 뜻의 절두산.

이렇게 큰 박해를 부른 천주교는 언제 어떻게 조선에 들어왔을까? 천주교는 처음 조선에 전해질 당시 서양에서 전해진 학문이란 뜻에서 서학이라 불렸어. 그러니까 서학이라는 말에는 조선에 전해진 서양의 과학 기술, 학문, 종교인 천주교가 다 포함되지. 서학은 16세기부터 조선에 전해졌는데, 17세기 중국에서 《천주실의》라는 책이 전래되면서 조선 양반 사회에서 서학에 대한 관심이 일기 시작했어. 《천주실의》는 이탈리아 선교사 마테오 리치가 지은 천주교 교리 책이야. 처음 이 책이 조선에 전래됐을 땐, 일부 양반들이 종교가 아닌 일종의 학문으로 접근했어. 그러다가 점차 신앙으로 발전했지. 정조 때에는 이승훈이 북경(베이징)에서 영세를 받고 돌아온 뒤로, 상민과 부녀자들 사이에서 종교로 널리 퍼지게 되었어.

조선의 기득권 세력은 새로운 학문이자 종교인 천주교가 조선 사회의 뿌리를 흔들 수 있는 무척 위험한 사상이라 여겼어. 그래서 수십 년간 수차례 천주교인을 탄압했는데, 글쎄다, 아무리 생각해도 그건 너무나 야만적이고 비이성적인 조치였다는 생각이 들어. 자기와 생각이 다르다는 이유로 수천 수만 명의 백성을 학살하다니 말이야.

절두산에서 잘린 천주교 신자들의 목에서 흐른 피가 한강 물을 벌겋게 물들이며 병인년이 시작되었고, 그해 여름 프랑스는 이에 대한 보복을 한다며 극동 프랑스 함대를 몰고 강화도로 쳐들어왔어. 이게 바로 병인양요란다.

"어때, 병인양요가 왜 일어났는지 이해가 되지?"
탁자로 돌아와 앉으며 토리를 쳐다보았다.
"천주교 신자를 처형한 병인박해 때문에 일어나게 된 거잖아. 맞지?"

"맞아. 천주교 탄압이 병인양요가 일어난 직접적인 원인이야. 하지만 그 바탕에는 조선과 통상을 하려는 서구 국가들의 의도가 깔려 있어. 강화도를 침범한 프랑스 제독이, 병인박해 때 처형당한 자기네 나라 신부의 학살 책임을 물으며 조선에 통상을 요구한 사실만 봐도 알 수 있지. 그럼 지금부터 흥선대원군 집권 시기 조선을 뒤흔든 병인양요와 신미양요 이야기를 들려줄게."

나는 병인양요와 신미양요 이야기를 시작했다.

1866년 가을, 프랑스 함대 7척이 2천여 명의 군인을 싣고 강화도로 몰려왔어. 한두 달 전 프랑스군은 이미 인천 앞바다를 통해 한강의 양화진까지 올라와 조선 사정을 파악하고 갔어. 프랑스 함대가 조선에 쳐들어온 이유는 병인박해에 대한 보복을 하기 위해서야.

강화도를 점령한 로즈 제독은 조선 정부에 프랑스 신부 아홉 명을 처형한 것에 대해 배상하라고 요구했어. 그러면서 속히 프랑스와 조선 사이에 통상 조약을 맺자고 제안했지. 흥선대원군이 이들의 제안을 거절하자 프랑스군은 실력 행사에 나섰어. 그들은 좁은 바다를 건너 김포에 있는 문수산성을 공격했어. 문수산성에서는 한성근이 이끄는 조선군이 프랑스 군대와 맞서 싸웠지. 그사이 양헌수 장군은 군사 5백여 명을 이끌고 강화도로 가서 정족산성을 점령했어.

당황한 프랑스군은 군사를 돌려 정족산성을 공격했어. 하지만 양헌수 장군이 이끄는 조선군의 강한 저항에 부딪혀 수십 명의 사상자를 내고 결국 강화도에서 함대를 철수했어. 이 사건을 병인년에 서양 사람들이 일으킨 난리라는 뜻으로 병인양요라 불러.

그렇게 프랑스군이 물러갔지만 우리의 피해도 만만치 않았어. 강화도에 머문 이십여 일 동안 프랑스군들이 민가를 약탈하고, 강화도 외규장각에 보관되어 있던 책 340권을 훔쳐 갔어. 그때 도둑맞은 책들 중엔 국가 행사를 글과 그림으로 기록해 놓은 의궤를 비롯해 국보급 책들이 많이 포함되어 있었지. 더 놀라운 건, 그곳에 있던 나머지 5천여 권의 책을 불태웠다는 사실이야.

우리 정부는 1990년대 이후부터 병인양요 때 약탈해 간 도서를 반환하라고 프랑스 정부에 적극적으로 요구했어. 하지만 그들은 별 반응을 보이지 않았어. 그럴 만도 해. 자기네가 가지고 있는 외국의 문화재를 반환하면 아마 루브르박물관은 속 빈 강정이 되고 말 테니까.

우리 요청에도 별 반응이 없던 프랑스는 우리나라가 고속 철도 사업을 시작하면서 파트너로 독일과 프랑스 철도 회사가 경합을 벌이자, 그제야 외규장각 도서를 돌려줄 뜻을 비쳤어. 그 후 또다시 준다, 못 준다, 끈질긴 협상이 이어지다가 2011년 마침내 의궤를 돌려받았지. 프랑스가 우리에게 임대해 주는 형식으로.

다시 하던 이야기로 돌아가서. 병인양요를 겪고 프랑스군이 물러간 지 5년이 지난 1871년, 강화도에 또 다른 서양 군함들이 들어왔어. 군함의 정체는 일본의 빗장을 열어젖혔던 미군 함대였어. 도대체 미군 함대는 왜 또 조선에 쳐들어온 걸까? 그 사연을 알려면 몇 년 전 미국과 조선이 처음 만난 때로 거슬러 올라가야 해.

1866년 7월, 병인양요가 일어나기 한두 달 전이었어. 평안도 앞바다에 이상하게 생긴 배가 나타났어. 제너럴셔먼호라는 미국 배였는데 그 배가 나타나자 황주 목사가 셔먼호를 찾아가 쌀과 쇠고기, 닭, 달걀 등을 제공하며 어서 조선 영해를 떠나라고 요구했어.

셔먼호의 책임자는 곧 돌아가겠다고 대답했어. 하지만 그는 돌아가지 않고 육지에 선원을 상륙시키는 불법을 저질렀어. 황주 목사 이현익이 항의하기 위해 다시 셔먼호를 찾아가자 선원들이 붙잡아 가둬 버렸어. 그 소식을 들은 평안도 관찰사 박규수는 황당했지.

박규수는 《열하일기》를 지은 연암 박지원의 손자로, 조선이 개방을 해야 나라가 부강해질 수 있다고 생각한 개방론자였어. 그런 자신이 보기에도 미국인들의 행동은 도저히 참아 넘길 수 없는 만행이었어. 박규수는 미국인에게 이현익을 풀어 줄 것을 요구했어. 그러자 셔먼호 측은 어처구니없게도 쌀 1천 석과 금과 은과 인삼을 주면 풀어 주겠다고 대답했지.

박규수는 그들의 요구를 들어주지 않았어. 그러자 셔먼호는 대동강을

• 제너럴셔먼호 사건

타고 평양까지 들어와 총을 쏘며 난동을 부렸지. 그때 평양 주민 몇 명이 셔먼호 선원들이 쏜 총에 맞아 죽었어. 평양 주민들은 격분했어. 박규수는 모든 협상을 중단하고 셔먼호를 박살 내라고 명령했어.

분노한 수천 명의 평양 주민들이 셔먼호를 향해 총과 화살을 쏘았어. 그러고는 화약과 땔감을 실은 배를 셔먼호에 바짝 붙인 뒤 불을 질렀지. 셔먼호에 불이 붙자 그 안에 있던 선원들이 타 죽었고, 겨우 배에서 탈출한 미국인과 중국인들은 평양 주민들에 붙잡혀 무참히 짓밟혔어. 이렇게 해서 셔먼호 선원 모두가 죽었어.

제너럴셔먼호 사건이 있은 뒤 미국은 군함을 파견해 조선에 손해 배상을 청구하는 동시에 통상 관계를 맺자고 요구해 왔어. 흥선대원군은 그들의 요구를 들어주지 않았지. 평양에 찾아와 난동을 부린 것도 괘씸했거니와, 프랑스 군대와 싸워 이겨 보았기 때문에 미군도 물리칠 수 있다는 자신감이 있었거든.

그렇게 미국의 통상 요구가 거셀 무렵, 흥선대원군을 너무나 화나게 하는 사건이 발생했어. 상하이에서 상업에 종사하던 독일인 오페르트가 미국인 자본가 제킨스와 프랑스 신부 페롱을 대동하고 1868년 충청도 아산만에 상륙해 흥선대원군의 부친인 남연군 묘를 도굴하려다 실패한 사건이 벌어진 거야. 오페르트가 남연군 묘를 도굴하려던 목적은 유골을 확보한 뒤 그 유골을 인질 삼아 통상 협상을 벌이려는 것이었어. 이 사건 이후 흥선대원군은 서양의 통상 요구를 더욱 강하게 거부했어. 미국 역시 정상적인 방법으로는 조선과의 통상 수교가 불가능하다고 판단해서 1871년, 군함 5척과 1천2백여 명의 병사들을 이끌고 조선으로 몰려왔어.

아시아 함대 사령관 로저스는 5년 전 평양에서 발생한 제너럴셔먼호 사건을 들먹이며 통상 조약을 맺자고 요구했어. 흥선대원군은 남의 아버지 무덤이나 파헤치는 서양 놈들과는 상대하지 않겠다며 통상 요구를 거절했지.

조선의 입장을 확인한 로저스는 강화도 공격에 나섰어. 미군은 성능이 우수한 대포를 초지진에 쏜 뒤 상륙 작전을 펼쳤어. 상륙하는 미군과 초지진을 지키는 조선군 사이에 육박전이 벌어졌지. 조선 병사들이 목숨을 바쳐 싸웠지만 끝내 미군에 점령당하고 말았어. 초지진을 점령한 미군이 광성진으로 쳐들어갔어. 광성진에는 어재연, 어재순 형제가 군사를 지휘하고 있었는데 조선 병사들은 두 형제 장수의 지휘 아래 필사적으로 싸웠어. 총알과 화산이 떨어지자 온몸으로 맞서면서. 그 전투에서 어재연, 어재순 형제는 전사하고 수백 명의 조선군이 총에 맞거나 물에 빠져 죽었어.

광성진을 점령한 미군은 조선 정부에 통상을 요구했어. 하지만 흥선대원군은 여전히 그들의 요구를 들어주지 않았어. 그러자 미군은 조선과 통상 조약을 맺는 게 어렵다고 판단해 중국으로 철수했어. 1871년 신미년에 미군의 침입을 물리친 이 전쟁을 신미양요라고 불러.

프랑스와 미군을 연거푸 물리친 조선은 서양 세력을 배척하는 의식이

• 절두산 척화비 ⓒEggmoon

더욱 높아졌어. 흥선대원군은 두 번의 양요를 계기로 쇄국 정책을 한층 더 강화했어. 쇄국 정책이란, 서구 세력의 통상 요구를 일체 거절하고 나라 문을 걸어 잠그는 정책이야. 신미양요가 끝난 뒤 흥선대원군은 한성의 종로 거리를 비롯해 전국 방방곡곡에 척화비를 세웠어. 그리고 척화비 앞면에 이런 글귀를 새겨 넣었지.

"서양 오랑캐가 침범하는데 싸우지 않으면 화해를 하는 것이요, 화친을 하는 것은 나라를 팔아먹는 짓이다."

이런 쇄국 정책은 흥선대원군이 권력을 쥐고 있던 1873년까지 줄곧 유지되었단다.

"이번 시간 강의는 여기까지."

내가 노트를 접자 토리가 머리를 절레절레 흔들었다.

"뭐가 이리 복잡해? 병인박해, 병인양요, 제너럴셔먼호, 신미양요, 쇄국 정책…… 하이고."

"뭘 이미 다 알고 있구만. 병인박해 때문에 병인양요가 일어났고, 제너럴셔먼호 사건 때문에 신미양요가 일어났다, 두 번의 양요를 겪은 흥선대원군은 척화비를 세워 쇄국 정책을 대대적으로 밀어붙였다. 어때?"

"그러네. 아주 간단하구만."

"그런데 쇄국 정책이 그리 간단한 문제가 아니다. 오늘날까지 큰 논란거리로 남아 있거든. 흥선대원군은 개방 압력을 가하는 서구 세력을 막아 조선을 지켜 낸 정치가라는 평가와 함께, 개방이라는 세계사적 흐름을 읽지 못하고 쇄국 정책을 고집하다 근대화를 뒤처지게 만든 장본인이라는 상반된 평가를 받고 있지. 넌 어떻게 생각하냐?"

토리가 기다렸다는 듯 입을 열었다.

"왕 선생님이 그러는데, 청나라는 아편전쟁에 패한 뒤 서양 여러 나라의 먹잇감이 되었대. 반면에 일본은 미국의 압력에 밀려 개방을 하긴 했지만 곧바로 메이지 유신을 단행해 근대화에 성공했고. 이런 걸로 볼 때 개방이 피할 수 없는 대세였다면 조선도 일본처럼 얼른 개방하고 나라를 부강하게 하는 길을 택하는 게 좋지 않았을까?"

"올, 토리 대단한데. 적절한 예시와 정연한 논리. 거의 뭐, 장원감이다. 하하하."

"헤헤. 내가 과거에 장원 급제한 몸이잖아."

"나도 너랑 비슷한 생각이다. 당시 서구 제국주의의 개방을 끝까지 피할 수 있었을까? 그렇지 않다면 선택은? 개방을 해야겠지. 그런데 문제는 당시 조선은 통상이 뭔지조차 몰랐다는 사실이야. 나라와 나라 사이에 조약 같은 걸 맺어 본 적이 없었으니까. 그랬으니 개방을 하고 통상 조약을 맺는다 한들 우리에게 유리한 조약을 맺을 수 있었을까? 결국 이러한 우려가 현실로 나타났으니, 그것이 바로 일본과 맺은 강화도 조약이야. 나라 문을 개방하는 순간 500년 조선의 문을 닫게 만든, 그 아이러니하면서도 스펙터클하고 서스펜스 넘치는 이야기는…….”

"다음 시간에, 이럴랴구 그랬지? 아주 뻔히 보여. 그런 식상한 거 하지 말고 좀 참신한 기법을 생각해 보셔."

"이번 시간 끝내자. 내가 역사 강의 때문에 납치된 것도 억울한데 외계 소년한테 식상하단 소릴 듣다니, 에구 서러워라. 흑흑."

"너무 서러워 마셔. 내가 멋진 시로 위로해 드릴게. 켁켁."

병인박해, 병인양요, 제너럴셔먼호, 신미양요
프랑스 여우와 미국 고양이 물리친 대원군
언제까지 통상 요구 물리칠 수 있을까
해마다 개방 압력 거세지는 것을.

한눈에 보는 한국·중국·일본

1863	1868	1871	1873	1875	1876
한 고종 즉위 (~1907)	일 메이지 유신, 메이지 시대 (~1912)	한 신미양요(미국)	한 흥선대원군 실각	일 운요호 사건(일본)	한 일본과 강화도 조약 체결

1884
중 청·프전쟁 (~1885)

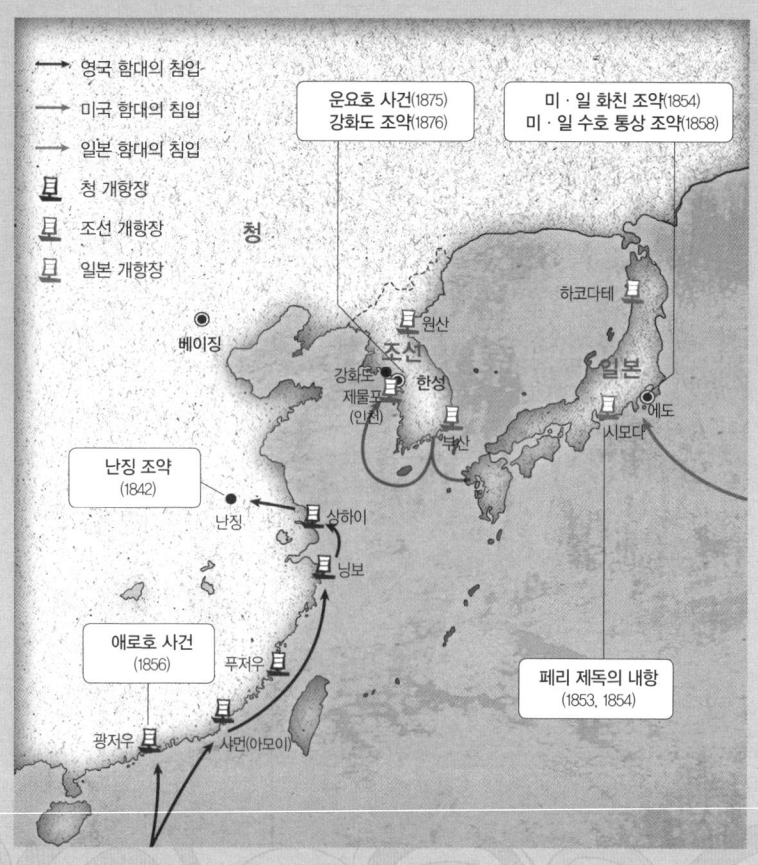

• 서구 세력의 동아시아 진출과 일본의 조선 진출

네 번째 이야기

강화도 조약, 일제 침략의 신호탄

강의를 마치고 큰 바위 하우스를 나왔다. 수평선 너머로 해가 지고 있었다. 바람이 제법 세게 불어 파도가 높이 일었다. 토리와 나는 때론 노을을 등지고, 때론 노을을 바라보며 섬 한 바퀴를 돌았다. 큰 바위 하우스로 들어오기 전 잠시 멈추고 먼바다를 바라보았다.

"여기서 쭉 올라가면 강화도가 나와. 앞 시간에 얘기했던 병인양요와 신미양요의 격전지."

"여기서 쭉 올라가면 강화도가 나오는지 아저씨가 어찌 아우?"

"어찌 알긴 뭘 어찌 알아. 해가 저리 지는 걸로 봐서 여기가 서해고, 나를 북한 영토에 모셔다 놓은 게 아닐 테니 강화도 남쪽이겠지. 안 그러냐?"

내 말에 토리가 놀란 듯 두 눈을 크게 떴다.

"우왕, 아자씨 대단해. 그런 걸 다 알고. 역사책 작가 말고 추리 소설 작가 해도 되겠어."

"아저씨 그만 놀리고 어서 들어가자. 바람이 차다."

큰 바위 하우스로 들어가며 나는 강화도 이야기를 덧붙였다.

"이번 시간에 강의할 내용도 강화도와 관련된 거야. 강화도는 조선 후기 역사에서 가장 뜨거운 장소였어. 병인양요와 신미양요가 다 여기서 벌어진 일이고, 조선의 운명을 재촉한 강화도 조약이 체결된 곳이기도 하지."

"왜 하필 강화도야? 많고 많은 섬들 중에?"

"지리적인 환경 때문이다. 토리 너 혹시 고려 시대 강의 끝나고 유적 답사 할 때 강화도에 있는 고려 궁터 갔던 거 기억 나냐? 그때 내가 말했지? 고려 궁터 3대 수난사가 있다고. 몽골 침입 때 강화도로 수도를 옮겼다가 개경으로 환도한 뒤 궁궐 다 부서지고, 병자호란 전에 인조가 지은 행궁 건물도 다 불탔다고. 그러고 나서 병인양요와 신미양요로 또 한 번 수난을 당했다. 바다로 둘러싸인 강화도는 군사적으로 아주 중요한 요새야. 서해에서 배를 타고 수도 한성으로 쳐들어오는 적에게는 맨 먼저 지나쳐야 하는 관문이어서 그렇지."

우리는 큰 바위 하우스에 들어와 탁자에 마주 앉았다.

"강화도 조약은 조선 역사에서 무척 중요한 의미를 지녀. 조선 건국이 사실상 위화도 회군에서 시작됐다면, 조선 멸망은 강화도 조약에서 비롯됐다고 해도 과언이 아니다."

"위화도 회군으로 조선 건국, 강화도 조약으로 조선 멸망, 모든 역사가 섬에서 이뤄졌네."

"그런가? 물론 강화도 조약이 조선 멸망의 직접적인 원인은 아니지만 일제 침략의 신호탄이 된 건 분명하다. 그럼 지금부터 본격적으로 강화도 조약 이야기를 해 볼까?"

나는 1876년 이야기를 시작했다.

우리 속담에 여우 피하려다 호랑이 만난다는 말이 있어. 프랑스군, 미군 다 물리친 조선이 꼭 그 짝이었지. 조선이 만난 호랑이는 다름 아닌 일본이었어. 거대한 파도처럼 몰려오는 서양 세력을 다 물리친 조선이 어쩌다가 섬나라 일본과 강화도 조약을 맺고 나라 문을 열게 되었을까. 강화도 조약을 맺기 전까지 나라 안팎으로 여러 복잡한 사정이 있었는데 한번 들어 봐.

1854년, 일본은 미국의 압력에 굴복해 요코하마 항구를 시작으로 나라 문을 열기 시작했고 이후 다른 서양 국가와도 통상 조약을 맺었어. 그 와중에 일본은 1868년 메이지 유신을 단행했어. 메이지 유신을 계기로 막부 체제가 무너지고 천황이 구심점이 되는 중앙 집권 국가로 탈바꿈했지. 그때 일본에서 조선을 정벌하자는 정한론이 대두되었어. 임진왜란 전과 비슷한 상황이야. 그러면서 조선에 통상을 요구해 왔는데, 그때 조선은 쇄국 정책의 화신인 흥선대원군이 버티고 있어서 일본이 개방을 요구해도 들어주지 않았어. 그러다가 1873년 흥선대원군이 정계에서 밀려나면서 분위기가 개방 쪽으로 바뀌기 시작했지.

22세가 된 고종은 흥선대원군을 몰아내고 왕이 직접 정치를 하는 친정을 시작했어. 고종이 상당히 주체적인 것처럼 보이지만, 실은 왕비인 민비와 민비 가문이 정치를 주도했다고 봐야 해. 흥선대원군은 어쩌다 며느리 민비에 의해 쫓겨났을까? 영조가 아들 사도세자를 뒤주에 가둬 죽인 아버지의 난만큼이나 극적인 며느리의 난 이야기를 잠깐 해 줄게.

아들 고종이 왕이 되기 전부터, 그리고 왕이 되고 나서도 흥선대원군이 가장 염려한 게 한 가지 있었어. 그건 바로 왕의 외척이 권력을 휘두르는 세도 정치였어. 흥선대원군은 다시는 조선에서 세도 정치가 뿌리내리지 못하게 해야겠다고 생각했기 때문에 아들 고종의 배필을 고르는 데 무척 고민을 했지.

어려서 아버지를 잃은 민자영은 지금은 비록 권세 없는 집안의 자식이지만 그렇다고 그녀의 집안이 그리 변변치 못한 집안은 아니었어. 어려서 아버지를 잃고 어머니와 단둘이 살아가던 자영은 어느 날 운명의 간택을 받게 돼. 흥선대원군의 부인인 민씨 부인이 자기 친척인 민자영을 며느릿감으로 추천한 거야. 흥선대원군은 생각했지.

'아버지도 없고 남자 형제도 없다. 그렇다면 외척 걱정은 안 해도 될 듯. 오케이. 그렇다고 집안이 볼품없냐? 그건 아니다. 왕비를 셋이나 배출한

뼈대 있는 집안이다. 이것도 오케이. 낙점!'

이렇게 해서 민자영은 고종의 배필, 아니 흥선대원군의 며느리가 되었어. 이때부터 며느리의 난으로 흥선대원군을 축출할 때까지 벌어진 일련의 과정이 기막힌 한 편의 드라마야. 그때 흥선대원군은 강화도에 침입한 프랑스군 격파! 미군 격파! 서원 철폐! 경복궁 중건! 아주 눈부신 활약을 펼치고 계셨지.

빛이 밝으면 그림자가 짙고 산이 높으면 골이 깊은 법. 명색이 한 나라의 왕이었던 고종은 아버지 흥선대원군의 그늘에 가려 이름만 왕인 신세로 지내야 했어. 그런 남편의 모습을 옆에서 지켜보던 왕비는 마음이 아팠어. 민비는 남편인 고종이 어서 아버지의 그늘을 벗어나 직접 나랏일을 주관해 조선의 왕으로 우뚝 서기를 바랐어. 그 뜻을 이루기 위해 그녀는 서서히 그리고 은밀하게 움직였어. 민비에게는 아버지도 없고 오빠와 남동생도 없었지만, 그녀에게는 민씨 집안 세력이 있었지. 고종은 그런 부인에게 자주 의지했고, 민비는 아버지가 가진 권력을 되찾아야 한다고 고종을 설득했어.

그러던 어느 날, 며느리와 시아버지를 갈라놓은 사건이 벌어졌어. 고종이 사랑했던 궁인이 완화군을 낳았는데 흥선대원군은 완화군을 세자로 책봉하려고 했어. 민비는 불안과 분노를 느꼈지. 다행히 얼마 뒤 민비도 왕자를 낳았어. 그런데 그 아기가 시아버지가 준 약을 먹은 지 얼마 뒤 죽고 말았어. 민비는 그것이 시아버지가 준 약 때문이라고 생각했고, 그때부터 두 사람 사이에 돌이킬 수 없는 틈이 생기게 돼.

 기회를 엿보고 있던 고종과 민비는 1873년 마침내 흥선대원군을 몰아내기로 마음먹었어. 마침 흥선대원군은 지나친 쇄국 정치와 과도한 천주교 탄압, 그리고 경복궁 중건으로 백성들의 원성을 사고 있었어. 고종과 민비는 최익현에게 흥선대원군의 실정을 비판하는 상소를 올리게 했어. 이것을 계기로 고종은 아버지 흥선대원군을 물러나게 하고 자신이 직접 정사를 돌보기로 했지.

 1873년 겨울 어느 날, 여느 날처럼 창덕궁으로 향하던 흥선대원군은 10년 동안 드나들던 자기 전용 문 앞에서 발길을 멈추어야 했어. 문이 굳게 닫혀 있었으니까. 그날 닫힌 문 앞에서 발길을 돌려야 했던 흥선대원군 마음이 얼마나 심란했을지.

 흥선대원군을 몰아낸 민비는 흥선대원군 세력이 물러난 자리에 자신의 친정인 민씨 일족을 심기 시작했어. 그렇게 해서 정국을 장악했고 그 일 때문에 시아버지인 흥선대원군과는 20년 넘게 원수처럼 부딪치게 되었지.

 그런데 민비의 친정과 강화도 조약이 무슨 상관이 있냐고? 고종은 10년 동안 자기 위에서 권력을 쥐고 흔든 아버지가 너무 미웠어. 그래서 아버지를 몰아낸 다음에는 아버지가 하던 것과는 정반대로 나갔어. 그런 분위기 때문에 쇄국 정책이 개방 쪽으로 바뀌었어. 문호를 개방해 부국강병을 꾀해야 한다고 주장하는 관리들이 있었던 탓도 있고.

하지만 그런 이유 때문에 조선이 순순히 일본에 문을 열어 준 건 아니야. 그보다는 일본의 개방 압력을 견딜 만한 힘이 없었기 때문이라고 봐야 해. 일본은 자기들이 미국에 당했던 것과 똑같은 방법으로 조선의 문을 열기 위해 조선으로 몰려왔어. 그때가 1875년인데, 그해 벌어진 운요호 사건을 빌미로 일본은 조선과 통상 조약을 맺자고 압박했어.

운요호 사건은 조선 정부에 개방 압력을 가하기 위해 일본이 군함 운요호를 강화도에 파견해 싸움을 건 사건이야. 조선군은 강화도에 나타난 운요호를 공격했고, 일본은 이때 피해를 입었다며 통상 조약을 맺자고 요구했어. 고종과 민비는 군함을 몰고 와 문을 열라는 일본의 압력을 이기지 못하고 결국 강화도에서 일본과 통상 조약을 맺었지.

강화도 조약의 주요 내용을 살펴보면 이 조약이 얼마나 조선에 불리한 조약이었는지 알 수 있어. 우선 제1조에 조선은 자주국으로 일본과 똑같은 권리를 가진다고 했는데 조선이 자주국이란 의미는 더 이상 청나라에 예속된 나라가 아니라는 뜻이야. 그러므로 일본이 조선을 침략해도 청나라는 간섭하지 말아라, 이런 의미가 내포돼 있지. 제4조, 조선은 부산 이외의 두 항구를 개항하여 통상을 허용한다는 건 본격적으로 조선에 들어오겠다는 것. 제7조, 조선은 일본의 해안 측량을 허용한다. 이 말은 노골적으로 조선 침략을 위한 사전 준비를 하시겠다는 말씀. 제10조, 개항장에서 일어난 양국인 사이의 범죄 사건은 자국의 법에 의하여 처리한다. 이 내용은 소위 치외법권을 인정하는 것으로, 일본 사람이 조선에서 범

죄를 저질러도 조선은 나서지 마라, 이런 뜻이야.

하지만 강화도 조약이 조선에 불리한 가장 큰 이유는 관세율을 정하지 않은 데 있어. 관세란, 양국을 오가는 상품에 매기는 세금이야. 통상적으로 개방을 요구하는 쪽은 어떻게든 관세율을 낮추려고 노력해. 자기네 물건에 세금을 높게 매기면 물건값이 비싸져서 조선에서 팔기가 어려울 테니까.

예를 들어 우리가 미국과 쇠고기 협상을 한다고 해 봐. 그 나라는 쇠고기를 대량으로 생산하기 때문에 우리 한우보다 엄청나게 값이 싸. 그 값싼 쇠고기를 우리가 수입하는데 관세를 낮게 매기거나 매기지 않으면 어떻게 되겠어. 만약에 미국산 쇠고기 1킬로그램이 우리 시장에서 5천 원에 팔리고, 한우는 2만 원에 팔린다면, 소비자들이 값싼 수입 쇠고기를 사 먹을 테고 그러면 한우 농가는 다 망하는 거지. 그래서 어느 나라든 수입 물품에 관세를 붙여 자국의 생산자들을 보호하고 있어.

이런 걸 안 일본은 강화도 조약 때 어떻게든 관세율을 낮추려고 했어. 일본의 생각은 이랬어. 관세율을 5~6퍼센트 선에서 타협을 하다가 조선이 더 높은 관세율을 요구하면 10퍼센트 선에서 합의를 보자! 그런 생각으로 관세 협상에 나선 일본 대표가 말했어.

"관세율은 어느 정도로 정하면 좋겠소?"

그러자 조선 대표가 뭐랬는지 아니?

"관세가 뭐요?"

이랬다는 거야.

어라? 일본 측은 당황했겠지. 그래서 관세가 어떤 거고 왜 필요한지 설명하자 조선 대표가 말했어.

"그런 거라면 우리는 필요 없소. 이번 통상 조약은 일본이 그동안 수차례 요구해서 체결하는 것뿐이니 관세 조항 같은 건 필요 없소. 다만 우리는 야소교(기독교)와 아편 문제에 대해서는 절대 허용하지 않는다는 입장이니 그 점만 명확히 해 주시오."

이 이야기는 강화도 조약을 맺을 때 전해진 일화야. 어디까지 사실인지 알 수 없지만 두 가지는 확실해. 하나는 당시 조선은 관세가 무엇인지 모를 만큼 통상에 대한 기본 상식이 없었다는 점, 또 하나는 실제로 강화도 조약에 관세 조항이 빠졌다는 사실. 관세 조항은 통상 조약에 빠져서는 안 되는 필수 사항인데도 말이야. 그래서 우리는 강화도 조약을 최초의 근대적 조약인 동시에 불평등 조약이라고 불러. 실제로 조선은 관세율을 정하지 않아서 강화도 조약 이후 엄청난 손해를 봤어.

당시 일본에서 들여오는 제품은 공장에서 찍어 낸 공산품이 대부분이었고, 조선에서 일본으로 수출하는 물품은 농산물이 대부분이었어. 그래서 조약 체결 이후 조선의 쌀이 일본으로 마구 흘러 들어가는 바람에 조선은 극심한 식량난을 겪게 되었어.

강화도 조약을 맺음으로써 조선은 마침내 일본에 나라의 문을 열게 되었어. 이때가 1876년인데 우리가 일제에 강제로 병합된 때가 1910년이니까 나라의 문을 연 지 34년 만에 나라 문을 닫게 된 거지. 그래서 나도 강화도 조약을 기점으로 조선 시대 강의를 끝맺을까 해. 우리 역사학계에서 강화도 조약을 근대의 시작으로 보는 데 따른 것이기도 하고.

이야기를 마치자 토리가 말했다.

"그래도 조선이 아직 안 망했잖아."

"물론 그렇지. 조선이 강화도 조약 이후로 삼십여 년 더 지속되었으니까. 하지만 강화도 조약으로 조선은 일제 식민지 구도 속으로 빨려 들어갔다고 봐야 해. 다음 주 강의부터 그 이야기가 본격적으로 나올 텐데 강화도 조약 이후 벌어진 크고 작은 사건들, 이를테면 임오군란이라든가 갑신정변, 청·일 전쟁, 동학농민운동, 갑오개혁, 을미사변, 아관파천, 을사조약, 의병 전쟁, 헤이그 특사 사건, 군대 해산, 등등. 거의 모든 사건에 일제가 반드시 개입해. 그러니까 강화도 조약 이후 우리 역사는 조선을 식민지로 삼으려는 일제와 그것에 대항하는 저항의 역사라고 보면 돼."

"듣기만 해도 숨 가쁘다. 헥헥."

"그럴 거다. 그래서 그 시대를 격동의 시대라고 한다. 자, 조선 시대의 큰 흐름을 살펴보는 강의는 여기까지 하고 내일은 조선 시대에서 빼놓을 수 없는 중요한 사람들 소개하고 조선 시대 전체 강의를 마치도록 하마. 토리 네가 시로 마무리해라."

"오케이. 강화도 조약과 개방에 관한 멋진 시를 들려주지. 켁켁."

통상이 뭔지 관세가 뭔지 모르는 조선에
운요호 앞세워 강화도 조약 강요한 일본
나라 문 열 때 나라 문 닫을 줄 알았다면
불평등한 강화도 조약 맺지는 않았을 것을.

"조약 체결 당시 조선의 상황과 일본의 야욕을 잘 드러낸 시군. 일취월장이야. 아, 좋아."
"헤헤. 내가 누구야, 시 천재 토……."
"생활사 3분 특강 시작하자."

《경국대전》으로 보는 조선 사람들

"왜 외계 소년 말하는데 말을 끊고 그래, 기분 서럽게."

토리가 아랫입술을 내밀며 구시렁거렸다.

"천재 시인의 시에 너무 감동해서 그랬다. 아무튼 말 끊어서 미안하다. 재미있는 생활사 3분 특강 들려줄 테니 한번 봐줘."

"알았어. 한번 봐줄게. 대신 재미없기만 해 봐라."

"하, 어디 겁나서 강의하겠냐. 알았다. 열심히 해 볼게. 오늘 생활사 3분 특강 주제는 조선 사람들의 일상생활이야."

강의를 시작하려는데 토리가 제동을 걸었다.

"잠깐, 그 얘기라면 어제 했잖아. 양반과 중인, 상민, 천인이 하는 일."

"했지. 했는데 오늘은 그 사람들이 하는 일이 아니라 조선 사람들이 태어나서 성인이 되고 결혼을 하고 죽고 군대 가고 휴가 가고, 뭐 이런 일생에 관한 이야기야. 조선 시대 인권과 복지에 관한 이야기도 좀 하고."

토리가 알았다는 듯 고개를 끄덕였다.

"그럼 조선 사람의 일상생활 속으로 들어가기 전에 그들의 일상생활에 관해 모든 것을 정해 놓은 《경국대전》에 대해 잠깐 소개할게. 오늘 하려는 이야기가 모두 그 책에 담겨 있거든."

《경국대전》이야기를 하자 토리가 알은척을 하고 나섰다.

"《경국대전》이라면 내가 좀 알지. 세조 때 만들기 시작해 성종 때 완성한 조선 최고의 법전이잖아."

"토리, 너 정말 대단하다. 며칠 전에 배운 걸 여태 기억하는 거야?"

"뭘 그 정도 가지고 감탄하고 그러셔. 내가 누구야, 천재 소년 토······."

"《경국대전》은 조선 판 '무엇이든 물어보세요'야. 그 안에 조선에 관한 모든 게 들어 있다고 해도 과언이 아니지."

"아자씨, 또!"

토리가 레이저 눈빛을 발사했다.

"미안해. 다음부턴 진짜 네 말 안 자를게. 그런데 너도 그 천재 소리 좀 그만하면 안 되겠냐. 듣기 좋은 꽃노래도 한두 번이라는 명언이 있다."

여전히 토리가 눈썹을 세로로 세운 채 쳐다보았다. 그 모습이 어찌나 귀여운지 나오려는 웃음을 꾹 참았다.

"아무튼 미안하고, 본론으로 들어갈게. 《경국대전》은 중앙 행정 조직인 6조 체계에 따라 이전, 호전, 형전, 예전, 병전, 공전, 여섯 개 법전으로 구성돼 있는데 그 안에 임금과 관리들이 해야 할 일, 행정 제도, 형법, 군대, 세금, 정부 조직, 백성들의 관혼상제에 관한 생활 규정 따위의 모든 조항이 총망라되어 있어. 그래서 조선 시대가 어떤 사회였는지 알려면 일단《경국대전》을 펼쳐보면 돼. 그 안에 담긴 내용을 참고로 조선 사람들의 일상을 살펴볼게."

그렇게 말한 뒤 나는 관혼상제 이야기를 시작했다.

❀

대나무가 자라며 마디마다 매듭을 짓는 것처럼, 지구인도 매 시기마다 하나의 매듭을 지으며 살아가. 조선 시대 사람은 태어나서 죽을 때까지 매 시기마다 중요한 의식을 치르며 살았어. 15세가 되면 성인식을 치르고 혼기가 차면 혼인식을 치르고 그러다 죽으면 장례식을 치르고 제사를 지내지. 조선 시대 성인 남녀가 치르는 성인식, 결혼식, 장례식, 제사 등을 관례, 혼례, 상례, 제례라고 하는데 앞 글자를 따서 관혼상제라고 해.

관례는 성인식이야. 15세가 된 남자는 머리에 상투를 틀고 관례를 치러. 그 나이의 여자는 머리에 쪽을 지어 비녀를 꽂아. 이런 여자 성인식을 계례라고 해. 관례를 치르면 성인이 되는 건데 그렇다고 진짜 어른은 아니야. 혼례를 치러야 진짜 어른이 되지.

조선 시대 혼례 풍습을 한번 볼까? 조선 시대는 지금과 달리 젊은 남녀가 연애를 해서 결혼하는 경우가 드물고 주로 중매쟁이가 중매를 해서 혼인을 했어. 결혼을 하려면 일단 남자 쪽에서 여자 집에 중매쟁이를 보내서 "귀댁의 딸을 주십시오." 하고 청을 넣어. 그렇게 해서 혼담이 잘 이

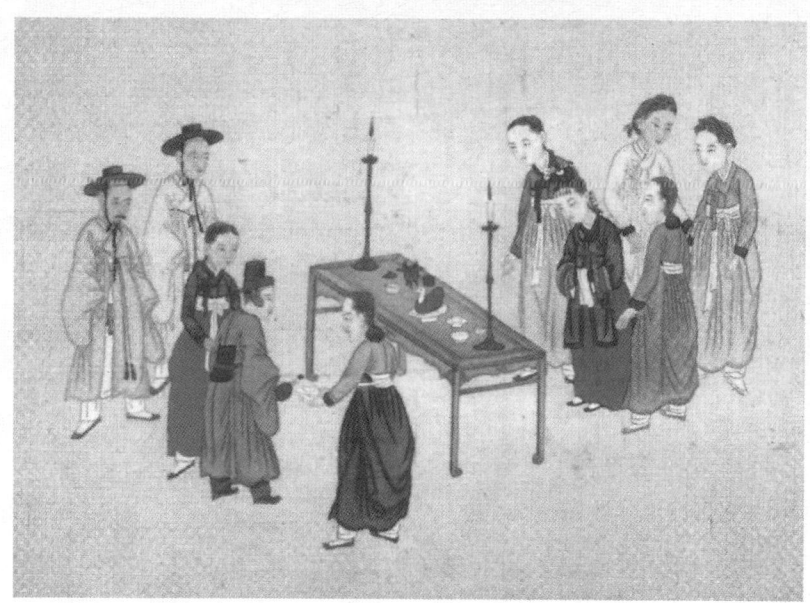

• 부모님이 돌아가신 지 만 1년이 되는 날 치르는 소상 풍습(위쪽)과 신랑이 신부 집에 가서 치르는 혼례 절차인 초례 풍습을 그리고 있다._ⓒ 기산 김준근, 독일 함부르크민족학박물관, 민속원 제공

뤄지면 혼례가 결정돼. 여자 집에서 혼인식 날을 잡고 얼마 뒤 남자 집에서 여자 집에 패물과 감사 편지를 담은 함을 보내. 그렇다고 조선 사람들 모두 중매로 결혼을 하라고 《경국대전》에 정해 놓은 건 아니야. 그때도 연애해서 혼인에 골인하는 일이 있었어.

조선 시대 때 혼례는 신부 집에서 치렀어. 혼인날이 되면 남자가 기러기 인형을 든 기럭아비를 앞세우고 사모관대를 차려 입고 말 타고 신부 집으로 가. 사모관대란, 본디 벼슬아치들이나 입는 관복인데 이게 후대로 갈수록 혼례 전통 복장으로 자리 잡은 거야. 말을 타고 가는 신랑은 아직 얼굴도 모르는 신부에 대한 기대로 가슴이 벌렁벌렁했을 거야. 그렇게 신부 집에 도착해 초례청에서 혼례를 올리면 두 사람은 부부가 되지. 신부 집에서 사흘을 보낸 부부는 시댁에 와서 시댁 어른들께 인사를 드려. 이것을 폐백이라고 해.

금슬 좋게 아들딸 낳고 잘 살던 부부가 죽으면 상례인 초상을 치러야 해. 조선 시대 양반들은 3년상을 치렀는데, 무려 3년 동안 부모 산소 곁에서 상을 치르는 거지. 부모를 돌아가시게 한 죄인이란 의미로 거친 베옷을 입고, 무덤가에 초막을 짓고 생활하며 돌아가신 부모님을 기렸어. 벼슬살이를 하다가도 부모 3년상을 치르기 위해 관직에서 물러나는 일이 흔했어.

상례가 끝나면 제사를 지내는 제례가 남아. 조선 시대는 4대 봉사라 하여 부모, 조부모, 증조부모, 고조부모 제사를 지냈어. 조상이 돌아가신 날과 추석과 설에 차례를 지내지. 유교에서 조상을 받드는 제사는 무척 중요한 의식이야. 그런 전통이 오늘날까지도 남아 있을 만큼. 조선 시대 중기까지만 해도 제사는 자식들이 돌아가면서 지냈는데, 조선 후기 들어 성리학이 생활 깊숙이 뿌리를 박은 뒤로 장자, 즉 맏아들이 주로 제사를 지내는 풍습으로 바뀌었어.

그럼 이제 조선 시대 사람들의 여가 생활에 대해 알아볼까? 양반은 사랑채나 경치 좋은 정자에 모여 시를 짓고 그림을 그리고 거문고를 뜯으며 여가를 즐겼어. 활 쏘고 사냥을 하는 것도 여가 생활 가운데 하나였지. 물론 양반에겐 책을 읽는 것도 중요한 여가 생활이었어. 양반댁 아녀자는 수를 놓거나 책을 읽으며 여가 생활을 했어.

평민인 상민들은 추석날 윷놀이, 여름 백중날 씨름, 단옷날 그네 타기 등을 즐겼어. 하지만 그건 특별한 날의 행사고 농사일에 바쁜 농민들이야 어디 여가를 즐길 여유가 있었겠어? 농사철이 끝나고 농한기가 돼야 겨우 여유를 부릴 수 있었지. 하지만 농한기라 해도 밤이면 사랑방에 모여 짚신 삼고, 새끼 꼬느라 따로 여가를 즐기기 쉽지 않았어. 그 시간에 농민의 아내들은 베 짜고 옷 짓느라 언제나 바빴고.

조선 시대 복지와 인권은 어땠을까? 상놈 노비 찾던 조선 시대에 무슨 복지 제도가 있었겠냐고 생각할지 모르지만 조선 시대에도 눈에 띄는 복지 제도가 있었어. 가령 관청에 속한 여자 노비가 아이를 낳으면 90일의 출산 휴가를 주었어. 그녀의 남편이 휴가를 신청하면 남편에게는 15일의 휴가를 주었고. 이런 제도도 있었어. 관리 집안 출신의 여자가 집이 가난하여 서른이 넘도록 시집을 못 가면 나라에서 결혼 비용을 지원해 줬어.

그럼 조선 시대 인권은 어땠을까? 조선 시대 때 죄인을 벌주는 방법은 여러 가지가 있어. 엉덩이 때리고, 주리 틀고, 불에 달군 인두로 지지고, 정말 끔찍하지? 그 가운데 가장 흔한 벌이 곤장이었어. 흔히 '곤장을 맞는다'고 하는데 곤장은 볼기를 때리는 몽둥이야. 볼기가 뭐냐고? 허리 아래부터 허벅다리 위에 좌우로 살이 두두룩한 부분. 다른 말로 엉덩이.

조선 시대를 다룬 드라마를 보면 사또가 "저놈을 매우 쳐라!" 이런 대사가 나와. 그때 "쳐라!"는 볼기를 치라는 말이야. 이런 형벌을 장형 혹은 태형이라고 해. 곤장은 30대에서 100대까지 맞았는데 특이한 건 곤장 100대를 맞아야 할 때 한 번에 100대를 다 때리지 못하게 했어. 그럼 어떻게 때리냐. 30대씩 나눠서 때려. 참 인간적이고 자비로운 조선 아니니?

조선 시대 때는 살인 같은 무거운 죄를 지은 죄인도 세 번에 걸쳐 심의를 해서 판결을 하도록 했어. 혹시 억울한 누명을 쓰고 벌을 받게 되는 일을 막기 위해서지. 죄지었다고 무조건 잡아다 고문하고 자백받아서 처형시키지는 않았다는 얘기야. 그렇게 꼼꼼하게 형사 사건을 판결한 기록이 《심리록》이야. 정조 때 편찬한 《심리록》을 보면 조선 시대 때 얼마나 철저하게 사건을 조사하고 공정하게 판결하려 애썼는지 알 수 있어.

• 《형정도첩》의 형벌 장면
근대 평양에서 활동한 김윤보(1865년~1938년)의 풍속화로 조선 시대 말기의 형사 행정, 죄인에게 벌을 주는 장면들이 기록되어 있다. 왼쪽은 가시로 만든 울타리에 죄인을 가둔 유형, 위쪽은 볼기를 때리는 장형을 받는 장면이다. ⓒ 중앙포토 제공

마지막으로 조선 시대 남자들이 가장 힘들어했던 군대 생활에 대해 알려 줄게. 오늘날 대한민국에선 올림픽에서 금메달을 따거나 몇 년 동안 감옥에 간 사람이 아니면 누구나 의무적으로 군대를 가야 해. 조선 시대도 지금처럼 국방 의무가 있었어. 16세에서 60세에 이르는 양인 남자는 모두 군대에 가야 했지. 그런데 지금과 다른 점은, 그 시기 동안 한 번 군대 갔다 오면 끝나는 게 아니라 무려 44년 동안 1년에 적어도 2개월에서 6개월 정도 군대에 왔다 갔다 해야 했다는 사실이야.

물론 예외가 있지. 현직 관리나 2품 이상의 전직 관리, 그리고 노비와 천민은 군대에서 면제됐어. 그래서 조선 시대 양반들이 기를 쓰고 과거에 급제하려고 했나 봐. 그리고 승려나 공립학교 학생도 면제였어. 70세가 넘은 부모를 모시는 집안의 남자 한 명, 90세가 넘은 부모를 모시는 집안의 남자는 모두 군대가 면제됐어. 나머지는 모두 군대에 가야 했지. 거의 평생을 군대에 들락거려야 하니 얼마나 괴로우면 천민 신분으로 전쟁에 나가 공을 세워 양인이 된 사람 중에 "나 양인 안 해." 이런 사람이 있었을까.

어쨌든 조선 병무청 명단인 군적에 오르면 누구나 군대에 가야 했는데, 물론 빠져나갈 구멍은 있었어. 돈 많은 사람은 알바를 고용해 자기 대신 군대에 보내거나 돈 주고 양반 신분을 사서 빠져나가거나 오랫동안 공립학교 학생 생활을 하면서 군대에 빠지기도 했어.

조선의 군대가 힘들었던 이유 가운데 하나는 병역 세금인 군포 때문이기도 했어. 군적에 오르면 누구나 군대에 가야 했지만 그 대신 군포를 내고 군대에 가지 않아도 됐거든. 문제는 나라에서 군포를 많이 거둬들이기 위해 어린아이, 죽은 사람까지 군적에 올려 세금을 매겼다는 점이야. 이것 때문에 조선 백성들이 큰 고통을 당했지.《경국대전》으로 본 조선 사람의 일상생활 이야기는 여기까지.

※

이야기를 마치고 토리에게 물었다.

"어떠냐, 조선 시대 사람들의 일상생활을 들여다본 느낌이."

"아주 흥미로워."

"대답이 뭐가 그렇게 밍밍해?"

"내 이름이 밍밍이잖아. 왕 선생님이 부를 때. 히히, 농담이고. 서른 넘은 아직 결혼 못 한 사람에게 혼례 비용을 지원해 줬다는 게 재밌어."

"그렇지? 서른 살이 결혼의 마지노선이라는 것도 흥미롭지? 그래서 요즘도 어른들이 나이 서른 넘은 놈이 장가도 안 가고 뭐하냐? 이러시나 봐. 나도 그 얘기 많이 들었다. 나야 뭐 여자들한테 워낙 인기가 많아서 그거 거절하느라 서른을 넘기긴 했다만."

토리가 실실 눈웃음을 쳤다.

"에이, 능력이 없어서 그런 건 아니고?"

"얘 좀 봐라. 너 내가 얼마나 인기 많은 남자였는지 들려줘?"

"아 됐어. 이젠 하다 하다 자기 연애한 얘기까지 강의하려고? 참, 그런데 볼기는 어떻게 치는 거야?"

"궁금해? 궁금하면 잠깐 일어나 봐. 그렇지. 여기 탁자에 배 깔고 엎드려 봐."

엎드린 토리 볼기를 한 대 내리치자 토리가 휙 고개를 돌렸다.

"아야! 지금 뭐 하는 거야? 나의 감마건 맛 좀 보고 싶어?"

토리가 자리에 앉으며 총을 뽑는 시늉을 했다.

"미안. 곤장 체험을 끝으로 오늘 강의를 모두 마치겠습니다. 하하."

강의를 마친 우리는 오랜만에 토리의 다락방에 갔다. 넓은 방에는 여전히 우주의 풍경과 토리 친구들의 모습, 그리고 왠지 낯익은 풍경 화면이 벽면을 가득 채우고 있었다. 나는 한참 동안 그 화면들을 넋 놓고 바라보았다.

"그러니까 저 화면이 우주 CCTV란 말이지? 네가 저길 통해 왔고? 도대체 어떻게 온 거야?"

"엊그제 아자씨가 꾼 꿈 그대로라니까. 웜홀 기억 안 나? 우주 지름길."

"그럼 웜홀은 언제 어떻게 생기는 거냐?"

내가 묻자 화면이 갑자기 달을 쳐다보는 개 그림으로 바뀌었다.

"너 진짜 자꾸 사람을 바둑이 취급할래?"

내가 발끈하자 토리가 헤헤거렸다.

"미안해. 아자씨 스스로 우주에 대해서 좀 더 연구해 봐. 아직은 설명해도 잘 모를 거야."

"됐다. 설명 필요 없어. 그나저나 저 화면 멋지다."

또 다른 화면 속에 아득히 먼 옛날 신비로움이 묻어나는 계곡과 산이 어우러진 풍경과 에메랄드 빛 바다, 광활한 대지, 그리고 작은 비행체들이 소리 없이 날아다니는 빌딩 숲의 모습이 파노라마처럼 펼쳐졌다.

"저기가 그러니까 너네 별이란 말이지? 정말 놀랍다. 지구와 닮은 모습도 지구와 다른 모습도……."

"그렇게 궁금하면 나랑 같이 가 보실라우?"

"됐다. 저기 갔다 오면 아저씨 아들이 할아버지가 돼 있을 텐데 어떻게 가냐. 근데 토리야, 너네 별에 내가 찾는 게 안 보인다."

"뭐? 아자씨가 찾는 거라니?"

"거 왜 있잖냐. 색깔이 누렇고 겉이 번쩍번쩍 빛나는 돌 말이다. 지구에서는 골드라고 부르긴 한다만……."

"아유, 속물! 당장 나가. 안 그러면 내가 돌아가서 골드 돌멩이를 아자씨 집으로 던질 테야!"

"농담이다, 농담. 잘 자라."

토리에게 인사를 하고 다락방을 나왔다. 내 방으로 돌아와 침대에 누웠다. 눈을 감고 두 손으로 귀를 세게 틀어막았다. 거대한 엔진 음을 내며 지구가 태양 주위를 돌았다. 토리의 비행접시가 지구를 벗어나 캄캄한 우주로 날아갔다. 그 안에 내가 타고 있었다. 나는 화들짝 놀라 고개를 절레절레 흔들었다.

다섯째 날
조선 사람 이야기

첫 번째 이야기	아주 특별한 우정 퇴계와 고봉
두 번째 이야기	조선 최고의 문제적 지식인 허균
세 번째 이야기	부강한 조선을 꿈꾼 북학파 박제가
네 번째 이야기	신분의 벽을 넘은 최고 전문가들 장영실 · 허준 · 홍순언
다섯 번째 이야기	김정호 조선 땅을 그리다
판타스틱 생활사 3분 특강	조선 후기의 서민 문화

첫 번째 이야기

아주 특별한 우정 퇴계와 고봉

아침이 밝았다. 해 뜨기 전 섬을 한 바퀴 돌고 온 나는 거실에서 책을 읽었다. 방에서 나온 토리가 "안녕." 하며 아침 인사를 건넸다. 내가 눈으로 인사를 받자 토리가 내 곁으로 다가왔다.

"아저씨, 웬일이야, 아침부터 책을 다 읽고?"

"웬일이냐니, 내가 언제 책 안 읽은 적 있냐?"

"아침부터 발끈하시긴. 근데 무슨 책이야? 퇴계와 고봉, 편지를 쓰다?"

토리가 책 제목을 천천히 읽어 내렸다.

"조선 성리학을 대표하는 퇴계 이황과 고봉 기대승이 편지를 주고받은 이야기다. 옛사람들의 편지가 아주 재밌어. 어쩜 이리 글에 기품이 있고 아름다움이 배어 있는지······."

내 말이 끝나기 무섭게 토리가 책을 휙 낚아채더니 읽는 시늉을 했다.

"음, 재밌구만. 역시 글맛은 옛것이 최고지."

"나 참, 니가 얼마나 읽었다고 글맛을 운운하고 그래! 그건 그렇고 마침 이 책도 있고 하니 오늘 조선 사람 이야기 첫 시간은 퇴계와 고봉이 편지로 우정을 나눈 이야기를 해야겠다."

토리가 실실 눈웃음을 쳤다.

"에이, 뭐가 또 마침이야. 미리 준비한 거 내가 다 아는데. 큭큭."

멋지게 펀치를 날리다 상대방이 뻗은 카운터펀치를 맞고 앞으로 고꾸라진 기분이 들었다.

"미리 준비한 거라니, 토리 네가 뭘 안다고 그런 판단을 해. 내 속을 들여다보기라도 했단 말이냐?"

"아자씨, 서당 개 3년이면 풍월을 읊고 식당 개 3년이면 라면을 끓인다고 했어. 아자씨랑 역사 수업 3주 하니까 이젠 아자씨 속이 훤히 보여."

하, 요 녀석, 진짜 얄밉다.

"알았다. 실컷 들여다봐라. 오늘은 조선의 밤하늘을 아름답게 수놓은 별들에 관해 이야기할 거다. 첫 시간은 퇴계 이황과 고봉 기대승이 26년 나이 차를 뛰어넘어 진한 우정을 나눈 이야기를 해 줄게. 두 사람이 13년 동안 편지를 주고받으며 벌인 사상 논쟁도 살펴보고."

"무슨 말씀을 하시는지 아직 파악이 좀 안 되네. 퇴계가 누구고 고봉이 누군지도 모르는데……."

"그런가? 알았다. 그럼 그 이야기를 먼저 해 주지. 퇴계 이황은 경북 안동 사람으로 조선 최고의 성리학자야. 율곡 이이와 쌍벽을 이룬 유학자였지. 기대승은 전라도 광주에서 태어난 유학자로 이황의 이론에 이의를 제기하며 이황과 더불어 유학 논쟁을 벌인 젊은 유학자야. 그런데 두 사람이 특이한 건 나이와 사는 곳, 성격 등 거의 모든 면에서 달랐지만 그 다른 점에도 불구하고 조선에서 가장 아름다운 우정을 쌓았다는 점이야. 더 놀라운 건 소위 사단칠정 논쟁으로 격돌하면서도 우정이 변치 않고 외려 깊어졌다는 사실이지. 놀랍지 않냐?"

"놀랍긴 뭐가 놀라워. 사단칠정 논쟁이 뭔지도 모르는데."

토리가 입을 내밀며 구시렁거렸다.

"과거에 급제한 선비 토리가 사단칠정을 모르다니 그게 더 놀랍구나. 알려 줄게. 사단이란 측은지심, 수오지심, 사양지심, 시비지심을 이르는 말로 맹자가 말한 지구인의 네 가지 본성이야. 이를 인의예지(仁義禮智)라고 하지. 칠정은 《예기》에 나오는 것으로 지구인들이 가지고 있는 일곱 가지 감정을 일컬어. 희노애구애오욕, 즉 기쁨, 노여움, 슬픔, 두려움, 사랑, 미움, 욕망 따위의 감정이야. 이황과 기대승은 이 사단칠정을 놓고 인간의 본성이 무언인지 10년 가까이 논쟁을 벌였어. 그것도 편지로 말이야. 말로 이럴 게 아니라 두 사람이 만나서 어떻게 사귀었고 무엇을 가지고 논쟁을 벌였는지 그 이야기를 들려줄게."

나는 퇴계와 고봉 이야기를 시작했다.

1558년 어느 가을날 서소문에 있는 퇴계 이황(1501~1570)의 집으로 젊은 선비가 찾아왔어.

"기대승이라 합니다. 퇴계 선생님의 가르침을 받고자 이렇게 찾아뵈었습니다."

인사를 마친 기대승(1527~1572)은 이황에게 자기 생각을 밝혔어.

"얼마 전 선생님께서 정리하신 성리학 이론에 이러저러한 문제가 있는 듯합니다. 제 소견으로는 어쩌고저쩌고……."

말은 가르침을 받고자 찾아뵈었다고 했지만 실은 이황의 의견에 대놓고 문제 제기를 하기 위해 찾아온 거였지. 이황이 누구야, 조선에서 제일가는 성리학자로 국립대학교 총장인 성균관 대사성이었어. 게다가 나이가 58세로 기대승보다 스물여섯 살이나 위였지. 나이, 직위, 학식 이러저러한 면에서 상대가 안 되는 서른두 살의 애송이 유학자가 자기의 이론이 문제가 있다며 들이대자 이황은 속으로 요것 봐라! 했겠지.

하지만 이황은 젊은 선비의 의견에 진심으로 귀를 기울였어. 이황의 성격이 워낙 겸허하고 관대한 탓이기도 했지만 그보다는 거칠고 직선적이지만 과감하고 호탕한 기대승이 마음에 들었던 거야. 게다가 이황은 기대승이 자기를 찾아오기 전 이미 그의 이름을 알고 있었어. 몇 년 전 기대승이 주자가 지은 성리학 책을 편집해 세상에 내놓아 유학자들 사이에서 촉망받는 유학자로 명성이 나 있었거든. 그래서 이황은 기대승을 한

번 봤으면 하는 마음을 가지고 있었어. 그러던 차에 자기를 찾아와 준 기대승이 고마웠던 거지. 첫 만남 이후 두 사람의 편지 왕래가 시작되었어. 고향에 잠시 내려가는 기대승에게 이황이 먼저 편지를 썼어.

> 몸이 병들어 바깥출입을 못 하고 있었는데 그대가 나를 찾아 주어 만나고 싶은 소원을 이루었으니 얼마나 다행인지 모릅니다. 고맙고 부끄러운 심정 무어라 표현할 길이 없습니다. 먼 길 가는데 몸조심하길 바라며 부디 재능과 생각을 깊이 감추어 대업을 끝마칠 수 있기를 바랍니다. 이황.

만나서 기쁘고 감사하단 이야기와 후배가 겸손한 마음으로 공부를 열심히 해 큰 학자가 되기를 바라는 마음이 담긴 편지야. 이렇게 시작된 두 사람의 편지가 무려 13년이나 이어졌어. 이황이 한성에서 벼슬할 때는 기대승이 있는 광주로, 기대승이 한성에서 벼슬할 때는 이황의 고향인 경북 안동으로, 그리고 둘 다 낙향하여 고향에 있을 때는 안동에서 광주로 편지를 주고받았지.

편지 내용 가운데는 조선 유학사 최대 논쟁이었던 사단칠정 논쟁뿐 아니라 정치에 관한 의견, 서로의 가정사, 고민 상담 등의 내용이 있었어. 그 가운데 유학자들 사이에서 큰 관심을 끈 게 바로 사단칠정 논쟁이야.

성리학에서는 인간의 마음을 성과 정으로 나누고 있어. 둘을 합쳐 성정

(性情)이라 하지. 그래서 그 사람 성정이 따뜻하다거나 괴팍하다거나 하는 말을 해. 정에는 인간의 이성에 해당하는 사단이 있고 감정에 해당하는 칠정이 있는데 그에 대해 이황은 이렇게 말했어.

"사단과 칠정이 같은 정에서 나온 것이지만 둘은 엄연히 다릅니다. 사단, 즉 남을 불쌍히 여기는 측은지심, 부끄러움을 아는 수오지심, 양보할 줄 아는 사양지심, 시비를 가릴 줄 아는 시비지심은 모두 선한 마음이지만 칠정은 선악이 있습니다."

이런 편지를 기대승에게 보내자 편지를 받은 기대승은 이렇게 답하지.

"사단이나 칠정이나 모두 인간의 감정이므로 서로 다르지 않습니다. 칠정 안에 사단이 포함될 뿐입니다."

이황은 사단과 칠정이 다르다 하고 기대승은 사단과 칠정이 같다고 하는 거야. 이 주제 가지고 두 사람은 10년 가까이 논쟁을 벌였어. 두 사람은 격렬한 논쟁을 벌이면서도 서로를 존경했어. 어떤 이의 표현대로 다르나 믿어 의심하지 않고 서로를 좋아하며 싫증 내지 않고 친밀했지.

두 사람의 논쟁은 유학자들 사이에서 큰 화젯거리였어. 그동안 몇 차례 일어난 사화로 사림이 큰 화를 당해 유학자들 분위기가 많이 위축돼 있었는데 이황과 기대승이 논쟁을 벌이면서 유학에 새로운 열풍이 일어났기 때문이야. 그래서 유학자들은 두 사람의 편지가 발표될 때마다 그것을 베껴서 서로 돌려 읽곤 했어.

두 사람이 편지를 주고받으며 벌인 사단칠정 논쟁은 1566년 마무리되었어. 이황이 기대승의 의견을 일부 수용하고 기대승은 이황의 의견에 동의하는 것으로. 두 사람이 서로를 얼마나 존경했는지 보여 주는 일화가 있어.

임금이 된 지 얼마 안 된 선조가 1568년 어느 날 기대승에게 물었어.

"이황을 어느 인물에 비유할 수 있는가?"

기대승이 대답했어.

"이황은 자기 의견을 고집하지 않고 젊은 사람 말이라도 반드시 반복하여 생각합니다. 벼슬에 연연하지 않고 항상 물러나고자 하는 마음이 크니 이만한 사람이 드뭅니다."

기대승이 스승 이황을 동방의 최고 인물이라 치켜세운 말인데 이 소식을 들은 이황이 기대승에 편지를 보내.

"그대는 어찌 그리 생각이 없습니까? 그대의 말에 임금이 현혹되어 내가 죄를 짓게 된다면 나는 어디로 도망가란 말입니까?"

세상 사람들이 두 사람의 우정을 다 아는 처지에 기대승이 이황을 치켜세운 걸 살짝 나무라는 내용이야. 하지만 이황도 만만치 않아. 다음 해 이황이 임금에게 낙향하는 걸 허락받고 임금과 마주한 자리에서 있었던 일이야. 선조가 이황에게 말했어.

"그대 뜻이 그러하니 낙향을 허락할 수밖에 없다. 대신 선비를 추천하라."

그러자 이황이 아뢰었어.

"말하기 어려우나 기대승이라면 추천할 만합니다. 기대승은 유학에 통달한 사람이기 때문입니다. 남의 말을 잘 안 듣고 거침없이 자기 생각을 드러내는 흠이 있긴 하나 그만한 학자를 얻기 어렵습니다."

 왜 쓸데없이 왕에게 자기를 치켜세웠냐고 기대승을 나무랐던 이황이 자기 고향인 영남의 제자들을 다 제쳐 두고 사랑하는 제자이자 호남 선비인 기대승을 선조에게 추천한 거야. 이렇게 서로를 애틋하게 여기는 두 사람에게 이별의 날이 왔어.

 1569년 한강변, 고향으로 돌아가는 스승 이황에게 기대승이 안타까운 마음을 담은 시를 지어 주었어.

> 넘실넘실 밤낮으로 흐르는 한강수야
> 떠나시는 우리 선생님 네가 좀 말려 다오
> 강변에서 닻줄 끌고 이리저리 배회할 제
> 떠나심에 애간장 가득 찬 이 시름을 어이하리.

시를 받은 이황이 기대승에게 답시를 전했지.

> 배 위에 앉아 있는 인물들 참으로 명류이니
> 돌아가고픈 마음 하루 종일 매어 있네
> 이 한강수 떠다가 벼룻물로 써서
> 끝없는 작별 시름 베껴 보려네.

이황이 고향인 안동에 내려간 지 1년 뒤 기대승도 고향인 광주로 내려갔어. 광주에 내려간 기대승은 낙암이라는 집을 짓고 그곳에서 책을 읽으며 제자들을 가르쳤어. 그러면서도 늘 스승인 이황을 그리워했지. 1570년 기대승은 이황의 병이 깊다는 소식을 듣고 급하게 편지를 썼어.

호남과 영남이 막히고 길이 멀어 직접 찾아뵙지 못하므로 의심나는 것을 여쭤 보지 못하는 것이 한스럽습니다. 이렇게 편지를 쓰려 하니 슬픈 생각이 들어 선생님 계신 동쪽을 바라보며 눈물을 흘립니다. 날씨가 사나워지는 이때에 몸을 더욱 돌보시기를 빕니다. 기대승.

아! 얼마나 아름다운 편지냐. 편지를 받은 이황은 바로 답장을 써서 편지를 가져온 사람에게 보냈어. 그 편지에는 마지막 유언 같은 부탁이 적혀 있었어.

"삼가 어려운 시절에 더욱 몸을 아끼고 학문을 게을리하지 말아 시대의 소망에 부응하기를 바랍니다."

답장을 보내고 얼마 뒤 이황은 세상을 떠났어. 사랑하는 스승이 세상을 떠났다는 소식을 들은 고봉은 대들보가 꺾이고 태산이 무너졌다며 슬퍼했어. 그러고는 뼈가 놀라고 혼이 날아간 듯 가슴이 답답하고 서글프다며 통곡을 했지. 기대승이 고아가 된 기분이라고 말했다니 이황을 떠나

보낸 기대승의 슬픔이 얼마나 컸을지 짐작이 가.

그런데 이황이 죽었을 때 두 사람 사이에 남겨진 따뜻한 일화가 하나 있어. 이황이 죽기 전 이런 유언을 남겼어.

"내가 죽거든 비석도 세우지 말고 누구의 묘라는 것만 간단히 써라. 그리고 기대승이 절대 내 묘비명을 쓰지 않도록 해라. 만일 묘비명을 기대승에게 부탁하면 필시 사실에도 없는 일을 장황하게 늘어놓아 나로 하여금 세상의 웃음을 사게 할 것이다."

고봉에게 묘비명을 쓰라고 하면 자기를 너무 치켜세울까 봐 걱정돼서 남긴 말이야.

그러나 결국 기대승이 이황의 묘비명을 쓰게 되는데 이황이 그런 유언을 남긴 건 아마 자기 비문을 쓸 사람은 조선 최고의 문장가이자 유학자인 고봉밖에 없다는 걸 역설적으로 밝힌 게 아닐까 싶어. 또한 자기가 제일 사랑하는 제자 기대승이 비문을 써 주길 바라는 마음에서 그런 유언을 남긴 게 아닐까 싶기도 하고. 아주 특별한 두 사람의 우정 이야기는 이쯤에서 마칠게.

이야기를 마친 뒤 내가 말했다.

"오늘날 이황과 기대승의 후손들이 제사 때마다 안동과 광주를 오가며 우정을 이어 가고 있대. 멋지지?"

• 퇴계 이황의 묘소에 세워진 묘비다. 묘비에는 '퇴도만은진성이공지묘(退陶晩隱眞城李公之墓, 늘그막에야 도산에 물러나 숨어 산 진성 이공의 묘)'라고 쓰여 있다. 자세히 보면 비석 왼쪽의 상단에 퇴계의 묘비명이 새겨져 있다.

토리가 고개를 끄덕였다.

"우리도 해 보자."

"뭘 해 보자는 거야?"

"편지 쓰기."

"편지? 너네 별에서 지구까지? 네 편지 한 통 받으려다 늙어 죽겠다."

"이그, 누가 편지지에 편지 써서 보낸대?"

"그럼 어떻게 편지를 주고받냐?"

"다 방법이 있지."

"어떤 방법?"

"음, 어떻게 편지 보내는지 강의 다 끝나고 가르쳐 줄게. 근데 한 가지 이해가 안 가는 게 있는데 사단인지 칠정인지 그게 그렇게 중요한 거야? 두 사람이 그 내용 가지고 10년 넘게 논쟁을 벌이고 다른 유학자들이 모두 관심을 가질 만큼?"

"조선이 어떤 나라라고 했냐. 성리학의 나라라고 했잖아. 성리학은 우주의 원리와 인간 본성을 밝히는 학문이다. 그러니 인간 본성이 무엇인지 아는 게 중요하지. 특히나 이황과 기대승이 살았던 때는 어느 때보다 인간의 심성에 대한 관심이 높았어. 왜냐하면 수십 년 동안 몇 번의 사화가 일어나 수많은 선비가 목숨을 잃었거든. 이황의 형과 기대승의 작은아버지도 기묘사화 때 희생을 당했고. 그래서 인간은 도대체 어떤 존재인가, 선과 악은 어디서 나오는가에 관심이 많았지. 이황은 측은지심, 수오지심, 사양지심, 시비지심을 갈고닦아 도덕적으로 완벽한 인간이 돼야 한다고 생각했어. 기쁨, 노여움, 슬픔, 미움, 욕망 따위의 성질은 잘 통제해야 하고. 그래야 사화 같은 비극이 다시는 일어나지 않고 조선을 바르게 이끌어 나갈 수 있다고 생각한 거다. 알겠냐?"

"에이, 잘 모르겠다. 하지만 남을 불쌍히 여기고 부끄러움을 알고 양보할 줄 알고 잘잘못을 가리는 건 인간만의 특성인 거 같아. 개나 돼지는 그러지 못하잖아."

"그렇지. 그렇지만 인간에겐 그런 도덕적인 본성 외에 화내고 미워하고 욕심부리는 감정도 함께 있다는 걸 알아 둬. 어려운 강의 듣느라 고생했다. 멋지게 시로 마무리해 봐."

"알았어. 시라면 또 내가 한 시 하지."

"너의 그 잘난 체하는 토리지심은 알아줘야 한다니까. 하하하."

"재미없어. 내 시나 받아. 켁켁."

> 영남 호남 사는 곳이 다르고
> 겸손 과감 성격도 다르지만
> 학문에 대한 열정만은 서로 같아서
> 퇴계와 고봉 우정의 꽃을 피웠네.

두 번째 이야기

조선 최고의 문제적 지식인 허균

퇴계와 고봉 이야기를 마치고 잠시 쉬는데 토리가 눈을 동그랗게 뜨고 다가왔다.

"이번엔 또 무슨 책이야?"

내가 대꾸를 안 하고 책만 보고 있자 토리가 책을 낚아챌 듯 달려들었다.

"《백산의 책》? 백산의 책이 무슨 책이야?"

"역사 동화다. 허균과 《홍길동전》 탄생에 관한 비밀을 다룬 이야기."

"재밌겠다. 나도 좀 보자."

"찬물도 위아래가 있는 법. 기다려라."

토리가 입을 삐죽거리며 제자리에 앉았다.

"책 하나 가지고 거 되게 치사하게 구시네. 치!"

"삐쳤냐? 이 아저씨가 내용을 알려 줄게. 들어 봐. 조선 시대 때 허균이라는 양반이 살았어. 어느 날 허균이 저잣거리를 지나다가…….."

토리가 두 손으로 귀를 틀어막았다.

"하지 마. 아직 안 읽은 책 내용을 말해 버리면 어떡해!"

나는 모른 척하며 말을 이었다.

"허균이 저잣거리에서 우연히 백산이란 소년을 만나 집에 데려왔는데 백산은 허균이 《홍길동전》을 짓다가 이야기가 막힐 때마다…….."

"아저씨! 정말 그럴 거야?"

토리가 소리를 빽 질렀다.

"알았다, 알았어. 너 돌아갈 때 선물로 줄 테니 집에 가서 읽어 봐. 하하."

그제야 토리는 귀에서 손을 뗐다.

"허균 이야기 나온 김에 이번 시간엔 《홍길동전》의 지은이 허균 이야기를 해 줄까?"

이야기를 시작하려 하자 토리가 말을 가로챘다.

"오늘은 이 작가께서 책 이야기로 시작하는 걸로 강의 콘셉트를 잡으셨구만. 아까 퇴계와 고봉 강의 때도 그러시더니만."

"흠흠, 그런가? 어쨌든 나는 오늘 너에게 허균이란 인물을 소개하게 된 것을 무한한 기쁨으로 생각한다. 왜냐, 조선에서 허균만큼 독특한 인물도 드무니까."

토리가 귀를 쫑긋 세웠다.

"뭐가 그렇게 독특한데?"

"조선 최고의 문장가요, 독서광, 책 수집가, 시인, 평론가, 소설가, 유교 불교 도교에 정통한 학자, 외교관, 조선 최고의 교양인, 시대를 앞선 자유주의자, 혁명적 사상가, 또……."

"우왕, 뭔 타이틀이 그렇게 많아? 그게 다 한 사람이야?"

"응. 그런데 그런 거 때문에 허균 얘기를 하려는 건 아니고 허균의 사상과 그의 죽음을 둘러싼 의문 때문에 소개하려는 거야. 허균은 역모 혐의를 받아 처형당했는데 이게 아무리 생각해도 찜찜해. 허균이 진짜 역모를 꾸몄는지, 왜 판결문도 없이 서둘러 허균을 처형했는지, 이런 게 다 미스터리다."

"재밌겠당. 그럼 미스터리 이 작가께서 허균 미스터리를 멋지게 풀어 보셔. 히히."

"나날이 곤두박질치는 너의 개그 실력에 안타까움을 금할 수 없구나."

나는 허균 이야기를 시작했다.

허균(1569~1618)이 태어난 해는 퇴계 이황이 죽기 한 해 전인 1569년이야. 허균 집안은 당대 최고 명문가였어. 아버지 허엽은 명망 있는 성리학자로 동인의 대표였는데 강릉 초당 두부란 말이 허엽의 호 초당에서 나왔어. 허균의 형들도 뛰어난 문장 실력을 갖춘 학자였고 누이 허난설헌은 중국과 일본에서까지 이름을 날린 시인이었지.

이런 명문가에서 태어나고 자란 허균은 책과 떼려야 뗄 수 없는 운명이었어. 그 스스로 1만 권의 책 속에 사는 벌레 좀이 되고 싶다고 했을 정도로 지독한 책벌레였으니까. 조선의 3대 책벌레를 꼽으라면 허균, 김득신, 이덕무를 꼽을 수 있어. 김득신은 엊그제 생활사 3분 특강 때 언급한 시인이야. 한 책을 수천 수만 번 읽은 책 바보. 이덕무는 서자 출신으로 정조가 규장각을 만들어 박제가 등과 함께 특별 채용한 학자인데, 자기 스스로 책만 보는 바보라는 뜻에서 간서치라고 불렀던 인물. 이덕무는 가난했지만 비가 오나 눈이 오나 굶주리거나 병들거나 하루라도 책을 읽지 않은 날이 없을 정도로 지독한 책벌레였어.

같은 책벌레였지만 허균은 이들과 좀 달랐어. 김득신과 달리 허균은 한 번 본 내용을 외울 수 있는 비상한 머리를 가졌고, 가난했던 이덕무와 달리 수천 수만 권을 소장한 장서가였지. 허균이 책에 얼마나 욕심을 냈는지는 그가 사신으로 중국에 다녀올 때 한 행동을 보면 알 수 있어.

어느 해 사신으로 명나라에 간 허균은 돌아오는 길에 책 4천여 권을 사 가지고 돌아왔어. 말이 4천 권이지 도대체 그 양이 얼마나 많은 거야. 허균은 책에 대한 욕심만 있는 게 아니라 그만큼 많이 읽는 독서광이었어. 역사부터 시작해 유교 경전, 시집, 불경, 노자, 장자까지 분야도 엄청 다양했어.

허균의 머리가 얼마나 비상했는지 보여 주는 일화가 있어. 명나라 사신이 조선에 왔을 때 일이야. 허균이 명나라 사신을 접대하는 일을 맡았는데 명 사신이 허균에게 이런 부탁을 했어.

"조선 시인들의 시를 좀 볼 수 있겠소?"

그러자 허균은 신라 천재 최치원의 시부터 시작해 124명의 시 830편을 써서 4권짜리 책으로 만들어 명나라 사신에게 선물했어. 그 선물을 받은 명나라 사신이 놀라 자빠질 지경이었지. 그런데 진짜 놀라운 건 그 시들을 책을 보고 쓴 게 아니라 자료가 전혀 없는 상태에서 외워서 적었다는 사실! 비상한 머리와 방대한 독서, 시에 대한 조예가 없으면 결코 나올 수 없는 풍경이지.

최고의 문장가요, 천재 소리 듣던 허균이었지만 관직 생활은 평탄하지 않았어. 평탄은 고사하고 험난한 가시밭길이었지. 왜 그랬냐고? 스무 살 때 아버지처럼 따르던 형 허봉이 죽고, 다음 해 사랑하는 누이 허난설헌이 죽었기 때문일까. 아니면 임진왜란이 일어나 외가인 강릉으로 피란 가던 중 부인이 아이를 낳은 직후 죽고, 태어난 아이가 젖을 못 먹어 죽은 충격 때문이었을까. 물론 그런 죽음들이 허균을 슬픔에 빠뜨렸는지 몰라. 하지만 그보다는 그의 자유분방한 사고와 행동 때문에 관직 생활이 평탄하지 않았다고 봐야 해.

허균은 조선 사회 양반들이 지켜야 하는 법을 대체적으로 무시했어. 성리학자임에도 유교뿐만 아니라 불교에도 조예가 깊어 유명한 승려인 사명대사와 친분을 나누고, 노자 장자의 도교 사상과 민간 전설까지 섭렵하고, 전라도 부안의 기생 매창과 시로 친분을 나누고, 서자들과 친하게 지내는 등 조선에서 가장 천대받는 승려, 기생, 서자들과 기꺼이 어울렸지.

 바로 이러한 파격 때문에 관직 생활 동안 십여 차례 파직과 복직을 반복할 수밖에 없었어. 어떤 때는 부임지에 기생을 데려가서 생활하다 파직당하고, 어떤 때는 불교를 믿는다는 이유로 파직당하고. 그래도 허균은 개의치 않고 자유롭게 생활했는데 불교를 믿었다는 이유로 공주 목사에서 파직당했을 때 쓴 시를 보면 아, 이 양반 참 대책 없구나 하는 생각이 들어. 읊어 줄게 들어 봐. 괄호 안에 있는 문구는 내 해석이야. 흠흠.

파직당했다는 소식을 듣고

예절이 어찌 자유를 구속하랴(예절은 개뿔)
인생의 부침은 천성에 맡기리(잘리든 말든 생긴 대로 놀 테니)
그대들은 그대들의 법을 따르게(너나 잘 하세요)
나는 나대로의 삶을 누리리.(나는 걍 내 멋대로 살겠소)

 어떠냐, 아무것도 바라지 않고 아무것도 두려워하지 않는 자유인의 풍모가 팍팍 느껴지지 않니? 허균은 스스로 자기가 그런 성정이라는 걸 알았어. 그래서 이런 시도 썼던 거 같아. 〈나를 나무라는 자에게〉라는 시에서 그는 "나의 성품은 더럽고도 오뚝하며 성기고도 거칠어서 권모도 없고 술수도 모르는 데다 아첨까지 할 줄 모른다네." 이렇게 읊었어. 이랬던 허균이 자기가 쓴 시와 달리 아첨을 할 수밖에 없는 상황에 처하게 되는데 그건 1613년에 일어난 '칠서의 옥'이라는 사건 때문이었지.

"잠깐 쉬었다 할까?"
이야기를 멈추자 토리가 또 한 소리를 했다.
"꼭 재밌는 얘기 나올 만하면 끊으시네. 한 번에 쭉 나가면 어디가 덧나?"
"이해해라. 워낙 복잡한 분 이야기를 하려니까 내 머리가 아파서 그런다."
"알았어. 그나저나 허균이란 양반 한번 만나 보고 싶네."
"왜, 만나서 뭐 하려고?"
"왜긴, 같은 시 천재끼리 시 배틀 한번 해 보려고 그러지."
토리가 의기양양한 표정을 지었다.
"어구, 그러셔? 뭐가 어렵겠냐. 된다 토리 님께서. 시간 되실 때 한번 찾아가 보셔."
토리가 두 눈을 동그랗게 떴다.
"그럴까? 에이, 안 되겠다. 조선까지 갈 시간이 안 돼."
헤헤거리는 토리에게 눈총을 한 번 발사한 뒤, 나는 허균 이야기를 다시 시작했다.

1613년 경상도와 충청도를 잇는 문경새재에서 특이한 살인 사건이 발생했어. 문경새재를 넘던 장사꾼이 살해됐는데 범인을 잡고 보니 일곱 명 모두 서얼들이었어. 서얼이란 서자와 얼자를 합쳐 부르는 말인데 서자는 양인과의 사이에서 난 아들, 얼자는 천인과의 사이에서 난 아들을 일컬어. 그런데 이 서얼들이 모두 허균과 친한 사람들이었어. 그래서 허균이 배후 인물이며 이들이 허균과 함께 역모를 꾸민 것이라는 쪽으로 사건이 흘러갔지. 하지만 일곱 서얼들 입에서 허균 이름은 나오지 않았고, 허균은 겨우 목숨을 건질 수 있었어.

이 사건을 서얼 일곱 명이 옥에 갇혀 죽은 사건이라 하여 '칠서의 옥'이라 불러. 칠서의 옥 사건에 허균이 정말 연루가 됐는지는 아직까지 미스터리야. 다만 허균이 세상의 멸시를 받던 이들 서얼들과 친하게 지낸 건 사실이야. 다행히 목숨을 건진 허균은 이 사건 이후 자신을 지켜 줄 보호 세력이 필요하다고 느꼈어.

허균이 자신의 정치적 보호자로 선택한 인물은 이이첨. 이이첨은 허균과 한 스승을 모시며 공부한 사이로, 광해군을 왕으로 만드는 데 큰 힘을 발휘한 권력의 실세였어. 이이첨의 그늘 아래서 허균은 형조 판서까지 지내는 등 승승장구했어. 게다가 점점 광해군의 총애를 받게 되었지. 그러던 중 인목대비 폐위 문제가 불거졌어.

광해군이 계모인 인목대비를 폐위시킨 것 때문에 패륜아로 몰려 왕위에서 쫓겨난 거 기억나? 인목대비 폐비 사건이 바로 그 사건인데 이 사건에 허균이 깊숙이 관여했어. 허균이 총대를 메고 인목대비를 폐위시켜야 한다고 강력하게 주장하고 나선 거야. 이 때문에 허균은 안팎의 비난을 사게 되고 광해군과 이이첨도 곤란한 상황에 처하게 되지.

그러던 1618년, 남대문에 의문의 흉서 한 장이 나붙었어. 흉서의 내용인즉 또다시 난리가 날 것이며 새로운 장군이 나타나 왕이 될 것이다, 이런 내용이었어. 이 흉서로 민심이 동요하자 나라에서 범인을 잡아들였는데 잡고 보니 허균의 측근이었어. 범인은 허균이 시켜서 한 일이라고 실토했어.

허균은 곤경에 빠졌지. 그러잖아도 기자헌이란 자가 1년 전 허균이 역모를 꾸민다는 비밀 상소를 올려 난감한 상황이었는데 흉서의 배후가 허균이라는 자백이 나오자 허균은 목숨이 위태로웠어. 그래서 허균은 결백을 주장하는 상소를 올리며 적극적으로 해명에 나섰어. 하지만 이이첨과 광해군은 더 이상 허균을 보호해 주지 않았지. 의금부에 체포된 허균은 국문을 받고 얼마 뒤 처형당했어. 처형하라는 왕의 판결문도 없이 신속하게. 그래서 허균이 정말 역모를 꾸몄는지, 왜 그렇게 처형을 서둘렀는지 하는 문제가 오늘날까지 미스터리로 남게 되었단다.

이야기를 마치자 토리가 고개를 갸웃거렸다.

"그래서 결론이 뭐야? 허균이 역모를 꾸몄다는 거야, 안 꾸몄다는 거야?"

"역사가들은 허균이 역모 죄로 능지처참을 당했지만 진짜 역모를 꾸민 건 아니라고 봐. 그보다는 이이첨의 계략에 희생됐다고 하지."

"이이첨의 계략이라고?"

"응. 이이첨은 허균이 광해군의 총애를 받으며 자신의 라이벌로 떠오르는 걸 불안해했어. 게다가 인목대비 폐비 사건으로 자신에게 비난이 쏟아지자 난감한 상황이었지. 그래서 그 비난을 허균에게 돌리려고 허균을 역모 죄로 엮어 처형했다는 거야."

내 말에 토리가 미간을 찌푸렸다.

"역모를 일으킨 게 아니라면 허균을 혁명적인 사상가라고 하기도 어려운 거 아닌가? 더구나 역모라면 홍경래처럼 화끈하게 반란을 일으키거나 적어도 그런 모의를 했어야 하잖아."

"꼭 역모를 꾀해야만 혁명적 사상가냐? 허균은 그가 가진 생각만으로도 충분히 혁명적인 생각을 가진 사람이었다. 그는 왕은 백성 위에 군림하기 위해 있는 게 아니라 백성을 위해 있는 거라고 주장했고, 오로지 두려워할 것은 백성뿐이라는 말도 했어. 그리고 능력이 있는 서얼들이 멸시와 천대를 받는 게 잘못됐다며 신분 차별 제도를 비판하고 실제로 그들과 스스럼없이 어울려 지냈지. 이런 그의 생각이 집약적으로 나타난 게 바로 그가 지은 《홍길동전》이야."

"아까 말한 《백산의 책》에 나온다는 그 《홍길동전》?"

"그렇지. 거기 보면 길동이 주인공으로 나오는데 길동은 서얼 출신이야. 그래서 아버지를 아버지라 부르지 못해. 나중에 아버지로부터 '호부호형을 허하노라.' 하고 허락을 받지만 세상이 잘못됐다고 생각한 길동은 집을 나오지. 집을 나온 길동은 의적 활동을 벌이는데……. 더 이상 얘기 안 할란다. 네가 직접 읽어 봐라."

"알았어. 꼭 읽어 볼게."

"한 가지 알아 둘 게 있어. 허균이 《홍길동전》을 쓴 때가 칠서의 옥 사건이 일어나기 전후로 추정되는데, 그 당시 스페인에서는 세르반테스가 《돈키호테》를 머릿속에서 만지작거릴 때였고, 영국에서는 셰익스피어가 《햄릿》이며 《리어왕》 따위의 희곡을 집필하던 시절이었다. 허균의 《홍길동전》이 그 작품들과 동시대에 나왔다는 건, 물론 우연이겠지만, 작품 면에서 보자면 그 작품들과 견주어도 손색이 없을 정도로 뛰어나다. 휴……, 워낙 넓고 깊은 인물을 얘기하다 보니 이야기가 길어졌구나. 토리, 네가 시로 마무리하고 이번 시간 끝내도록 하자."

"오케이. 허균과 동병상련을 느끼는 입장에서 멋지게 지어 볼게."

"하, 참. 네가 무슨 허균과 동병상련을 느껴?"

"같은 시 천재에다가 뛰어난 능력 때문에 친구들한테 시기받는 거까지 비슷하잖아. 읊을게. 켁켁."

세 번째 이야기

부강한 조선을 꿈꾼 북학파 박제가

시를 읊겠다던 토리는 시를 읊지 않고 계속 켁켁대기만 했다.

"엥? 왜 시를 안 읊고 똥 마려운 강아지처럼 그러고 있어?"

내 채근에도 토리는 여전히 눈만 끔뻑거렸다.

"왜, 같은 시 천재로서 동병상련이 어쩌고 시 배틀이 저쩌고 그러더니 깨갱하는 거냐?"

"그게 아니고……. 허균이란 양반이 좀 어렵네. 시상이 통 잡히지 않아."

토리가 두 손으로 머리를 감싸 쥐었다.

"그럴 수도 있지. 시상이 떠오르면 말해. 가만있어 보자, 내 너를 위해 허균의 일생을 한번 쫙 훑어 줄 테니 잘 들어 봐. 자, 두 눈을 감고 400년 전 조선으로……."

토리가 눈을 감았다.

"한성 건천동. 을지로와 충무로 사이. 유성룡이 책을 읽고 이순신이 조무래기들 데리고 다니며 병정놀이를 했던 동네. 건천동 허균의 집 뜰 안. 소년 허균이 누이인 초희와 매화꽃 그늘 아래서 봄바람 살랑살랑, 가을비 보슬보슬 시를 읊어. 동서남북 들창이 있는 서재. 들창을 열면 밀려오는 햇빛을 받으며 책을 읽는 책벌레. 허균의 눈을 통해 들어온 글자들이, 문장들이, 시신경을 거쳐 뇌에 박혀. 형 소개로 만난 당대 최고의 시인 이달. 허균은 서얼 신분이었던 스승 이달에게서 시뿐 아니라 차별받는 서얼의 처지에 눈을 떠. 허균의 사랑방. 허균은 내로라하는 고관대작의 일곱 서자와 어울려. 양반임에도 서자라는 이유로 멸시받고 벼슬길에 나가지 못하는 일곱 친구들. 그들의 울분을 따뜻하게 위로하는 허균. 과거 급제. 부임지로 가면서 가난한 서자 출신 친구와 그의 어머니를 데려가 함께 사는 대책 없이 마음 따뜻한 인간. 기생 매창과 밤새 시를 주고받는 낭만파 지식인. 그러다 또 파직. 문경새재 칠 서자 살인 사건. 사건에 연루돼 궁지에 몰린 허균. 허균은 살기 위해 이이첨의 보호 아래 들어가. 그 와중에 일어난 의문의 역모 사건. 역모 사건의 배후로 허균이 지목되고 의금부에 잡혀가는 허균. 할 말이 있다! 외치지만 외면당한 채 한성 서쪽 저자에서 갈가리 몸이 찢기는 허균……."

이야기를 마치자 토리가 감았던 눈을 떴다.

"아, 좋아. 허균의 일생이 한 편의 영화처럼 스쳐 지나갔어."

"그랬다면 다행이다. 허균에 관한 시는 생각나면 쓰는 걸로 하고 이번 시간 강의 시작하자. 이 시간엔 허균보다 200년쯤 뒤에 태어난 괴짜 선비 이야기를 해 줄게. 이 양반도 서자 출신이었는데 정조가 학문과 문장에 빼어난 인물을 규장각에 끌어들일 때 유득공, 이덕무 등과 함께 발탁된 인물이야. 이름이……."

"근데 서얼 차별 문제가 그렇게 심각한 거야? 허균도 결국 그 문제와 엮여서 고생한 거잖아."

"좋은 질문이다. 양반집 서자는 사실 본처에게서 난 자식과 별다를 바가 없어. 같은 양반이고 교육도 똑같이 받아. 하지만 서자는 아버지를 아버지라 부를 수 없었어. 길동이처럼. 왜? 본부인에게서 난 아들이 아니라 곁가지니까. 조선이 건국된 뒤 태종은 서얼들이 벼슬에 나가지 못하게 하는 법을 만들었어. 생각해 봐라. 아예 농민이나 노비 집안에서 태어났다면 에구, 내 팔자야, 하며 포기하고 살 수도 있겠지만 버젓이 양반인 아버지에게서 태어나 본처 자식들과 똑같이 교육받고 능력도 출중한데 어머니가 첩이라는 이유만으로 과거도 못 봐, 관직에도 못 나가, 이러니까 서자들이 더 미치는 거야.

허균은 이런 서얼 차별과 불평등을 타파해야 한다고 생각했어. 《홍길동전》에서 주인공 길동이 서얼 출신으로 설정된 게 괜히 그런 게 아니다. 허균 말고도 생각 있는 양반들은 서얼 차별하지 말자, 이런 주장을 했는데 그게 어디 쉽나. 결국 조선 후기 정조가 능력 있는 서얼들을 규장각 검서관에 발탁한 덕분에 서얼들이 빛을 보기 시작했지. 이제 서얼, 서자 얘기 그만하고 진짜 서얼 출신인 실학자 이야기로 넘어가자. 박제가라는 실학자야."

"박제가? 어디서 들어 본 거 같은데?"

"엊그제 실학자 얘기할 때 나왔잖아. 조선 후기 실학자 가운데 농업을 중시하는 중농학파와 상공업을 중시하는 중상학파가 있는데 중농학파는 유형원, 이익, 정약용의 유익정 트리오, 중상학파는 박지원, 홍대용, 박제가의 박대박 3총사라고. 중상학파 실학자들을 다른 말로 북학파라고 한다는 것까지. 오케이?"

"역시, 아자씨는 정리의 달인이야. 내가 이래서 아자씨 좋아한다니까. 헷."

"하이고, 버터 칩에 꿀 발라 먹는 소리 그만하고 허균처럼 거침없었던 북학파 실학자 박제가, 지금부터 들어간다."

나는 박제가 이야기를 시작했다.

※

토리야, 여기 그림을 한 번 봐. 톡 튀어나온 이마에 날렵한 눈매, 치켜 올라간 두 눈썹. 뭔가 범상치 않은 기운이 느껴지지 않니? 이 그림 속 인물이 바로 박제가(1750~1805)야. 박지원과 함께 북학파로 불린 실학자지.

박제가가 태어난 건 1750년. 아버지는 우부승지를 지낸 사대부였어. 우부승지는 요즘으로 치면 청와대 비서실에 근무하는 비서관이야. 사대부의 아들로 태어난 박제가는 어려서 붓을 입에 물고 다닐 정도로 글씨를 잘 썼다는구나. 그런데 박제가에게 한 가지 아픔이 있었어. 서자라는 사실.

 서자라도 아버지가 살아 계실 땐 무엇 하나 부족함 없이 자랐어. 하지만 열한 살 때 아버지가 돌아가시자 끈 떨어진 연 신세가 됐지. 그때부터 박제가는 어려운 환경에서 자라게 되었는데 훌륭한 어머니를 둔 덕에 공부를 계속할 수 있었어. 어머니는 박제가가 다른 데 신경 안 쓰고 공부에 전념할 수 있도록 삯바느질을 해서 아들을 길렀어.

 똑똑하고 글씨 잘 쓰고 시와 문장에 능했던 박제가. 하지만 그러면 뭐 해. 서잔데. 박제가는 종종 속으로 "내가 이렇게 잘났는데 서자라는 이유만으로 차별을 받다니! 이런 뭣 같은 세상이 다 있나." 이렇게 신세 한탄을 했어. 그래서 친구도 많이 사귀지 않고 홀로 공부를 하며 청소년 시절을 보냈지.

 열일곱 살 때 만난 이덕무(1741~1793)와 서자 출신 벗들은 그런 그에게 세상과 통할 수 있는 길을 열어 주었어. 박제가와 이덕무 두 사람은 이덕무의 처남인 백동수 집에서 처음 만났어. 뛰어난 사람들은 한눈에 사람을 알아보는 법. 이미 서로의 명성을 알고 있던 두 사람은 열 살이라는 나이 차이를 무시하고 바로 친구가 되었어.

 이덕무를 만난 박제가는 이덕무의 집이 있는 종로 백탑 동네에 자주 놀러 갔어. 그곳에 박제가와 처지가 비슷한 사람들이 많이 모여들었거든. 백탑은 오늘날 탑골공원인 원각사 절터에 있던 10층 석탑이야. 그러던

• 청나라 화가 나빙이 그린 박제가의 초상. ⓒ 과천시 추사박물관 소장

1768년 백탑 동네로 박지원이 이사를 오면서 자연스럽게 박지원 집으로 친구들이 모여들었어. 홍대용, 이덕무, 유득공, 이서구, 박제가 등등. 박지원은 서자가 아닌 양반집 자손이었지만 이들과 뜻이 맞아 서자 친구들과 허물없이 어울렸지.

이들이 백탑 동네에 모여 시와 문장을 주고받으며 어울린 모임을 백탑시파라 불러. 유명한 문학 동아리야. 박제가는 이 모임에서 나이가 어린 축이었는데도 시를 짓는 솜씨가 빼어나서 어울리는 데 전혀 거리낌이 없었어.

학문과 시를 논하고 때론 서자 신세를 한탄하며 이들과 어울려 지내던 박제가는 어느 날 새로운 세계에 눈을 떴어. 백탑시파의 한 사람인 홍대용이 청나라 수도 북경에 다녀와서 지은 〈회우록〉을 보고 둔기로 머리를 세게 얻어맞은 듯한 충격을 받은 거야. '조선은 좁고 세계는 넓다!' 그때부터 박제가는 언젠가 꼭 북경에 가야겠다고 마음먹었어.

박제가의 바람은 1778년 그의 나이 29세 때 이루어졌어. 청나라에 사신을 파견하는데 정사인 채제공의 종사관으로 따라가게 된 거야. 정사는 사신단의 우두머리이고 종사관은 그 사신을 수행하는 비서야. 이렇게 해서 박제가는 꿈에 그리던 청나라 수도 북경에 가게 되었는데 그때 친구 이덕무도 함께 갔어.

박제가가 처음 본 북경 거리는 상상 초월이었어. 수레바퀴 구르는 소리가 우레 같고, 길을 오가는 많은 사람들이 왁자지껄 활기차고, 집들은 반듯하며, 번화가인 유리창이란 거리에서는 수많은 물건이 거래되고, 그야말로 그림 속 풍경이었지. 아마 1960년대 한국 사람이 뉴욕의 맨해튼 거리를 처음 봤을 때 느꼈을 충격을 북경에 간 박제가가 느끼지 않았을까 싶어.

박제가는 북경에 머무는 몇 달 동안 북경과 지방을 여행하며 눈으로 보고 궁금한 건 물어보고 꼼꼼하게 적어서 차곡차곡 자료로 만들었어. 박제가에게 특히 인상적이었던 건 수레와 선박과 벽돌과 똥이었어. 북경 거리에는 사람을 태우는 수레, 짐을 나르는 수레, 작은 집을 얹은 수레처럼 다양한 수레가 사람과 물건을 실어 날랐어. 벽돌로 지은 집들은 반듯하고 깨끗하고 튼튼했어. 거리에는 도랑을 파서 더러운 오물이 그리로 흘러 나가고, 말똥은 싸는 대로 사람들이 주워다 거름으로 쓰는 덕에 거리는 냄새도 나지 않고 깨끗했지.

북경에서 신선한 충격을 받고 돌아온 박제가는 몇 달 동안 집에 처박혀 북경에서 보고 듣고 느낀 것을 책으로 쓰기 시작했어. 글쓰기를 마친 그는《북학의》라고 책 제목을 붙였어. 북학의란 북쪽, 즉 청나라를 배우는 것을 한번 의논해 보자, 이런 뜻이야.

2년 뒤 중국을 여행하고 돌아온 박지원은《열하일기》라는 기행문을 썼는데 박지원은 박제가가 쓴《북학의》를 보더니 "박제가의 책은 어쩜 이리도 내 생각과 일치한단 말인가. 마치 한사람의 손에서 나온 듯하다."고 감탄했어.

박제가는 1778년 처음 북경에 다녀온 뒤로 1801년까지 모두 네 차례 연행을 다녀왔어. 연행이란 연경에 다녀온다는 뜻인데 연경은 북경의 옛 이름이야. 박제가는 조선에서는 인정을 받지 못했지만 청나라에서 그의 시가 알려진 덕에 청나라 사대부 사이에서 인기가 많았어.

박제가가 북경에 다녀올 때마다 청에 관심을 가진 사람들이 박제가를 찾아와서 물었어.

"그래, 북경의 모습은 어떻던가?"

"북경인들이 사는 집은 휘황찬란하고 사람들 몸에선 향기가 나고 도읍과 성곽은 화려하며 음악이 번화하다네. 푸른 가로수가 늘어선 거리를 덜컹덜컹 수레가 지나는 모습은 그림 속 풍경이라네."

박제가가 이렇게 대답하면 사람들은 에이, 설마 하고 믿지 않으려 했어. 왜냐하면 당시 고루한 양반들은 청나라를 오랑캐인 여진족이 다스리는 나라라며 "지금의 중국은 옛날의 중국이 아니야." 하고 무시했거든. 그 양반들이 또 물어.

"벽돌로 성벽을 쌓고 집을 짓는다고 하는데, 흙으로 구운 벽돌이 어디 돌보다 견고하겠는가?"

"모르는 소리. 벽돌 한 장은 돌보다 약하지만 회를 발라 붙여 놓은 1만 장의 벽돌은 마치 한 몸과 같아서 그 어떤 성벽보다 튼튼하다네. 벽돌은 또한 일정한 크기로 찍어 내서 돌을 깎고 다듬는 수고를 하지 않아도 된다네. 우리도 중국처럼 벽돌을 사용하면 훨씬 튼튼한 성벽과 집을 지을 수 있을 걸세."

박제가가 북경 예찬론을 늘어놓을 때마다 양반들은 박제가를 "중국 병 걸린 사람, 중국에 미친 사람"이라며 혀를 찼어. 하지만 박제가는 전혀 개의치 않고 북경의 선진 기술과 문물을 받아들여 조선을 변화시켜야 한다고 주장했어.

"청나라 문물을 받아들여서 생산 기술을 발전시켜야 한다. 외국과의 통상을 통해 부국강병을 이루자. 부국강병의 핵심은 이용후생이다. 이용후생이란 백성들의 삶을 편리하고 풍요롭게 하는 것! 이용후생은 어떻게 이룰 것인가. 상업과 공업을 발전시키면 된다. 양반들도 이제 넓은 갓 쓰고 거드름 피우며 권력가들 찾아가 청탁이나 하지 말고 가난하면 장사를 해라!"

박제가가 양반들에게 장사를 하라고 떠드니까 가뜩이나 적이 많은 박제가는 양반들한테 완전 찍혔어. 당시 조선은 유교 사회여서 장사를 아주 하찮은 것으로 생각했거든. 사농공상이란 말 알지? 선비, 농사꾼, 공업인, 그리고 맨 나중에 장사꾼.

박제가가 북경을 배우자, 개혁하자 이런 말을 할 수 있었던 건 정조의 든든한 후원이 있었기에 가능했어. 정조는 박제가가 북경에 처음 다녀온 이듬해 규장각 초대 검서관으로 박제가, 이덕무, 이서구, 유득공을 발탁했어. 규장각 검서관은 왕실에서 간행하는 책을 교정하고 편집해 펴내는 일을 해. 학문과 문장력이 뛰어나지 않으면 할 수 없는 일이지.

규장각 검서관으로 일하면서 박제가는 세 번 더 북경을 다녀와. 한 번은 이덕무와, 또 한 번은 유득공과 같이. 참, 이덕무는 조선의 3대 책벌레로 소개했지? 유득공(1749~1807)도 꼭 기억해야 할 실학자야. 역사에 관심이 많았던 그는 중국 여행을 하고 돌아와 《발해고》라는 책을 썼어. 이 책이 우리에게 발해라는 존재를 알려 준 최초의 책이야. 유득공은 《발해고》에서 통일 신라 시대를 남쪽 신라, 북쪽 발해가 존재하던 남북국 시대라고 명명했지. 같이 중국을 다녀왔지만 관심 분야가 다르니 결과물도 다르지? 박제가는 《북학의》, 유득공은 《발해고》.

이제 박제가 이야기를 슬슬 마무리하자. 1800년 정조가 세상을 떠나자 조선은 개혁의 기풍이 사라지고 과거로 돌아가는 분위기였어. 정조 때 마련한 개혁안들이 쓰레기통에 처박히고, 정조가 아끼던 규장각 출신의 학자와 관리들이 줄줄이 처형을 당하거나 유배를 떠나지. 이때 박제가도 함경도 종성으로 유배를 떠나. 박제가에게 많은 영향을 받았던 정약용은 남쪽 강진으로 유배 가고.

박제가는 4년 만에 유배에서 풀려나 집으로 돌아왔지만 한 달 뒤 세상을 떠났어. 참 안타까워. 박제가 같은 개혁가들이 외치는 소리를 정치가들이 귀담아들었다면 얼마나 좋았을까. 박제가는 이렇게 주장했어.

"주체적인 개방을 통해 조선을 개혁해야 한다. 그렇지 않으면 국가 위기로 이어질 것이다."

그가 죽은 뒤 조선은 60년 세도 정치가 이어지다 흥선대원군의 강력한 쇄국 정치 탓에 주체적으로 개방할 기회를 잃어버리지. 그러다 결국 일제에 강제로 개방을 당하고 나라는 망국의 길로 접어들고 말아. 박제가의 우려가 현실이 된 거야. 그가 죽자 옛 규장각 동료는 박제가의 죽음을 안타까워하며 이런 시를 지었어. 시 소개하고 이야기 마칠게.

조선에서는 용납되지 못했으나
중국에서는 명사로 이름을 드날렸네
빼어난 능력을 지녔으나 질시하는 자들의 함정에 빠졌네
그를 괴롭힌 자들은 바로 잊혀도 그의 명성은 영원하리.

이야기를 마치자 토리가 《북학의》를 펼쳐 보았다.
"아저씨 강의를 듣고 보니 박제가가 달라 보이네."
"그래? 어떻게 달라 보이는데?"
"뭐랄까. 대쪽 같은 성격에 불의와 전혀 타협하지 않을 것 같은?"
"그래, 맞다. 박제가는 그런 성격 때문에 적이 많았어. 또 그 때문에 결국 죽음에 이른 거고."
"아쉽다. 뭣 좀 해 보려는 사람은 왜 이렇게 다 죽는 거야?"
"그만큼 개혁이 어렵다는 얘기겠지. 조선 역사를 보면 사회를 개혁하려던 많은 사람들이 죽음에 이르렀어. 정도전, 조광조, 허균, 박제가, 홍경래, 그리고 다음 주에 얘기할 전봉준 같은 사람들 말이다. 박제가 이야기는 이 정도 하고, 시로 마무리하자."

"좋아. 이번엔 시가 나올 거 같아. 켁켁."

> 백탑파 모여든 박지원 사랑방에
> 북학의 꽃이 활짝 피었네
> 개혁 개방으로 부국강병 이루자던 꿈
> 정조의 죽음과 함께 사라져 버렸네.

"괜찮구나. 박지원 집 사랑방 풍경이 머리에 떠오르는 것 같기도 하고 희망과 절망의 대비도 좋고. 한 번 쉬었다 지어서 그런가?"

내 칭찬에 토리가 어깨를 으쓱했다.

"과연 그래서 그럴까? 내가 워낙 시 천재니까 그렇지."

"좀 겸손할 줄 알아라. 무슨 칭찬을 못 하겠다."

네 번째 이야기

신분의 벽을 넘은 최고 전문가들
장영실 · 허준 · 홍순언

토리는 자기 자랑이 심했다 싶었는지 머리를 긁적였다. 그런 토리를 보자 안쓰러운 마음이 일었다. 한참 자라는 아이의 기를 죽인 게 아닌가 싶어서 토리를 위로해 주어야겠다는 생각에 토리의 어깨를 토닥였다.

"토리야, 미안하다. 내가 좀 심했다. 실은 이 아저씨도 네가 대단한 시 재능을 가졌다고 생각해."

그제야 토리 얼굴이 밝아졌다. 구름 속에 몸을 숨겼던 해가 얼굴을 드러내듯이.

"이번 시간엔 자기 재능을 십분 발휘해 조선 최고의 전문가가 된 사람들 얘기를 해 줄게."

"그래? 누군데? 조선 최고 전문가라면 앞에서 다 얘기하지 않았나? 정약용이나 허균 같은 사람들."

"물론 그렇지. 그런데 이분들은 좀 남달랐어. 첫째, 신분의 벽을 뛰어넘어 최고가 되었어. 둘째, 최고가 됐을 뿐만 아니라 조선 역사에서, 아니 우리 역사 전체를 통틀어 자기 분야에서 가장 위대한 업적을 남겼지. 그래서 지구촌 최고의 어린이 역사책 작가인 내가 특별히 소개하려고 한다. 흠."

내 말을 들은 토리가 입을 쩍 벌리며 헐, 하는 표정을 지었다.

"하이고, 자랑도 풍년일세. 나더러 잘난 척하지 말라더니, 본인 캐릭터를 아예 대놓고 잘난 척하는 작가로 잡은 거야?"

"농담이다. 네가 하도 시 천재, 시 천재, 해서 나도 농담 한번 해 본 거야. 천재 타령 그만하고 본론으로 들어가자. 그분들이 누구냐, 조선의 최고 공학자인 장영실과 《동의보감》을 지은 허준, 그리고 나라를 위기에서 구한 역관 홍순언이야. 이분들이 어떻게 신분의 벽을 넘어 최고 전문가가 됐는지 들어 봐."

나는 장영실 이야기를 시작했다.

어느 시대보다 강력한 신분 사회였던 조선에서 신분의 벽을 뛰어넘어 최고로 출세한 사람을 꼽으라면 단연 장영실을 1등 자리에 올려놓을 수 있을 거야. 왜 그런지는 《세종실록》에서 세종이 그에 관해 언급한 내용을 보면 알 수 있어.

"장영실은 공교한 솜씨가 따를 자가 없다. 솜씨만 뛰어난 게 아니라 성질도 똑똑해서 내 일찍이 곁에 두고 내시에게 맡기던 일을 그에게 맡겨 내 명령을 전하게 했다."

조선 최고의 과학자요 발명가요 궁정공학자인 장영실을 세종이 칭찬한 내용이야. 우리는 세종 시대를 조선의 과학 문명이 절정에 달한 시기라고 얘기하는데 그 중심에 장영실이 있었어. 천문 시계 혼천의, 자동 물시계 자격루, 비의 양을 재는 측우기 등이 모두 장영실의 손끝에서 만들어졌으니까. 그랬으니 세종이 장영실을 비서처럼 곁에 두고 아낀 건 당연한 건지 몰라.

그런데 장영실이 더 대단한 이유는 그가 노비 출신이라는 데 있어. 천민 신분인 장영실이 어떻게 성군으로 불리는 세종의 총애를 받게 되었을까.

장영실은 천민 출신이어서 언제 어디서 태어났는지, 언제 죽었는지에 관한 기록이 없어. 알려진 바로는 그는 동래현 소속의 기생에게서 태어난 관노였어. 관노는 관청에 소속된 노비야. 그런 장영실이 어린 시절 동래 관청에서 농기구와 무기를 잘 만들었어. 어린 시절 장영실의 뛰어난 재주를 보여 주는 일화가 전해 와.

어느 해 가뭄이 심하게 들어 농민들이 울상을 하고 있을 때였어. 그때 장영실이 물레방아 비슷한 도구를 만들어 먼 곳에 있던 물을 끌어와 논에 댔지. 이런 재주가 알려지자 세종이 장영실을 전격 발탁했어. 세종은 "태종께서 장영실을 보호하시고 나도 그를 아꼈다."고 했는데 태종이 발탁했든 세종이 발탁했든 중요한 건 인재라면 노비든 누구든 가리지 않고 등용했던 세종이 장영실의 재주를 꽃피게 했다는 사실이지.

　세종은 장영실의 재주가 남다른 걸 알고 궁중으로 그를 불러들였어. 그리고 가장 먼저 한 일이 중국에 유학을 보낸 일이었지. 중국에 가서 발달된 과학 기술을 배우고 와라, 이런 뜻으로. 국비 유학생으로 중국 명나라에 간 장영실은 원나라 때부터 내려오는 천문 기구며 물시계 등을 연구하고 돌아왔어. 중국에서 돌아온 뒤 세종의 명에 따라 해와 달과 별의 움직임을 파악하고 시간을 알려 주는 혼천의를 만들었어. 여기에는 과학자 이순지의 이론적인 뒷받침이 있었어.

　그 공으로 장영실은 노비 신분을 벗어났어. 상의원이라고, 궁중에서 임금의 의복을 만들고 재물을 관리하는 관청이 있었는데 그 상의원 별좌에 임명된 거야. 상의원 별좌가 정5품 벼슬이니, 한마디로 개천에서 용 난 거지.

　장영실의 활약은 거기서 그치지 않았어. 이제까지 조선에 없던 자동 물시계 자격루를 만들어 냈어. 자동 물시계를 중국에선 이미 4백여 년 전 송나라 때 소송이란 사람이 만들었어. 그런데 이 시계가 너무 복잡하고 정교해서 그가 죽자 더 이상 사용하지 못하게 됐지. 장영실은 소송의 자동 물시계와 아라비아에서 만든 물시계를 연구해 자격루를 만들어 냈어.

　자격루는 항아리에 담긴 물을 이용해 쇠구슬이 떨어지게 만들어 시간 단위인 시, 경, 점에 따라 종과 북과 징이 울려 자동으로 시간을 알려 주는 시계야. 자격루 시험 가동에 성공하자 세종은 경복궁에서 큰 잔치를 열고 장영실의 노고를 칭찬했어. 자격루 제작에 성공한 장영실은 다시 세종의 명에 따라 휴대용 시계인 현주일구와 공중 해시계인 앙부일구를 만드는 데 성공했어. 궁중에서만 시간을 알게 아니라 일반 백성들도 알게 하려는 세종의 배려였지.

그로부터 몇 년 뒤 장영실은 조선 과학사에 한 획을 긋는 일을 해냈어. 그것은 바로 측우기 발명. 측우기는 장영실이 세자인 문종과 함께 만든 것으로 알려져 있는데 길이 30.9센티미터, 지름 14.4센티미터의 원통에 물을 받아 비의 양을 재는 기구야. 비의 양을 왜 재느냐, 조선은 농업 사회잖아. 그러니까 비가 오고 안 오고를 아는 게 굉장히 중요해. 그 통계를 알아야 가뭄과 홍수에 대비해 농사를 잘 지을 수 있으니까. 세종 때 만든 측우기는 빗물을 효과적으로 받아 낼 수 있는, 과학적으로 훌륭한 발명품이래. 너무 넓으면 측정하는 데 오차가 발생할 확률이 높고, 너무 좁으면 바람 때문에 빗물을 받기 힘든데 그때 만든 측우기는 빗물을 받아 내기에 아주 적당한 크기로 만들었다는구나. 세종은 측우기를 만들어 각 지방에 보급했어. 이런 거 보면 세종은 참 대단해. 앞에서 세종 이야기할 때 《농사직설》을 편찬해 농민들이 농사를 잘 지을 수 있게 해 준 이야기했잖아. 농민 행복 시대를 열려는 세종의 따뜻한 마음이 느껴지지 않니?

세종은 측우기 개발에 성공한 장영실에게 상호군이라는 정3품의 벼슬

을 내려. 파격의 연속이지. 일부 신하들의 반대도 있었어. 천민 출신을 너무 높이면 국가 기강이 무너진다고. 하지만 세종은 그런 반대에 아랑곳하지 않고 장영실을 특별 대우해 주었어. 이렇게 승승장구하던 장영실은, 뜻하지 않은 일로 모든 관직을 박탈당하고 곤장을 맞는 시련을 겪게 돼. 이유는 장영실 감독 하에 만든 임금님 가마가 부서졌기 때문이야. 그러잖아도 장영실을 시기하던 신하들이 장영실을 벌줘야 한다고 난리를 쳤지. 그러자 세종도 곤장을 100대에서 80대로 감형해 준 것 말고 장영실을 더 이상 두둔하지 못했어. 그 이후 장영실의 행적은 아무도 몰라. 어디로 가서 살았는지, 언제 어떻게 죽었는지.

토리는 안타깝다는 듯 슬픈 표정을 지었다.

"아무리 그래도 그렇지, 가마 좀 부서졌다고 조선 최고 과학자를 곤장을 쳐서 내쫓다니, 너무한 거 아냐?"

"너무했지. 하지만 아저씨가 뭐랬냐. 조선은 강력한 신분 사회라고 했잖아. 한 번의 실수를 용서하지 않고 건수 잡았다는 듯이 벌을 주어야 한다고 벌 떼처럼 들고일어난 사대부들이 있는 그런 사회. 다음에 얘기할 주인공도 신분의 벽을 넘어 최고 전문가가 됐지만 또한 신분의 굴레에서 자유롭지 못한 사람이었어. 그 이야길 해 줄게."

나는 허준 이야기를 시작했다.

《동의보감》을 지은 허준(1539~1615)은 한국에서 모르는 사람이 없는 조선 최고의 의원이야. 아마 《홍길동전》을 쓴 허균보다 더 유명할걸. 그런 허준도 출신 성분 때문에 마음고생을 많이 했어. 그렇다고 허준이 장영실처럼 노비 출신의 천민은 아니었어. 허준은 무관 집안에서 태어났는데 문제는 서자라는 점. 조선 사회에서 서자가 어떤 차별을 받았는지는 앞에서 허균과 박제가 이야기할 때 많이 했었지?

그래서 그런지 허준이 내의원으로 궁중에 들어가기 전까지 언제 어디서 왜 의술을 익히게 되었는지에 관한 기록은 없어. 단지 유희춘이란 선비가 남긴 기록에 허준이 유희춘의 얼굴에 난 종기를 치료해 준 인연으로 내의원에 들어가게 되었다는 이야기가 나와. 유희춘은 명종 때 관리를 지낸 선비로 기대승, 이황, 허균의 형인 허봉과도 친분을 나눈 양반이야.

유희춘의 천거로 궁중 의원이 된 허준은 그 뒤로 특별한 활약을 보이지는 못했어. 그러다가 광해군의 두창을 치료해 준 뒤 세상의 주목을 받게 되었지. 임진왜란 직전의 일이었어. 세자 시절 광해군은 두창을 앓아 죽을 지경에 이르렀어. 두창은 마마라고 불리는 급성 전염병으로 이 병에 걸리면 열이 심하게 나서 죽는 일이 많았고 안 죽더라도 얼굴이 얽게 되는 무서운 병이야. 왕자가 이런 몹쓸 병에 걸려 사경을 헤매는데 다른 어의들은 손도 못 썼어. 그때 허준이 나서서 "제가 한번 해 보겠습니다." 하고는 광해군을 치료했지. 결과는 대성공.

그 일 이후 허준은 정3품 벼슬을 받았어. 당시 조선에서 서자 출신의 기술 관리가 오를 수 있는 최고 지위가 종3품이었는데 그 한계를 뛰어넘은 거지. 그로부터 몇 년 뒤 임진왜란 중에 다시 한 번 광해군을 치료해 주어 허준은 완전한 양반 신분이 되었어. 그 뒤 선조 임금은 임진왜란 피란 길에 끝까지 자신을 따른 허준에게 종1품의 벼슬을 내렸어. 이 또한 파격적인 조처였어. 선조는 원래 그보다 더 높은 정1품 벼슬을 내리려고 했는데 사간원과 사헌부 관리들의 결사반대로 종1품 벼슬을 내리는 데 만족해야 했지.

그런데 허준이 대단한 건 세자를 살려내 완전한 양반이 된 것 때문만은 아니야. 그가 위대한 건 지금까지 최고의 동양 의학서로 인정받고 있는 《동의보감》을 지은 업적 때문이지.

허균 하면 《홍길동전》, 《홍길동전》 하면 허균처럼, 허준 하면 《동의보감》이 연관 검색어로 따라붙을 만큼 허준과 《동의보감》은 떼려야 뗄 수 없는 관계야. 허준이 《동의보감》을 쓰기 시작한 건 임진왜란 중인 1596년부터였어. 선조는 전란을 겪으며 기근과 전염병이 만연하자 허준과 다른 내의원들에게 의서를 만들라고 명했어. 그렇게 의서 편찬 작업이 시작됐는데 다음 해 정유재란이 터지면서 허준이 그 일을 홀로 맡게 되었지.

그러던 1608년 허준에게 시련이 닥쳐 왔어. 자신을 지켜 주었던 선조가 승하한 거야. 조선 시대 때 임금이 죽으면 직접적인 책임이 없더라도 임금의 주치의인 어의가 사퇴하는 경우가 보통이야. 하지만 허준은 그보

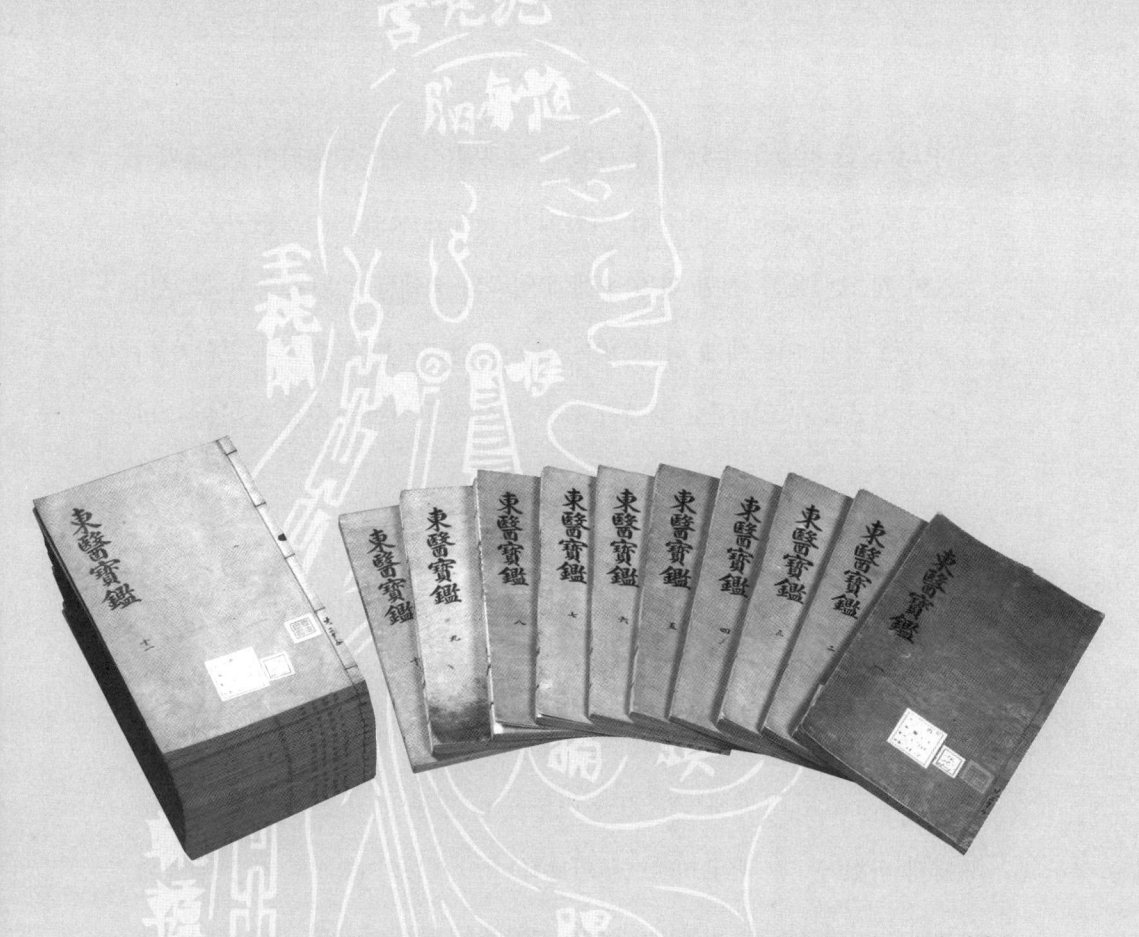

《동의보감》은 선조가 죽고 광해군이 왕위에 올랐을 때 선조의 죽음에 책임을 지고 유배 생활을 하던 허준이 유배지에서 완성한 의서이다. 책 제목의 '동의'는 동쪽의 의학 전통, 즉 '조선의 의학 전통'을 뜻하고, '보감'이란 '보배스러운 거울'이란 뜻이다. 허준은 조선의 의학 전통을 계승하여 중국과 조선 의학의 표준을 세웠다는 뜻으로 책 제목을 '동의보감'이라 지었다. 이후《동의보감》은 널리 전파되어, 조선의 의사뿐 아니라 일반 지식인에게도 알려져서 최고의 의학서로 이름을 날렸고, 중국에까지 전파되어 조선 의학의 수준을 만방에 알리게 되었다. ⓒ 한국학중앙연구원 제공다 더 심한 처벌을 받았어. 문관들이 들고일어나서 "망령되이 약을 써서 임금을 죽게 했다."며 허준을 처벌해야 한다고 강력히 주장했거든. 이분들이 왜 그랬을까. 천한 의원 주제에 임금의 총애를 받은 허준이 꼴 보기 싫었던 거지. 이들에게 광해군이 "임금을 살리지는 못했으나 고의가 아니니 처벌할 수 없다."고 했지만 결국 문신들의 처벌 요구를 들어줄 수밖에 없었어.

 어쩔 수 없이 유배를 떠나게 된 허준은 유배지에서 십여 년 전부터 해 오던 의학 서적 편찬 작업에 몰두했어. 정약용도 그렇고 동서양의 많은 사상가들이 유배지에서, 혹은 옥중에서 후대에 길이 남을 역작을 많이 남겼는데 허준도 유배지에서 의서 편찬에 몰두한 거야.

 1년 8개월 뒤 유배에서 풀려난 허준은 14년 동안 써 온 의서를 광해군에게 바쳤어. 그 책이 바로 《동의보감》이야. 《동의보감》은 각종 질병에 대한 진단과 처방을 기록한 책인데 동양에서 가장 우수한 의학서 가운데 하나로 평가받고 있어. 신분의 벽을 넘어 전쟁의 혼란 속에서, 그리고 유배의 고통 속에서 피워 낸 허준의 역작이지.

 허준이 《동의보감》을 지어 많은 조선 백성을 병에서 구했다면 허준과 동시대를 살았던 홍순언(1530~1598)은 역관으로 조선 왕실의 오래된 골칫거리를 해결하고 임진왜란으로 위기에 처한 나라를 구하는 데 큰 공을 세운 인물이야. 역관이 뭐 하는 사람이냐고? 사신을 따라 외국에 가서 통역을 담당하는 통역관이야. 요즘으로 치면 동시통역사라고 할 수 있지. 조선에 수많은 역관이 있었지만 홍순언만큼 큰 공을 세운 역관은 드물어. 물론 이분도 서자 출신의 중인이라는 신분의 벽을 뛰어넘었다는 점에서 장영실이나 허준과 비슷해. 나중에 문신들의 질시를 받아 파직된 것까지.

홍순언이 세운 첫 번째 공은 조선 왕실의 계보를 바로잡은 일이야. 명나라 역사서인 《태조실록》과 대법전인 《대명회전》에 "조선을 건국한 이성계는 고려의 권신 이인임의 아들"이라고 잘못 기록돼 있었는데 "이성계는 이자춘의 아들"이라고 바로잡는 데 큰 공을 세웠지.

그게 무슨 그리 대단한 일이냐고 할 수도 있지만 이성계의 후손인 왕들에게는 그보다 더 중요한 일이 없었어. 왜냐하면 자기 할아버지가 엉뚱한 사람의 아들로 기록돼 있었으니까. 게다가 이인임은 이성계와 대립했던 인물이어서 이성계의 후손들에겐 대단한 모욕이었어. 그래서 역대 왕들은 이 문제를 바로잡기 위해 2백여 년 동안 수십 차례 사신을 보내 그 부분을 수정해 달라고 요청했어. 하지만 명나라는 요 핑계 조 핑계 대며 고쳐 주지 않았어. 고쳐 주기는커녕 그것을 약점으로 잡고 자기들이 필요한 것을 얻어 내는 협상 카드로 활용했지.

왕실의 계보를 바로잡아 달라고 요청하는 것, 이것을 전문 용어로 종계변무라고 하는데 그 문제를 해결하는 데 홍순언이 가장 큰 공을 세웠어. 홍순언이 그 문제를 해결한 이야기는 은혜 갚은 까치 이야기보다 더 드라마틱해.

 어느 해 사신을 따라 북경에 갔던 홍순언은 돌아오기 전날 밤 동료 역관들과 함께 술을 한잔하기 위해 숙소를 나섰어. 술집을 찾던 홍순언의 눈에 이상한 광고가 하나 들어왔어. 하룻밤 함께 술을 마시는 데 3천 냥! 홍순언은 도대체 저게 말이 되느냐고 의아해하면서 그 술집을 들어갔지. 술집에 들어가 보니 곱게 단장한 여인이 앉아 있는데 특이하게도 그 여인은 하얀 소복을 입고 있었어. 그래 사정을 물으니 자기 아버지가 억울한 누명을 써서 옥에 갇혀 돌아가시고 그 일 때문에 어머니마저 세상을 떠났다는 거야. 그런데 돈이 없어 장례를 치러 드리지 못해 장례 비용을 마련하기 위해 술집 기생으로 나왔다 했지.

 여인의 딱한 사정을 들은 홍순언은 그 자리에서 은 2천 냥과 자신이 가지고 있던 인삼 1천 냥치를 주겠다고 약속했어. 사실 그 돈은 나랏돈이었어. 홍순언이 마음대로 써서는 안 되는 돈이었지. 그런데도 홍순언은 의리가 있고 배포가 커서 여인을 선뜻 도와주겠다고 한 거야. 여인이 고맙다며 성함을 물었지만 그저 조선에서 온 홍 역관이라는 것만 말하고 돌아 나오는 조선 싸나이. 캬, 무모해도 이렇게 무모할 수가.

 조선에 돌아온 홍순언은 공금을 쓴 죄로 옥에 갇혔어. 그렇게 옥에 갇혀 죽을 날만 기다리던 어느 날, 홍순언은 뜻하지 않은 행운을 얻어 풀려났어. 무슨 사연이냐고? 선조 임금은 종계변무를 해결하기 위해 사신을 파견하면서 "이번에도 이 문제를 해결하지 못하면 역관의 우두머리 목을 베겠노라!" 말했어. 아니, 사신이 해결하지 못하면 사신을 벌해야지, 왜 역관의 목을 벤다는 거지? 이유가 있어. 사신이 명나라에 가면 보통 역관이 통역을 맡는데 이 역관의 역할이 절대적인 경우가 많아. 왜냐하면 사신들은 평생에 한 번 명나라에 갈까 말까 하는데 역관은 통역 업무 때문에 많게는 한 해에 한 번씩 가기도 하거든. 그러니 실제 외교 협상에서 중국어 되고, 인맥 넓은 역관이 협상 실무를 담당하는 게 보통이야. 그러니 선조가 종계변무 문제를 해결하지 못하면 역관의 목을 베겠다고 으름장을 놓은 거야.

역관들이 모여서 회의를 했겠지. 과연 이번 사신단에 누가 역관으로 갈 것인가. 아무도 가겠다는 사람이 없어. 일이 잘못되면 죽을 수도 있으니까. 역관들은 고민 끝에 홍순언을 보내기로 의견을 모았어. 옥에 갇혀 언제 죽을지 모르는 홍순언의 빚을 대신 갚아 주고 그를 보내자, 이렇게.

홍순언이 사신단의 역관으로 갔는데 북경으로 들어가는 문 앞에서 웬 사람이 사신단에 홍 통사가 왔느냐고 물어. 홍순언이 자기가 홍 통사라고 하자 홍순언을 어디론가 데려가는 거야. 가 보니까 몇 년 전 술집에서 만났던 그 여인이 마중 나와 있지 뭐니. 사연을 들어 보니 여인은 홍순언이 준 돈으로 부모 장례를 치르고 고향으로 내려가던 중 인사를 드리기 위해 아버지 친구를 찾아갔는데 어찌하다 보니 그 집주인의 후처로 들어가게 되었어. 그런데 그 집주인이 여인을 통해 홍순언의 선행을 전해 듣고 홍순언에게 은혜를 갚아야겠다고 생각했다는 거야. 그 남자는 명나라 조정의 예부 상서인 석성이었어. 예부 상서는 외교 업무와 서적 편찬 등을 주관하는 부서의 우두머리야. 홍순언이 이번 사신단이 온 목적을 얘기하자 석성은 자기가 그 일을 도와주겠다고 말했어. 이런 인연으로 홍순언은 건국 후 2백여 년 골칫거리였던 이성계의 족보를 바로잡는 공을 세우고 조선으로 돌아왔어. 선조가 그 소식을 듣고 얼마나 기뻤는지 손수 모화관까지 마중을 나왔을 정도. 모화관은 조선 시대 때 중국 사신을 맞이하던 관사로 지금 독립문이 있는 무악재에 있었어.

조선에 돌아온 홍순언은 당릉군에 봉해졌어. 군이란 임금의 서자나 아버지, 종친, 또는 특별히 공이 큰 신하에게 내리는 명예로운 작위야. 장영실이 상호군에 봉해진 거 기억하지?

그뿐만이 아니었어. 선조는 홍순언을 서자 신분에서 면천해 주고 궁궐을 수비하고 왕을 호위하는 우림위장이라는 벼슬을 내렸어. 그다음부턴 많이 봐 온 전개가 이어져. 서자 출신한테 그렇게 높은 벼슬을 주면 나라 꼴이 우습게 된다느니, 홍순언이 신분도 모르고 경거망동한다느니 하면서 문관 대신들이 탄핵을 하는 거지. 선조는 무슨 소리냐며 대신들의 요청을 들어주지 않다가 끝내 홍순언을 우림위장 자리에서 물러나게 했어. 홍순언도 결국 장영실이나 허준처럼, 나라에 큰 공을 세우고도 출신이 미천하다는 이유만으로 파직당하는 길을 피하지는 못한 거야.

하지만 홍순언은 그 뒤 임진왜란이 일어났을 때 다시 한 번 큰 공을 세워. 파병 요청을 하기 위해 명나라에 사신단을 파견했을 때 역관으로 가서 명나라가 조선에 군대를 보내기로 결정하는 데 큰 기여를 하지. 그때 명나라 병부 상서가 석성이었어. 병부 상서는 국방부 장관 격이니 이번에도 그가 홍순언을 적극 도와준 거야. 어떠냐, 200년 묵은 조선의 골칫거리 문제를 해결하고, 임진왜란 때는 명군 파병을 이끌어 내 위태로운 나라를 구하는 데 큰 공을 세운 역관 홍순언, 대단하지 않니? 그러니 홍순언을 조선 최고의 역관이라 부르는 거겠지.

이야기를 마치자 토리가 고개를 갸웃거렸다.

"왜, 이해가 안 가냐?"

"그게 아니고, 홍순언은 그럼 여인 하나 잘 만난 덕에 조선 최고 역관이 됐다는 거잖아."

"물론 여인과의 인연이 도움을 준 건 사실이지만 그게 다가 아니야. 박지원이 쓴 《열하일기》, 이익의 《성호사설》 등의 기록을 보면 홍순언은 중국어를 우리말처럼 구사하고, 언변이 뛰어났으며, 중국 관리들과 시를 주고받을 정도로 시를 잘 지었어. 이런 능력이 외교 실무를 담당한 역관 홍순언을 빛나게 한 거야. 그리고 외교에서는 인맥이 무척 중요한데 여인을 도와준 인연이 결국 훌륭한 인맥을 만들어 준 거지."

"그래도……, 어쨌든 여인을 잘 만나야 외교에 성공한다, 이런 거 같은데. 내가 다음에 지구에 외교관으로 오면 여자 도와주고 임무를 완수해야겠어."

"하, 고 녀석 참, 그게 아니라니까. 홍순언과 함께 사신단으로 갔던 사신 중에 허봉이라고 있어. 허균의 형인데 허봉이 홍순언에 대해 한 말이 있어. '홍순언의 말은 조리가 있어 기록할 만하고 아무리 들어도 싫증이 나지 않으며 한참을 듣고 있으면 피로를 잊을 정도다.' 이 정도다. 이래도 역관 홍순언의 능력을 의심할래?"

"알았어. 인정! 그런 의미에서 행성 간의 벽을 극복하고 지구에 온 우리별 최고의 시 천재 토리가 시로 마무리해 볼게. 켁켁."

뛰어넘지 못할 신분의 벽은 없다
그 높이만 잴 수 있다면.

다섯 번째 이야기

김정호 조선 땅을 그리다

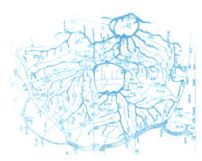

홍순언 이야기를 마친 우리는 큰 바위 하우스를 나왔다. 끝없이 펼쳐진 바다를 바라보며 걷다 보니 답답했던 가슴이 뻥 뚫리는 듯했다. 토리도 같은 느낌이었는지 바다를 바라보며 휴우, 하고 깊은숨을 내쉬었다.

"하아, 좋다."

어린 나이에 하루 종일 앉아서 강의 듣는 게 쉬운 일은 아니겠지. 그러게 왜 지구에는 와 가지고 애먼 나까지 고생시키냐? 그렇게 말해 주고 싶었지만 참았다. 이제 와 그런 소릴 한들 무슨 소용이며, 이역만리 타행성에 와서 고생하는 어린애한테 할 소리도 아닌 듯해서.

'아저씨, 고마워.'

'고맙긴, 뭐가?'

'그냥.'

불현듯 이상한 느낌이 들었다. 분명히 말을 하지 않았는데 소리가 들렸다. 환청인가? 나는 너무 놀라 입을 헤벌리고 토리를 쳐다보았다. 토리가 씨익, 웃었다.

"아자씨, 추워. 들어가자."

진짜 추웠다. 등골이 오싹하고 소름이 돋았다. 이런 걸 텔레파시라고 하는 건가?

"토리야, 나 너무 놀라서 쓰러질 뻔했다."

"뭘 그렇게 놀라? 그 정도 가지고. 그래도 텔레파시가 쉬운 건 아닌데 아자씨 마음에 순수함이 2퍼센트는 남아 있나 봐. 그거 아무나 되는 거 아니걸랑."

"언제는 속물이라더니, 웬 순수? 난 순수한 사람 아니니까 다음부턴 말할 때 입 벌리고 하자, 알았지? 참, 순수함 얘기 나온 김에 순수하게 외길 인생을 살았던 의지의 조선인 얘기를 해 줘야겠다."

토리가 두 눈을 크게 뜨고 놀란 표정을 지었다.

"대단하심! 난 아자씨가 텔레파시 말하길래 이번 강의를 어떻게 풀어 가려고 저러시나 걱정했는데 스리슬쩍 구렁이 담 넘어가듯 잘 넘어가시네. 큭큭."

"토리야, 내가 졌다. 강의 시작할게. 마지막으로 소개할 인물은 지도 제작을 위해 일생을 바쳤던 조선 최고의 지리학자 김정호다. 이 지도를 한번 봐

라. 1861년에 김정호가 만든 《대동여지도》다. 어떠냐?"

"가만있어 봐. 지구 올 때 찍은 게 있으니까 한번 비교해 볼게."

토리가 손가락을 뻗어 빛을 발사하자 탁자 위에 선명한 지도가 나타났다.

"내가 촬영한 한반도 지도랑 거의 비슷해. 이걸 1861년에 김정호란 사람이 만들었다는 거지?"

"그렇다니까."

"대단하다. 그때 지구엔 하늘을 나는 비행기가 없었을 텐데 어떻게 하늘 위에서 내려다본 것처럼 정밀하게 지도를 그렸지?"

"그러니까 대단하지. 김정호가 어떻게 정밀한 지도를 그렸는지 알려 줄게. 아저씨가 너만 할 때 학교에서 배운 김정호 이야기인데 지금도 생생하게 기억하거든."

그렇게 말한 뒤 나는 김정호와 《대동여지도》 이야기를 시작했다.

황해도 어느 두메산골에 한 소년이 살았어. 소년은 먼 산을 바라볼 때마다 늘 궁금했어.

"저 산줄기는 어디서 일어나서 어디 가서 그쳤을까? 그림이라도 있으면 알겠는데 책에는 도무지 그런 것이 없으니 어쩌면 좋을까?"

소년의 이름은 김정호였어. 김정호가 이런 호기심을 품고 있을 때 친한 친구에게 읍 지도 한 장을 얻었어. 난생처음 보는 지도를 펴 보니 그 안에 산도 있고 시내도 있고, 마을의 모양이 손금 보듯 자세히 나와 있는 거야. 김정호는 뛸 듯이 기뻐하며 그 지도를 가지고 동네마다 돌아다니며 일일이 맞춰 보았지. 그런데 지도는 실제 지형과 영 딴판이었어. 너무나 실망한 그는 한성에 정확한 지도가 있다는 말을 듣고 한성으로 갔어.

한성에 온 김정호는 규장각에 있는 조선 팔도 지도 한 벌을 얻었어. 그러나 그 지도 역시 조사해 본 결과 실제 지형과 너무나 달랐어. 그는 자기 손으로 정확한 지도를 만드는 방법밖에 다른 도리가 없다는 걸 깨달았지.

김정호는 정확한 지도를 그리기 위해 조선 팔도를 세 번이나 돌아다니고 백두산을 여덟 차례나 올랐어. 그러고는 하나 둘 씩 나무판을 사 모으고 틈틈이 딸과 함께 지도를 새겼지. 그렇게 해서 《대동여지도》를 완성했는데 얼마 뒤 병인양요가 일어나자 그 지도를 조선군 장수에게 건네주었어. 장수는 뛸 듯이 기뻐하며 지도를 흥선대원군에게 바쳤어. 그런데 흥선대원군은 지도를 보고 크게 화를 냈어.

"함부로 이런 것을 만들어서 나라의 비밀이 다른 나라에 누설되면 큰일이 아니냐."

흥선대원군은 《대동여지도》의 목판을 압수하고 김정호 부녀를 옥에 가두었어. 그러고는 김정호를 고문했지. 김정호는 심한 고문 끝에 다리가 부러져 정신을 잃었어. 얼마 뒤 겨우 정신을 차렸는데 옥 안으로 이상한 냄새가 풍겨 왔어. 그건 김정호가 고생 고생해서 만든 《대동여지도》 목판이 활활 타는 냄새였어.

❀

이야기를 마치자 토리가 슬픈 표정을 지었다.

"흥선대원군 너무해. 조선 팔도를 세 번이나 돌고 백두산을 여덟 번씩이나 오르면서 만든 자기네 나라 지도 목판을 불태워 버리다니."

"그렇지? 화나지? 아저씨도 너만 할 땐 그랬다. 책에서 이 이야기를 읽고, 뭐 이런 어처구니없는 흥선대원군이 다 있어? 이랬다니까. 그런데 말이다, 최근에 알았는데 방금 내가 들려준 이야기는 사실이 아니래."

"그건 또 무슨 곰 발바닥 뒤집는 소리야?"

"양반도 아니고 부자도 아닌 김정호가 무슨 돈이 있어서 조선 팔도를 세 바퀴나 돌고 백두산을 여덟 번이나 오를 수 있었겠니? 게다가 지금처럼 자동차나 비행기가 있는 것도 아니고. 그래서 김정호가 실제로 답사를 위해 백두산을 여덟 번 올랐다는 건 사실이 아닐 거라고 해. 그리고 김정호가 제작한《대동여지도》목판이 육십여 장인데 흥선대원군이 불태웠다는 목판이 국립중앙박물관 지하 수장고에서 발견됐어. 열한 장이나. 그래서 목판을 불태웠다는 얘기도 사실이 아니라는 거지."

토리가 입을 삐죽거렸다.

"그럼 다 뻥이라는 거잖아!"

"그게 말이다······."

"뭐야, 도대체 왜 그렇게 사실과 다른 얘기를 학교에서 가르친 거야?"

"그게 어떻게 된 거냐 하면, 이 이야기의 시작은 1934년으로 거슬러 올라가. 일제 강점기 땐데 초등학교 교과서인《조선어독본》에 지금 해 준 이야기가 그대로 실려 있어."

"일제가 사실과 다른 김정호 이야기를 실은 이유가 뭔데?"

"조선과 흥선대원군을 나쁘게 말하려고 그런 거야. 이런 거지. 조선의 지도는 실제 지형과 너무 다르다, 그래서 김정호가 고생 고생해서 지도를 만들었는데 흥선대원군이 목판을 불태우고 김정호를 죽였다, 김정호와《대동여지도》의 가치를 몰라본 흥선대원군과 조선의 정치인들은 아주 무지하고 무능한 집단이다, 고로 조선은 망할 만했다! 이런 거. 문제는《조선어독본》에 실린 내용이 사실인 줄 알고 얼마 전까지도 교과서에 버젓이 실었다는 사실."

그제야 토리가 알았다는 듯 고개를 끄덕였다.

"일본 좀 나쁘네. 사실과 다른 이야기로 조선 사람을 속이다니. 근데 일본은 무슨 근거로 그런 어처구니없는 소설을 지어냈대?"

토리가 고개를 갸웃거렸다.

"그게, 그게 말이다……."

"뭐야, 왜 우물쭈물거려?"

"실은《조선어독본》이 나오기 10년 전에 최남선이〈동아일보〉에 김정호 이야기를 썼는데 그 글에서 백두산을 일곱 번 올랐다는 얘기를 했어. 또 몇 년 뒤《별곤건》이란 잡지에 목판을 불태웠단 내용을 소개했지. 아마 무지하고 무능한 조선의 정치가들을 비판하려고 그랬던 거 같은데 그 내용을 일제가 교과서에 실으면서 좀 더 각색을 한 거야."

"그럼 결국 조선 사람이 쓴 글이 발단이 된 거네. 이걸 뭐라고 해야 하나. 자살골이라고 해야 하나?"

"토리야, 너무 그러지 마라. 그 글을 쓴 최남선이란 분은 우리 문학사에 획을 그은 〈해에게서 소년에게〉라는 신체시를 처음 선보였고 3·1운동 때 기미독립선언서를 지은 분이야. 그 일로 일제 감옥에 수감됐다가 나와서 친일 쪽으로 가셨지만. 김정호 이야기는 바로 그 무렵 쓴 글이란다. 어때, 대충 그림이 그려지지?"

토리가 뭘 알고 그러는지 모르고 그러는지 고개를 끄덕였다.

"토리야, 김정호가 백두산을 여덟 번 올랐니 아니니 하는 것보다 중요한 건 김정호는 어떻게 그런 정밀한 지도를 제작할 수 있었고, 그가 만든《대동여지도》는 얼마나 대단한가, 하는 거야. 지금부터 그 이야기를 해 줄게."

나는《대동여지도》이야기를 시작했다.

김정호가《대동여지도》를 만들 때 어느 지역을 몇 번 답사하고 어떻게 지도를 제작했는지에 관한 자세한 기록은 없어. 그런 기록은 둘째치고 그가 언제 어디서 태어나고 어디서 죽었는지도 몰라. 양반 신분이 아니

어서 그에 관해 남은 기록이 거의 없기 때문이야. 하지만 김정호에게 도움을 준 사람들이 남긴 글 속에《대동여지도》제작의 비밀이 숨어 있어. 들어 볼래?

김정호가 지도를 만들 때 도움을 준 사람은 실학자 최한기와 병조 판서를 지낸 신헌이야. 두 사람 모두 지도를 만드는 데 관심이 많았고 그래서 지도 제작에 탁월한 재능이 있는 김정호를 도와주었어.

최한기(1803~1877)는 서양 과학 기술을 조선에 소개한 과학자로 홍대용과 함께 조선 후기 대표적인 과학 사상가야. 그는 지도에도 무척 관심이 많아서《지구전요》라는 세계 지리책도 쓰고 김정호와 함께 세계 지도를 만들기도 했어.《대동여지도》를 만들기 삼십여 년 전 김정호가《청구도》라는 지도를 만들었을 때 그 지도책 서문을 최한기가 썼어.

"내가 지도 제작에 뜻이 있어 비변사와 규장각에 있는 지도를 널리 수집하고 비교하여 지도를 만들고자 했다. 이 일을 친구 김정호에게 부탁했다."

이 글을 보면 최한기는 김정호와 친구였고 지도 제작을 김정호에게 맡겼으며 국가 최고 정치 기구인 비변사와 도서관인 규장각에 있는 지도 자료를 김정호에게 주어 지도를 만들게 했다는 걸 짐작할 수 있지. 실제로 최한기는 양반 신분이었음에도 김정호와 친구로 지냈고 김정호가 지도를 제작하는 데 많은 도움을 주었어.《대동여지도》도 최한기의 그런 도움 덕분에 만들 수 있었을 거야.

김정호에게 도움을 준 또 한 명의 도우미는 신헌이야. 신헌(1810~1884)은 자신의 문집에 이런 글을 남겼어.

"나의 벗 김정호는 소년 시절부터 지리학에 뜻을 두고 오랫동안 자료를 찾아서 지도 만드는 모든 방법의 장단점을 자세히 살폈다."

그다음 내용은 최한기가 한 말과 비슷해. 자기가 지도 제작에 관심이 많아서 비변사와 규장각 자료를 수집하여 완벽한 지도를 만들려 노력했고 그 작업을 김정호에게 맡겼다는 내용이야.

두 사람 이야기의 공통점은 김정호에게 국가가 보관한 옛 지도 자료를 주고 지도를 만들게 했다는 점이야. 김정호는 그 사람들의 도움을 받으며 완벽한 지도를 만들려 노력했고, 1834년에《청구도》, 1857년에《동여도》, 그리고 1861년에《대동여지도》를 완성했어. 이후엔《대동지지》같은 지리지를 편찬했지. 지리지는 그림으로 된 지도가 아니라 어떤 지역의 역사와 산업, 인구 등 그 지역의 정보를 기록한 지리 책이야.

그럼 김정호의 불후의 명작, 아니 조선 최고의 지도로 일컬어지는《대동여지도》가 어떤 특징이 있는지 알려 줄게. 마침 그 지도 일부분을 가지고 있으니까 한번 봐라. 접혀 있는 책 모양의 지도를 가로로 쫙 펼치면 한 지역을 그려 놓은 지도가 되지? 이렇게 가로로 펼친 지도 22장을 위 아래로 이으면《대동여지도》가 완성되는데 그 크기가 가로 3.8미터 세로 6.7미터야.

《대동여지도》는 글씨를 가능한 줄이고 14가지 기호를 사용해 역이며

《대동여지도》ⓒ 서울대학교 규장각 한국학연구원 소장

능이며 성이며 목장 따위를 표시했어. 이 지도를 봐라. 하천과 산맥이 마치 실핏줄처럼 세세하게 연결된 게 보이니? 산의 크기와 높이에 따라 선의 굵기를 다르게 새기고 도로는 하천과 중복을 피하기 위해 직선으로 표시해 10리마다 방점을 찍어 거리를 가늠케 만들었어.

《대동여지도》의 가장 큰 특징 가운데 하나는 목판으로 만들었다는 점이야. 지도를 목판에 새긴 까닭은 지도를 대량으로 인쇄하기 위해서야. 그렇게 찍어 낸 지도를 병풍식으로 자유롭게 접고 펼 수 있는 책 형태로 만들었어.

나는 이 지도를 볼 때마다 이런 생각을 해. '이건 지도가 아니라 산수화다. 산맥과 하천, 그 밖의 선과 모양들이 어쩜 이렇게 정교하고 아름답게 표현됐단 말인가.' 어때? 넌 그런 생각 안 드니?

어쨌든 《대동여지도》는 정말 대단해! 1890년대 일제가 경부선 철도를 놓으려고 우리 국토를 측량할 때였어. 일제는 일본인 측량 기술자 육십여 명과 한국인 3백여 명을 동원해 1년 넘게 측량을 했지. 그 결과 〈군용비도〉라는 지도를 만들었는데 그 지도를 만들던 중 《대동여지도》의 존재를 알게 되었어. 일본인들은 《대동여지도》를 보고 깜짝 놀랐지. 자기들보다 삼십여 년 전에 만든 지도가 있다는 것과 그토록 정교한 지도를 김정호 개인이 만들었다는 사실에!

그런데 일본은 하나만 알고 둘은 몰라. 조선에는 《대동여지도》 이전에 이미 여러 지도가 있었거든. 조선 태종 때 만든 세계 지도인 〈혼일강리역

대국지도〉, 세조 때 정척과 양성지가 만든 《동국지도》, 영조 때 정상기가 제작한 〈동국전도〉 등등. 김정호도 실은 그런 지도를 참조해 《대동여지도》를 만든 거야. 김정호 이야기는 이쯤에서 마치도록 하자."

"자, 토리 너한테 멋진 시로 조선 시대 강의 마무리할 수 있는 특별히 기회를 주마."

"알았어. 한번 해 볼게. 김정호……《대동여지도》, 켁켁."

　　과학인가 예술인가
　　사진처럼 정밀하며
　　산수화처럼 수려한
　　대동여지도.

"시 좋구나. 이것으로 조선 시대 강의를 모두 마쳤다. 기분이 어때?"

"아, 좋아. 파란만장한 500년의 역사를 온몸으로 뚫고 온 느낌이랄까?"

"그럴 만하지. 500년 동안 사건이 좀 많았냐. 생활사 3분 특강하기 전에 내 방에서 십 분만 쉬어야겠다. 갑자기 피곤해서 말이지. 어험."

그렇게 말한 뒤 나는 서둘러 방으로 들어갔다.

조선 후기의 서민 문화

방에 들어온 나는 가방에서 서둘러 책 하나를 꺼내 들었다. 그러고는 필요한 내용을 찾아 읽었다. 아는 내용이었지만 그래도 혹시 토리가 물어보면 정확하게 대답해 줘야 하니까. 내용을 확인한 뒤 책을 덮고 방을 나왔다.

토리가 실눈을 뜨고 야릇한 미소를 보냈다.

"피곤해서 잠시 쉬겠다더니 무슨 책을 읽고 그러셔?"

"아니, 그걸 어떻게? 거 사람 방에 있는데 투시력 쓰고 그러지 좀 마라. 프라이버시도 모르냐? 그건 그렇고 내 피곤하여 좀 쉬려 했으나 너한테 끝까지 최선을 다해서 강의를 해야겠다는 마음에 강의에 필요한 책을 좀 봤다. 그럼 강의 시작해 볼까? 오늘 생활사 3분 특강 주제는 조선 후기에 발달한 서민 문화다."

"서민 문화가 뭐야?"

"서민을 위한, 서민에 의한, 서민의 문화지."

"그렇구나. 근데 양반의 나라 조선에서 갑자기 웬 서민 문화?"

"이유가 있어. 조선 후기 들어 신분제가 흔들리고 장사를 통해 돈을 많이 번 평민과 노비들이 생겨났다고 했잖아. 이 서민들이 예술 하는데 양반 상민이 따로 있나, 이러면서 자기들이 그림도 그리고 양반들이 즐기던 책도 접하고 음악도 즐기고 그랬어. 그럼 먼저 서민들이 즐겼던 문학 이야기부터 해 볼까?"

이야기를 시작하려는데 토리가 말을 막았다.

"잠깐, 아까 《대동여지도》가 한 폭의 산수화 같다고 했잖아. 내가 왕 선생님한테 들은 게 있어서 그런데, 아자씨 북종화와 남종화에 대해 잘 알아?"

내 이럴 줄 알고 준비했지.

"그걸 말이라고. 북종화 남종화가 워낙 양반 사대부의 그림 문화여서 내가 얘기 안 하려고 했다만 네가 하도 알려 달라고 하니 해야지 뭐."

그렇게 말한 뒤 나는 북종화 남종화 이야기를 시작했다.

"북종화 남종화란 중국의 산수화 화풍이다. 그 화풍을 조선 화가와 문인들이 받아들인 건데, 북종화는 궁중에 소속된 화원이나 직업 화가들이 그린 산수화야. 색채가 짙고 객관적이고 사실적으로 묘사한 것이 특징이지. 반면에 남종화는 직업 화가보다는 문인들이 그린 그림이야. 수묵화에 옅은 담채로 그리는 게 특징이지. 문인들이 그린 사군자나 꽃 그림 새 그림 산수화가 남종화야. 문인들이 주로 그려서 문인화라고도 해. 조선에서는 북종화와 남종화가 후기까지 이어져 왔는데 바로 그 무렵 서민 문화인 민화와 풍속화가 등장했어. 이 정도면 되겠니?"

내 말이 끝나자 토리가 조금 당황한 표정을 지었다.

"아자씨가 그림에 대해서도 이렇게 교양이 넘치는 줄 내 몰랐네. 좋아. 어차피 그림 이야기 나왔으니 조선에서 서민 문화가 발달할 당시 일본에서 유행한 그림 이야기도 좀 해 줘. 한중일 동아시아 삼국의 역사를 비교 융합 통섭해서 탐구하는 게 내 역사 탐방의 목적이기도 하니까."

"까짓것, 뭐 그러세. 조선에서 서민 문화가 발달할 당시, 그러니까 18, 19세기 일본의 화단에선 판화가 유행했어. 일본 판화는 강렬한 색채와 단순화한 선이 특징인데 후지산을 새긴 판화나 파도 그림을 보면 강렬한 생동감이 느껴지지. 이 일본 판화가 프랑스 파리로 건너가 19세기 인상주의 화가들에 큰 영향을 미쳤다는 건 세계 미술사가 인정하는 바야. 일본 판화에 영향을 받은 화가로 고흐, 마네, 모네 등이 있지."

내 이야기가 끝나자 토리는 조금 아쉬운 듯한 표정을 지었다.

"으이씨, 내가 말하려고 했는데."

"토리야, 어른을 시험하면 못써. 우리 속담에 너의 스승을 시험하지 말라, 이런 말이 있다. 알겠냐? 그럼 본격적으로 서민 문화 이야기 시작하자. 먼저 문학부터 하기로 했지? 아니다. 그림 이야기로 시작했으니 그림 이야기부터 하자."

나는 민화와 풍속화 이야기를 시작했다.

• 강렬한 색채와 단순화한 선이 특징인 19세기 후반의 일본 판화 작품.

민화는 말 그대로 백성 민(民), 즉 서민의 그림이야. 물론 직업 화가도 그리고 중인들도 그렸지만 산수화와 달리 주로 서민들이 그리고 즐긴 그림이지. 그래서 민화에는 그림을 그린 화가의 이름이 없어. 그림의 소재도 서민적이야. 십장생, 우스꽝스런 호랑이와 까치, 물고기, 동물 등등, 이런 그림에는 오래 살고 돈 많이 벌고 애 많이 낳고 무병장수를 바라는 서민들의 바람이 담겨 있어. 색깔은 원색을 사용해 화려하고, 대상이 단순하게 표현됐는데 그런 점이 일본 판화와 비슷한 느낌을 주기도 해.

서민 문화의 대표적인 그림이 풍속화야. 조선 후기 풍속화의 쌍두마차를 꼽으라면 김홍도와 신윤복을 들 수 있지. 김홍도는 조선 시대 그림을 담당하던 관청인 도화서의 화원이야. 그래서 초기엔 산수화도 그리고 정조 임금 얼굴도 그리고 정조가 화성 행차하는 모습을 담은 〈을묘원행정리의궤〉 같은 국가 기록물도 그렸지. 하지만 오늘날 김홍도는 풍속화의 대명사야. 그가 그린 풍속화가 지구에서 가장 유명하거든.

이 그림을 한번 봐라. 서당에서 공부하는 아이들을 그린 그림이란다. 훈장님 앞에서 울고 있는 아이 보이지? 아마 숙제를 안 했거나 천자문을 못 외워서 훈장님께 회초리를 맞았나 봐. 자기가 때려 놓고도 측은하게 바라보는 훈장님 표정이며 뒤에서 낄낄대는 악동의 표정이 너무나 생생하지 않니?

풍속화는 시대상을 보여 주는 역사 자료이기도 해. 그림에 보면 양반

• 조선의 풍속화가 단원 김홍도가 서당에서 공부하는 아이들의 모습을 그린 〈서당〉이다.
ⓒ 국립중앙박물관 소장

집 자제가 아닌 듯한 더벅머리 아이들도 보이지? 당시엔 서당이 많이 생겨나서 서당에서 공부하는 평민의 자식들도 많았는데 그런 사회상이 이 그림에 들어 있어. 그래서 풍속화라고 하는 거고. 서당 그림 말고도 김홍도가 그린 풍속화 중에는 씨름하는 모습, 돗자리 짜는 모습, 대장간 풍경 등 서민의 일상을 보여 주는 그림이 아주 많아.

산수화나 임금님 얼굴인 어진을 그리던 김홍도가 왜 풍속화를 그리게 됐을까? 서민들을 사랑해서? 아니면 서민 그림 그려서 서민들한테 팔아먹으려고? 그게 아니라 정조가 백성들의 삶을 살필 목적으로 당대 최고의 도화서 화원인 김홍도에게 그런 그림을 그리게 했기 때문이래.

신윤복은 김홍도와 쌍벽을 이루는 풍속 화가야. 신윤복은 아버지가 도화서 화원이어서 도화서 화원이 되지는 못했어. 왜냐하면 부자가 같이 도화서에 근무를 할 수 없었기 때문이야. 그래서 궁궐 밖 서민의 일상을 생생하게 그려 냈어. 신윤복은 김홍도가 서민의 일상을 그린 것과 달리 양반 사대부 부인들의 모습이나 기녀들의 모습을 그린 것으로 유명해. 토리 너 지난번 유적 답사 때 고려청자 보려고 서울에 있는 간송미술관에 갔던 거 기억나니? 그 미술관에 가면 신윤복이 그린 〈단오풍경〉, 〈미인도〉 같은 그림을 볼 수 있어.

그런데 참, 김홍도나 신윤복이 그린 풍속화는 엄밀히 말하면 서민 문화라고 보기 어려워. 왜냐하면 그 그림들이 서민이 그린 그림도 아니고 서민들을 위한 그림도 아니었으니까. 그런데 왜 풍속화를 서민 문화라고

• 조선의 풍속화가 혜원 신윤복이 그린 〈단오풍경〉이다. ⓒ 간송미술관 소장

하느냐, 서민들이 일하고 배우고 놀고 즐기는 일상을 그림에 담았기 때문이이야. 그림 이야기는 이쯤 하고 음악 이야기 해 줄게.

　서민이 즐긴 음악에는 판소리와 탈놀이가 있어. 판소리는 조선 판 랩 뮤직, 탈놀이는 조선 판 뮤지컬이라 할 수 있지. 판소리가 뭔지 궁금하다고? 부채를 든 소리꾼이 고수의 북장단에 맞춰 창(소리), 아니리(사설), 발림(몸짓)을 섞어 가며 이야기를 엮어 가는 음악 장르야. "이때에 춘향이가 어쩌고저쩌고" 하며 관객들에게 얘기를 늘어놓다가, "하는디" 이러고는 "이리 오너라 뒤태를 보자." 하며 창을 하는 거지. 지금은 〈흥부가〉, 〈적벽가〉, 〈수궁가〉, 〈춘향가〉, 〈심청가〉 등 대표적인 판소리 다섯 마당이 전해 와.

　판소리는 처음에 남도 지방을 중심으로 서민들이 즐기는 문화였는데 차츰 양반들도 즐기기 시작해 조선 후기에는 양반이나 평민이나 다 같이 즐기는 음악으로 자리를 잡았어. 판소리가 조선 후기 대표적인 서민 음악으로 자리 잡을 수 있었던 데는 중인 출신인 신재효의 역할이 컸어. 그는 소리하는 광대들을 지원하고 판소리 이론을 정립해서 판소리의 개척자로 불려. 판소리 다섯 마당과 판소리 개척자 신재효에 밑줄 쫙!

　판소리와 함께 서민 문화를 대표하는 음악이 탈놀이야. 탈춤이라고도 해. 탈놀이는 엄밀히 말하면 음악은 아니고 연극에 가까워. 얼굴에 탈을 쓰고 장단에 맞춰 춤을 추기도 하고 사설을 늘어놓기도 하면서 관객들을 웃기고 울리지. 탈놀이는 풍년을 기원하는 굿에서 기원했다고 하는데 조선 후기 땐 시골 장터에서 상인들이 사람들을 끌어모으려고 탈놀이 공연을 벌였어. 안동 하회 마을의 하회 탈놀이, 강릉 단오굿의 관노 탈놀이, 함경도 북청 사자놀이와 황해도의 봉산 탈춤이 유명해. 탈놀이에는 위선적인 양반의 모습을 익살스럽고 우스꽝스럽게 풍자하는 작품이 많아. 이제 마지막으로 서민들이 즐기던 문학 이야기를 해 줘야겠구나.

조선 후기 유행한 서민 문학으로 한글 소설과 사설시조를 들 수 있어. 한글 소설은 앞에서 한번 언급했지? 최초의 한글 소설인 《홍길동전》 말이다. 조선 후기 들어 《춘향전》이나 《심청전》, 《콩쥐 팥쥐전》, 《장화 홍련전》같이 재미있는 한글 소설이 많이 등장했는데 이 소설들을 서민들이 즐겼어. 평민들이 글을 깨우쳐서 소설을 읽었냐고? 글을 직접 읽는 평민들은 일부고 대개는 책 읽어 주는 사람이 읽어 주는 소설을 들었지. 서민들에게 책을 읽어 주는 사람을 전기수라고 해.

한글 소설이 인기가 있으니까 책을 파는 장사도 활발해졌어. 조선 시대 때 책을 파는 장사꾼을 서쾌라고 하는데 조선 후기 때는 책을 파는 책방 말고도 책을 빌려 주는 세책점도 인기였어.

사설시조도 조선 후기에 유행한 서민 문학이야. 양반 사대부들이 짓던 평시조보다 길이가 더 길고 형식도 자유로운 시조야. 평시조가 사대부들의 감회나 임금에 대한 마음을 표현한 데 비해 사설시조는 고려 가요처럼 서민들의 솔직한 감정을 해학적으로 표현한 작품이 많아. 얄미운 개를 읊은 사설시조 한 수 들어 볼래?

개를 열 마리 넘게 기르는데 요 개처럼 얄미울까

미운 님 오며는 꼬리를 홰홰 치며 뛰락 내리뛰락 반겨서 내닫고

고운 님 오며는 뒷발을 버둥버둥 물러났다 나아갔다 캉캉 짖어서 돌아가시게 한다

쉰밥이 그릇마다 넘친들 너 먹을 줄 있을까 보냐.

어때? 미운 님 오면 반갑게 달려들고 고운 님 오면 으르렁대며 쫓아 보내는 개에게 복수하려는 여인의 솔직한 마음이 절절하게 느껴지지?

마지막으로 좀 독특한 사람 한 명 소개할게. 서민보다 낮은 천민 출신이면서 한시를 토리 너만큼 잘 지은 시 천재가 있었어. 그 사람이 누구냐, 노비 출신의 정초부란 사람이야. 초부는 나무꾼을 뜻해. 정초부가 한시를 얼마나 잘 지었냐 하면, 다산 정약용이 당대 최고의 지식인이 지은 시를 모아 놓은 시집을 펴냈는데 그 시집에 정초부의 시 수십 편이 실릴 정도. 어떻게 그럴 수 있었을까?

정초부는 경기도 광주에 사는 여춘영이란 양반집 노비였어. 정초부는 여춘영이 어릴 때 글을 읽는 걸 어깨너머로 보고 글을 읽기 시작했어. 스무 살이나 어린 여춘영은 정초부가 글을 읽자 한시를 알려 주었고 정초

부가 한시를 잘 짓자 정초부가 지은 한시를 한성의 양반들에게 소개했어. 그렇게 해서 정초부의 시가 한성 양반들 사이에서 유명하게 됐지.

어느 날 도화서 화원인 김홍도는 정약용이 엮은 시집을 읽다가 필이 꽂혀 그림을 그리기 시작했어. 배를 타고 강을 건너는 〈도강도〉란 그림인데 김홍도를 감동시켜 그림을 그리게 만든 그 시, 그 시가 바로 노비 시인 정초부의 시였어. 정초부의 한시 소개하고 마칠게.

동호의 봄 물결은 쪽빛보다 푸르러
또렷하게 보이는 건 두세 마리 해오라기
노를 젓는 소리에 새들은 날아가고
노을 아래 산 빛만이 강물 아래 가득하네.

"정초부의 시 어떤 것 같니?"

이야기를 마치고 토리에게 물었다.

"아, 좋아. 내가 시를 지어 봐서 아는데 대단해. 그런데 정초부 정말 대단하다. 어떻게 노비가 이렇게 멋진 시를 지을 수 있지?"

"노비는 뭐 사람 아니냐? 노비라도 글을 깨우치면 한시를 지을 수 있는 거지. 조선 인구의 절반에 해당하는 노비 중에 문학적인 감성을 갖고 태어난 사람이 왜 없었겠니? 단지 그들은 글을 배울 기회가 없어서 시를 짓지 못했을 뿐이야. 정초부는 운 좋게 그 기회를 얻었고 타고난 문학적 재능을 발휘한 거지. 그런 걸 보면 나는 정초부도 정초부지만 여춘영이란 사람이 더 대단한 거 같아. 자기 집 노비에게 글을 가르치고 한시라는 새로운 신세계를 열어 주고 또 그 시를 양반들에게 소개해 주었으니까. 여춘영은 나중에 정초부를 노비에서 해방시켜 주기까지 했어. 아무리 신분 질서가 무너져 가던 조선 후기라지만 자기 집 노비를 자기 손으로 면천시켜 주는 게 쉬운 일은 아니었을 텐데 말이야. 정초부 이야기는 여기까지 하고 강의 마치자. 너도 조선 시대 강의 듣느라 고생 많았다. 끝."

나는 토리의 머리를 쓰다듬어 주고 방으로 들어왔다. 피곤이 밀물처럼 밀려왔다. 침대에 눕자마자 잠이 들었다.

여섯째 날
비행접시 타고 유적 답사

조선의 정치 1번지 **경복궁**
세계가 인정한 보물 **《조선왕조실록》**
다산 학문의 산실 **다산 초당**

조선의 정치 1번지 경복궁

다음 날 아침, 노크 소리에 잠을 깼다. 모처럼 단잠을 자는데 깨우다니.

"조선 시대 강의 다 끝났는데 왜 잠을 깨우고 그래?"

"어서 일어나, 아자씨. 유적 답사 가야지. 우리 별 속담에 일찍 일어나는 새가 벌레를 많이 잡는다는 말이 있어. 일찍 가서 많이 보자."

"우리나라 속담엔 일찍 일어나는 새가 많이 죽는다는 말이 있다. 조금만 더 자자."

내 애원에도 토리는 방에서 나갈 생각을 않고 서 있었다.

"오늘은 어디 갈 거야?"

나는 포기하고 몸을 일으켰다.

"안 가르쳐 주지. 가면서 얘기해 줄 테니까 어서 나갈 채비나 해."

"가르쳐 줘. 답사하기 전에 공부 좀 하게. 아는 만큼 보인다는 말 몰라?"

"토리야, 니 말이 맞다. 하지만 하나만 알고 둘은 모르는 소리다. 아는 만큼 보이는 건 맞지만 아는 만큼 못 느낄 수도 있거든. 유물이든 유적이든 그림이든 영화든 심지어 사람도 마찬가지다. 느낌이 중요한 거야. 특히 처음 봤을 때의 첫 느낌. 거기서 오는 감동! 알겠냐?"

"가르쳐 주기 싫으면 가르쳐 주기 싫다 그래."

"얘 봐라. 무슨 말을 그렇게 섭섭하게 하냐? 영화 중에 어떤 영화가 가장 재미없는 줄 알아? 책으로 읽고 나서 보는 영화야. 왜? 이미 다 아는 내용이니까. 그러니까 유적 답사 가기 전에 너무 많은 걸 알려고 하지 마. 그럼 느낌이 없어. 그리고 넌 이미 오늘 답사와 관련한 내용을 충분히 알고 있어. 그러니 이 아저씨만 믿고 따라와. 알았지?"

토리가 쳇, 하며 방을 나갔다. 잠시 뒤 우리는 투명 망토, 아니 투명 갑옷을 챙겨 들고 큰 바위 하우스를 나왔다.

비행접시에 올라타자 토리가 외쳤다.

"날아라, 얍!"

비행접시가 날아올랐다. 어디로 가느냐고 토리가 물어서 경복궁이라고 대답해 주었다.

잠시 뒤 우리는 경복궁 뒷산에 내렸다. 거기서 스노우맨처럼 날아서 광화문 앞에 내렸다. 겨울철 이른 아침이어서인지 경복궁을 찾은 사람이 별로 없었다. 우리는 광화문을 통해 경복궁으로 들어갔다.

"토리야, 널 경복궁에 데려온 이유가 있다. 경복궁은 조선의 정치 1번지야. 500년 동안 수많은 역사가 여기서 이루어졌지. 생활사 3분 특강 때 경복궁 강의 들은 거 떠올리며 천천히 감상해 봐. 알았지?"

토리가 고개를 끄덕였다. 광화문을 통과하자 흥례문이 나왔다.

"20년 전까지만 해도 이 자리에 조선 총독부 건물이 서 있었어. 일제가 남의 나라 궁궐 안에 식민지 침략의 상징인 총독부 건물을 지은 거야. 그 건물은 해방이 되고 중앙청으로, 다시 국립중앙박물관으로 쓰이다 1990년대 중반에 헐렸어. 일본, 참 대단해. 어떻게 남의 나라 궁궐 안에 그런 건물을 지을 생각을 했는지. 에효."

흥례문을 통과하자 정면에 웅장한 2층 전각이 보였다. 토리가 "우왕, 큰데!" 하며 감탄했다.

"저 건물이 경복궁의 중심인 근정전이다. 왕이 국가 행사나 사신 접대 등을 하던 곳이지. 궁궐 전각에는 크게 세 종류가 있어. 정전, 편전, 침전. 경복궁의 정전은 지금 보고 있는 근정전이야. 창덕궁에 있는 인정전이나 경운궁(덕수궁)의 중화전이 모두 정전이야. 편전은 왕의 사적인 공간인 동시에 업무를 보는 곳이야. 근정전 뒤에 있는 사정전이 편전에 해당해. 침전은 왕과 왕비의 처소. 경복궁에서는 강녕전과 교태전이 침전이야."

"아, 그렇구나. 빨리 가 보자!"

"차례대로 다 둘러볼 거니까 보채지 좀 마."

입을 삐죽이며 근정전으로 향하던 토리가 줄지어 선 표지석 앞에 멈춰 섰다.

"이게 뭐지?"

"품계석이라는 거다. 조선 강의 들으면서 정1품이니 정3품이니 하는 말

• 왕이 국가 행사를 치르거나 사신을 접대하던 경복궁의 정전 근정전. ⓒBlmtduddl

많이 들어 봤지? 조회 때나 국가 행사 때 대신들이 자기 직급에 해당하는 품계석 옆에 서서 임금님 바라보던 자리. 참, 토리 너 생활사 특강 때 과거 급제해서 홍문관 교리 됐지? 홍문관 교리면 정5품이니까 요 옆에 서 봐. 사진 한 장 찍어 줄게."

 토리가 "정말?" 하며 정5품 품계석 옆에 섰다. 내가 그 옆에 서서 셀카 포즈로 사진을 찍으려 하자 토리가 오른손으로 브이 자를 그려 보였다. 얘는 또 이건 어디서 봐 가지고. 사진을 찍고 나서 보니 근정전을 배경으로 둘의 사진이 제법 그럴듯했다.

 "하, 잘 나왔네. 나중에 집에 돌아가면 아들한테 자랑해야지. 너한테도 사진 전송해 줄 테니까 지구 떠날 때 꼭 가져가라. 남는 게 사진밖에 더 있냐."

 토리가 대답 대신 알 듯 말 듯 묘한 웃음을 지었다. 뭐지, 저 웃음의 의미는?

 근정전 안을 둘러보던 토리가 말릴 틈도 없이 건물 안으로 걸어 들어갔다. 그러더니 어좌에 턱 하니 앉았다.

 "아저씨, 여기서도 한 장 부탁해."

 "거긴 들어가면 안 되는데……. 할 수 없지 뭐."

 내가 휴대폰으로 사진을 찍어 주자 토리가 좋다고 브이 자를 그렸다.

 "아저씨, 내가 말이야, 경복궁에 와서 임금님 의자에 앉아 보니까 왠지 낯설지가 않아. 아주 편안해. 아주 오래전부터 거기 앉아 있었던 것처럼. 혹시 내가 전생에 조선의 왕이 아니었을까?"

 나는 더 들어 줄 기분이 아니었으므로 토리의 말을 무시하고 사정전 쪽으로 걸어갔다.

"뭐야? 남의 말을 무시하고. 쳇!"

토리가 새초롬한 표정을 지었다.

"무시하는 건 아니고, 오늘 갈 길이 멀어서 그렇다. 자, 이 건물이 사정전이란다. 생각, 생각, 생각하며 정치를 하라는 뜻에서 생각 사(思) 자를 넣어 사정전이라 이름 붙였다는 건물. 이곳에서 세종은 백성을 위해 아주 많은 일들을 기획하고 명하고 그랬겠지?"

사정전을 둘러보고 나오자 왼편으로 수정전 건물이 보였다. 지나칠까 하다가 한마디 해 주었다.

"지금 이 자리에 집현전 건물이 있었어. 그러니까 세종이 편전인 사정전에서 밤늦도록 책을 읽다가 집현전에 켜진 불빛을 보고 찾아가서 졸고 있는 신숙주, 아니, 성삼문인가? 아니다, 신숙주가 맞다. 신숙주에게 곤룡포를 덮어 주셨다는 역사적인 장소지."

내 말을 듣고 있던 토리가 그렇구나 하는 표정으로 고개를 끄덕였다. 우리는 수정전에서 경회루 쪽으로 방향을 잡았다. 경회루를 보자 토리가 알은체를 했다.

"저기가 바로 경회루구나!"

"맞아, 경회루. 중국 사신을 접대하거나 나라에 좋은 일이 있을 때 잔치를 열던 곳. 잔치를 벌이다 흥이 나면 연못에서 배도 타고. 에헤라 디여~."

내가 두 팔을 들어 춤을 추는 시늉을 하자 토리가 말을 잘랐다.

• 중국 사신을 접대하거나 나라에 경사스러운 일이 있을 때 잔치를 열던 경회루다. ⓒ Noh Mun Duek

"아자씨, 쿵쿵따 같은 거 또 시키면 나 집에 간다. 근데 저기 추녀마루 위에 잡상이 보이네!"

토리가 경회루 추녀 위를 가리켰다.

"올, 토리 대단한데. 잡상을 알다니."

"날 뭘로 보고. 중국에서 봤거든. 그런데 조선에도 잡상을 만들었다니 신기해."

"신기할 게 뭐 있냐. 문화라는 게 생기면 전파되고 그러는 거지. 한 가지 알아 둘 건 조선 시대 건물 중에 잡상이 가장 많은 건물이 경회루라는 사실. 경복궁의 대표 건물이라 할 수 있는 근정전 위의 잡상이 일곱 개야. 그에 비해 경회루 잡상이 열한 개니까 경회루를 얼마나 중요하게 여겼는지 알겠니? 호텔도 별 다섯 개짜리가 있고 일곱 개짜리가 있듯이 잡상도 중요한 건물엔 더 많아. 남대문엔 열 개가 있다던가? 참, 저 잡상을 어처구니라고도 부른다는 거 알아 둬라. 경복궁은 생활사 3부 특강에서도 설명 많이 했으니까 그때 이야기 안 한 전각으로 가 보자."

나는 토리를 데리고 침전인 강녕전과 교태전을 지나 경복궁 북쪽에 깊이 자리하고 있는 건청궁으로 갔다.

"토리야, 여기가 건청궁이야. 태조 이성계가 경복궁 만들 때도 없었고 흥선대원군이 경복궁 복원할 때도 없었던 전각이지. 건청궁이 세워진 건 흥선대원군이 물러나고 고종이 직접 정치 전면에 나선 뒤였어. 경복궁 깊숙한 곳에 고종과 왕비 명성황후의 거처를 새로 지은 건데, 이곳이 조선 역사에서 가장 비극적이고 어처구니없는 사건이 벌어진 바로 그 현장이란다."

"엥?"

토리가 눈을 동그랗게 떴다.

"내일 시작하는 근대사 강의 때 나오는데 이왕 봤으니 한마디만 해 줄게. 1895년 일제는 눈엣가시인 명성황후를 시해하기 위해 건청궁으로 쳐들어 왔어. 명성황후가 머물던 방에서 명성황후를 죽인 일본 무사들은 명성황후의 시신을 옥호루라는 건물에 잠시 뉘였다가 증거를 없애기 위해 요 옆 녹산에 가져가서 석유를 뿌리고 불태워 버렸지."

토리가 벌어진 입을 다물지 못했다.

"어떻게 그런 일이……."

"아무렇지도 않게 일어났단다. 구한말 조선에서……."

우리는 건청궁과 녹산을 둘러보고 경복궁을 빠져나왔다.

"다음엔 어디로 갈 거야?"

비행접시에 오르자 토리가 물었다.

"조선의 5대 궁궐인 경복궁, 창덕궁, 창경궁, 경희궁, 경운궁을 다 둘러보고 싶다만 다음 스케줄이 있으니 이만 이곳을 떠나도록 하자. 다른 궁은 다음에 기회 되면 또 가기로 하고. 참, 가더라도 창덕궁 이야기 하나는 해야 할 것 같다. 동쪽으로 조금만 날아 봐."

북악산을 출발한 비행접시가 동쪽으로 날았다. 산에 의지해 자리 잡고 있는 창덕궁이 발아래 보였다.

"방금 전에 조선의 정궁이자 법궁인 경복궁을 둘러봤다만 사실 조선 왕들이 가장 많이 기거하던 궁궐은 창덕궁이었어. 조선 왕들이 경복궁 터가 안 좋다고 하면서 창덕궁에 주로 머물렀기 때문이야. 저기 창덕궁에서 정말 많은 사건이 벌어졌단다. 세조가 사육신을 불러다 국문한 곳도 창덕궁이요, 연산군이 피바람을 불러일으킨 곳도 창덕궁이요, 임진왜란 때 선조가 피란길에 오른 곳도 창덕궁이요, 인조반정이 일어나 광해군이 쫓겨난 곳도 창덕궁이요, 사도세자가 여드레 동안 뒤주에 갇혀 죽어 가던 곳도……, 아차, 거기는 창덕궁 옆 창경궁이다. 창경궁 문정전 앞. 아무튼 창덕궁은 1405년 지어진 이래 수많은 역사 사건의 배경이 되었던 곳이지. 이 정도 하고 다음 장소로 가 볼까?"

"어디로 갈 건데?"

"서울대학교 규장각. 세계에 자랑할 만한 보물이 그곳에 있어. 토리 기사, 출발~."

토리가 하나도 안 웃긴다는 표정을 짓더니 버튼을 눌렀다.

세계가 인정한 보물 《조선왕조실록》

비행접시가 붕 떴다 나는가 싶더니 어느새 눈에 익은 대학 캠퍼스 상공 위에 멈춰 섰다. 계기판은 동경 126도, 북위 37도를 나타냈다. 도대체 토리는 어떻게 알고 목적지를 이리도 잘 찾아다니는지. 하긴, 그러니까 된다 토리겠지. 우리는 캠퍼스에서 조금 떨어진 산에 내려 천천히 아래로 걸어 내려왔다.

"토리야, 날씨도 추운데 얼른 날아가는 게 어때?"

내가 날려는 자세를 취하자 토리가 말렸다.

"가까운 데는 걸어 다니라는 명언도 몰라?"

"어이없는 명언도 다 있구나. 하는 수 없지. 가는 동안 이번에 볼 보물 이야기해 줄게."

토리가 고개를 끄덕였다.

"지금 가는 곳은 서울대학교 안에 있는 규장각이야. 규장각, 정조 이야기할 때 많이 들었던 이름이지? 조선 왕실 도서관이자 인재 양성소였던 규장각이 일제 강점기와 한국전쟁을 거치면서 서울대학교로 옮겨지게 됐는데 이곳에 바로 《조선왕조실록》이 보관돼 있어."

토리가 나를 향해 고개를 획 돌렸다.

"《조선왕조실록》이라면 내가 좀 알지. 태조 이성계부터 마지막 임금인 순종 때까지 조선 왕들의 실록을 합쳐 부르는 말이잖아. 맞지?"

"정확히 틀렸다."

"엥? 틀렸다고?"

"그래, 틀렸어. 《조선왕조실록》은 왕들의 실록을 합쳐 부르는 말이긴 한데 태조 이성계부터 철종까지 25대 왕들의 실록을 말해. 마지막 두 임금인 고종과 순종 실록은 제외돼."

"그래? 왜 고종과 순종 실록은 빼는 거야?"

"아픈 사연이 있지. 《고종실록》과 《순종실록》은 일제 강점기 때 조선 총독부에서 편찬한 거라 내용이 심히 왜곡된 부분이 많아. 그래서 실록에 포함시키지 않고 참고 자료로 활용할 뿐이야."

"아하, 그런 사연이 있었구나."

이런 이야기를 주고받는 사이 규장각에 도착했다. 우리는 관람객 사이를 요리조리 피해 열람실 안으로 들어갔다. 열람실 안에는 방학을 맞아 찾아온 어린이 관람객이 많았다. 토리와 나는 일단 열람실에 전시돼 있는 자료들을 쭉 살펴봤다. 실록도 보이고, 의궤도 보이고, 교과서에서만 보던 《승정원일기》나 《일성록》 따위의 책들이 눈에 띄었다. 토리에게 설명을 해 주고 싶었지만 허공에서 목소리만 들리면 관람하던 초등학생들 기절할 것 같아 가만히 있었다. 토리가 이런 내 마음을 알았는지 사람 없는 곳으로 나를 잡아끌었다.

"왜, 내 설명을 못 들어 서운해서 그러냐?"

"아니, 그건 아니고. 제대로 된 유물을 볼 수 있는 곳 없수?"

"저 책들이 다 제대로 된 보물이야."

"그건 그런데 유리 상자에 전시된 거 말고. 내가 유리문 열고 만져 볼 수 없으니까 하는 말이지."

실물을 볼 수 있는 곳이 있긴 있다. 수장고라고, 원본을 보관한 창고.

"그럼 수장고로 가면 되겠네."

"에구, 깜짝이야! 너 땜에 무슨 생각을 못 하겠다. 거긴 안 돼. 일반인 금지 구역이야."

"내가 일반인이유?"

하! 고 녀석 참. 나는 보물에 절대 손을 안 댄다는 다짐을 받고 수장고로 토리를 데려갔다.

수장고 문은 굳게 닫혀 있었지만 토리는 쉽게 그 문을 열었다. 문을 여는 순간, 훅, 하고 오래된 책 향기가 풍겨났다. 토리가 두 눈을 지그시 감고 냄새 맡는 표정을 지었다.

"오우, 스멜! 향기 좋다. 난 지구에서 이 냄새가 제일 좋더라."

얼씨구. 양반 좀 시켜 줬더니 자기가 아주 진짜 글 읽는 선비인 줄 아는군.

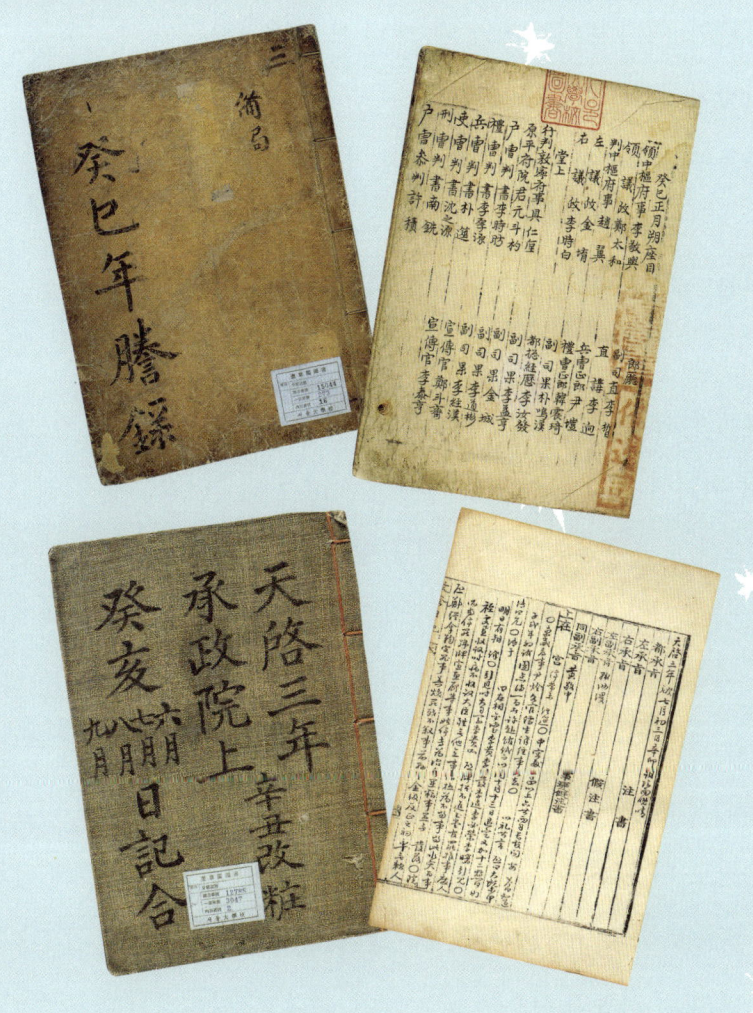

• 《조선왕조실록》을 만들기 위해 참고했던 《비변사등록》(위쪽)과 《승정원일기》다. 《비변사등록》은 국보 152호로, 국방 및 주요 국정을 맡아보는 관아인 비변사에서 논의·결정된 사항을 날마다 기록한 책이다. 《승정원일기》는 국보 303호로 왕명의 출납을 맡아보던 승정원에서 취급한 문서와 사건을 기록한 일기다. 《승정원일기》는 2001년 세계기록문화유산으로 등재되었다. ⓒ 서울대학교 규장각 한국학연구원 소장

"아자씬 안 느껴져? 저 책에서 풍겨져 나오는 아주 오래된 문자의 향기."

"토리야, 여기서 이러면 안 돼. 빨리 보고 나가자."

"알았어. 근데 이게 다 몇 권이야?"

"태조부터 철종까지 472년 동안의 역사를 담아서 모두 888책이란다. 단일 왕조 기록으로는 세계에서 가장 긴 역사책이지."

"우왕! 대단하다. 조선 사람들은 어떻게 그렇게 오랫동안 역사 기록을 남겼대?"

"그게 어떻게 가능했냐 하면, 어허, 자꾸 들춰 보고 그러지 마. 책 파손되면 안 되니까. 우선 실록이 얼마나 철저하게 만들어졌는지, 그리고 얼마나 정성스레 보관해 왔는지 두 가지를 알아야 해. 먼저 실록을 편찬한 과정을 간단하게 알려 줄게. 왕이 죽으면 다음 왕이 죽은 왕의 실록 편찬 작업에 들어가. 실록청이라는 임시 관청을 만들고, 사초를 모으지. 사초는 사관들이 기록한 실록의 바탕 자료야. 이때 사초뿐만 아니라 승정원에서 만든《승정원일기》,《비변사등록》, 조선 시대 관보인《조보》등도 모으고, 필요하면 개인 문집도 다 긁어모아. 이 자료를 바탕으로 실록을 편찬하는데 실록은 연월일 순으로 기록하는 편년체 서술 방식으로 집필해. 그렇게 실록을 완성하고 나면 바탕 자료인 사초는 물로 씻어. 왜냐고? 종이를 재활용하려는 뜻도 있고, 더 중요한 건 기밀을 누설하지 못하게 하기 위해서. 그다음엔 편찬한 실록을 깊은 산속 으슥한 곳에 지어진 사고에 나누어 보관하는 거지. 실록은 왕이라도 사사로이 볼 수가 없었어. 오늘날로 치면 국가 지정 기록물 중에서도 특급 기밀 자료야. 이렇게 철저하게 기밀을 유지했으니까 왕들도 함부로 실록 들여다보고 정치적으로 이용하지 못했지. 뭐 연산군 때 사초 들여다본 게 발단이 돼서 애꿎은 선비들이 화를 당한 무오사화가 벌어지긴 했지만."

이야기를 듣는 동안 토리는 여전히 실록에서 눈과 손을 떼지 못한 채 책을 들었다 놨다 했다.

"너, 지난번 간송미술관 갔을 때처럼 가져가고 싶다느니, 탐난다느니 그러면 못쓴다. 《조선왕조실록》은 국가 보물이자 유네스코 세계기록문화유산이니까. 다 봤으면 나가자."

토리는 아쉬운 표정을 지으며 꺼냈던 책을 다시 꽂아 두었다. 우리는 수장고를 나와 다시 전시실로 갔다. 전시실에는 여전히 많은 관람객이 있었으므로 우리는 눈으로 유물을 관람하고 전시실을 나왔다. 전시실 밖 외벽에 붙어 있는 큰 지도가 눈에 들어왔다.

"토리야, 저 지도가 어제 이야기한 김정호의 《대동여지도》야. 원본은 아니지만 크기는 같으니까 한번 봐 둬."

토리가 놀란 듯 입을 벌렸다. 우리는 곧 규장각 전시실을 빠져나왔다. 많은 사람들이 있는 곳에서 유물을 설명하기가 힘든 까닭이었다. 학교를 나와 산길을 오르며 토리에게 말했다.

"그토록 철저하게 만들어진 실록이 오늘날까지 전해 올 수 있었던 이유는 두 선비의 지혜와 희생이 있었기 때문이야."

토리가 그건 또 뭔 소리냐는 표정으로 나를 쳐다봤다.

"조선 왕조는 편찬된 실록을 네 부를 인쇄해 각각 다른 사고에 보관했어. 한성 춘추관에 한 부, 충주와 성주와 전주에 각각 한 부씩. 그런데 임진왜란이 터져서 전주 사고에 보관된 실록만 남고 모두 불에 타 버렸어. 전주 사고의 실록마저 불타 버리면 실록이 모두 없어질 위기였지. 그때 태인에 사는 안위와 손홍록이라는 선비 두 사람이 전주로 달려가 실록을 내장산 깊숙한 곳으로 옮겼어. 자기 재산을 다 털어서. 기록 문화를 지키려는 두 선비의 희생 덕에 실록 한 부가 살아남았지. 이후 전주 사고의 실록을 다시 인쇄해서 마니산, 태백산, 묘향산, 오대산에 나누어 보관하다가 지금 서울대 규장각과 국가기록원에 나눠 보관하고 있어. 일부는 일제 때 일본으로 가서 아직 그곳에 계신다."

"정말 굉장한 이야기다. 두 선비는 무슨 생각으로 그런 엄청난 공을 세웠을까?"

"위대한 기록 문화를 지키려는 마음 아니었을까? 그 덕에 나도 너한테 강의하면서 실록에 따르면, 어느 실록에 보면, 이러면서 강의를 할 수 있는 거지. 지난주에 간송미술관 갔던 거 기억나지? 간송 전형필이 한국전쟁 중에도 《훈민정음해례본》을 지켜 내서 오늘날 한글 창제 원리가 밝혀진 것처럼 안위와 손홍록 두 선비 덕에 위대한 조선 역사의 기록이 오늘날까지 전해오게 되었다는 말씀."

"아자씨 얘기 들으니까 조선이 달리 보여. 단순히 유교의 나라, 양반의 나라라고만 알았는데 기록 문화 킹, 왕, 짱! 국가였네."

"《조선왕조실록》만 가지고 그런 감탄을 하기엔 이르다."

"뭐가 또 있어?"

"아까 전시실에서 본《승정원일기》있잖냐. 그 책은 인조 때부터 일제에 병합되기 전까지 왕의 비서실인 승정원에서 매일 적은 일기인데 288년 동안 쓴 일기가 무려 3243책, 글자 수로 약 2억 4천만 자다.《조선왕조실록》의 네 배가 넘어. 선조 대까지 편찬된《승정원일기》는 임진왜란 때 불타 없어졌는데 불타 없어진 것까지 합하면 여덟 배가 넘겠지?"

토리의 입이 떡 벌어졌다. 토리는 비행접시에 다다를 때까지 벌린 입을 다물지 못했다.

"뭘 그렇게 놀라. 아직 하나 더 남았는데."

토리가 헐, 하는 표정으로 나를 쳐다봤다.

"조선 역사상 책을 가장 많이 쓴 책 다사 왕, 정약용 선생이 18년간 유배 생활을 하던 강진으로 출발~!"

다산 학문의 산실 다산 초당

잠시 뒤 우리는 전라도 강진의 만덕산 숲에 내렸다. 다산 초당 유적지 입구에서 초당으로 오르는 길은 제법 가팔랐다. 토리가 숨을 헐떡이며 내 뒤를 따랐다.

"같이 가. 힘들어 죽겠어. 헥헥. 우리 날아가자."

"가까운 데는 걸어가라며. 힘들어도 힘내. 정약용은 지금보다 더 험한 이 길을 얼마나 오르내리셨겠냐. 그런 거 생각하며 참고 걸어 봐."

한참을 걸어가던 중에 토리가 나무뿌리에 걸려 넘어졌다.

"길에 웬 나무뿌리가 이렇게 드러나 있어. 나 다리 아파, 못 걸어."

"못 걸으면 그냥 돌아가자. 흠."

"나 좀 업어 줘."

"다 큰 녀석이 왜 업히려 들어?"

말은 이렇게 하면서도 나는 져 주는 척 토리를 업었다.

"토리야, 정약용이 강진에서 유배 생활 한 이야기해 줄까? 정조가 세상을 뜬 뒤 노론에 미운털이 박힌 정약용이 이곳 강진으로 유배를 왔지. 그때가 1801년이던가. 이곳에 유배 와 보니 사람들이 죄인 취급하며 정약용을 멀리했어. 그래 유배 초기에 정약용은 주막집 문간방이나 제자들 집을 전전하며 책을 읽곤 했어. 그렇게 8년 이리저리 떠돌다가 외가인 해남 윤씨 가문에서 만덕산 기슭에 있던 자기네 별장을 정약용에게 내주었단다. 그때부터 정약용은 다산 초당에 기거하며 11년 동안 유배 생활을 이어 갔지. 지금 우리가 가는 곳이 바로 정약용이 10년 넘게 머물던 다산 초당이야."

토리를 업고 말까지 하려니 숨이 찼다. 멀리 다산 초당이 보이는 곳에서 토리를 내려 주었다.

"이제 걸을 수 있겠지?"

"오케이, 땡큐!"

"다산 초당에는 정약용이 기거하던 초당과 책을 쓰며 제자를 가르치던 동암, 그리고 18명의 제자들이 묵었던 서암, 세 건물이 있어 저기 가운데 보이는 건물이 다산 초당이란다."

"초당이 아니라 기와를 얹은 와당이구만. 다산 와당."

"하하. 복원하면서 기와집으로 만들어서 그래. 다산 초당에 왔으니 정약용 선생의 자취가 배어 있는 다산 4경을 둘러볼까?"

토리와 나는 초당 뒤편에 있는 정석 바위와 차를 마시기 위해 팠다는 약천약수, 앞마당에 차를 끓이기 위해 만든 부뚜막 다조, 그리고 초당 옆 작은 연못인 연지석가산을 차례로 둘러보았다.

"정약용은 초당 뒷산 이름을 따서 호를 다산으로 정했어."

"여기 산 이름이 만덕산이라던데?"

"만덕산이라고도 하고 야생 차나무가 많아서 다산이라고도 불렸어. 차 다(茶) 자를 써서 다산. 정약용은 뒷산에 있는 야생 차나무에서 찻잎을 따다 덖어서 차를 마시며 이곳에서 10년 동안 책을 쓰고 제자를 길렀지. 정약용의 불후의 명작《목민심서》를 쓴 곳도 다산 초당이야. 그러니까 여긴 유배지인 동시에 다산 학문의 산실이라고 할 수 있지. 다산이 그토록 많은 책을 쓸 수 있었던 것도 외딴 곳에서 집필에 전념할 수 있는 환경 덕분이었어. 18명의 제자들이 도와준 덕도 있고. 자, 이제 초당을 봤으니 저 위쪽 백련사까지 한번 가 보자."

초당을 벗어나 백련사 가는 길로 향했다.

"백련사는 다산이 유배 생활하던 중에 사귄 혜장선사가 머물던 절이야. 다산은 학식이 높은 혜장선사와 학문을 토론하고 함께 차를 마시며 유배 생활의 적적함을 달랬어. 두 사람은 종종 이 길을 오가며 우정을 나눴지."

초당에서 조금 벗어나자 천일각이 나왔다. 하늘 끝 한 모퉁이, 천일각. 천일각에 서니 강진 만의 바다와 바다 건너 산들이 한눈에 들어왔다.

"천일각은 다산 시절엔 없던 건물이야. 나중에 세운 건데 다산은 이 언덕에서 강진 만을 바라보며 유배 생활의 시름을 달래고 그리운 사람을 그리워했을 거야. 고향에 있는 아내와 흑산도에서 유배 생활하는 약전이 형, 돌아가신 정조 임금……. 너 혹시 정약용이 제일 그리워한 사람이 누구였을 거라 생각하니?"

"정약용 아줌마?"

"하하. 내 생각엔 아내보다 아들이 더 보고 싶었을 거 같다. 정약용이 아들 생각을 엄청 했거든. 왜 안 그랬겠어. 유배 와 있는 바람에 자식들을 제대로 돌봐 주지 못했으니 얼마나 미안하고 안쓰러웠겠니. 그래서 정약용은 유배 생활 중에 자식들에게 편지를 많이 보냈어. 마침 다산이 쓴 편지가 한 통 있는데 읽어 줄까? 흠흠.

'아버지는 너희에게 넓은 토지를 물려주지 못하지만 부지런할 근(勤) 자와 검소할 검(儉) 자를 남기고자 한다. 너희들은 부지런히 공부에 더욱 힘쓰기를 바란다. 사람이 배우지 않으면 새나 짐승과 하등 다를 바가 없다. 어려서 공부를 하는 것은 부지런하고 검소한 것만큼 필요한 일임을 잊지 말아라. 강진에서 아비가.'

아들이 바르게 자라길 바라는 아버지의 마음이 절절히 느껴지지 않니?"

우리는 백련사를 향해 천천히 걸었다. 길 양편엔 눈들이 쌓여 있고 야생 차나무와 오래된 동백나무 수백 그루가 서 있었다. 동백나무 가지에 매달린 빨간 꽃이 하얀 눈 속에서 더 붉게 빛났다.

우리는 백련사를 둘러보고 비행접시로 돌아왔다.

"토리야, 이제 유적 답사도 마쳤으니 큰 바위 하우스로 돌아갈까?"

"오케이, 출발!"

비행접시가 강진 만을 빠져나와 서해로 접어들었다. 유적 답사를 즐겁게 마친 것 같아 기분이 좋았다. 토리도 재밌었는지 다산 초당에서 백련사 가는 길가에 핀 동백꽃이 어쩜 그렇게 예쁘냐느니 하며 마구 떠들어 댔다.

★

토리의 재잘거리는 소리를 듣다 보니 어느새 큰 바위 하우스가 보였다. 비행접시가 착륙하려 할 때였다. 토리가 "이런!" 하고 소리쳤다.

"왜, 무슨 일이야?"

내가 다급하게 물었다.

"턱손이 그 지구인이……."

"턱손이가 왜?"

"칩을 제거하려고 해."

기가 막혔다. 다시는 우리를 추적하지 못하도록 장치를 해 뒀다고 호언장담하더니 대체 이게 무슨 난리란 말인가.

"자기 목숨이 위태로운데 어떻게 그런 일을 해, 토리 네가 여기서 리모컨 누르면 죽을 수도 있다는 걸 알 텐데."

"그래서 말이나 글씨가 아니라 눈빛으로 암호를 만들어서 의사소통을 하고 있어. 그렇게 하면 내가 모를 줄 아는 거지. 아, 이 지구인, 보기보다 대단한데."

"그럴 거다. 거기 근무하는 사람들 엄청 똑똑하고 애국심도 투철하거든. 근데 뭘 그렇게 고민하냐. 칩 제거하게 놔둬."

"안 돼!"

토리가 소리쳤다.

"왜?"

"그 칩에 우리 위치 정보가 들어 있다고!"

"오 마이 갓. 그럼 리모컨 눌러서 폭파시켜 버려!"

토리가 어이없다는 표정으로 나를 노려봤다.

"정말 그러길 바라는 거야? 지구인들이 다치는데도?"

"아니, 난 뭐 꼭 그러라는 게 아니고, 니가 하도 걱정을 하니까······."

"지구 역사 탐구 프로젝트 수행할 때 지구인을 해치면 안 된다는 규정이 있어. 그 규정을 어기면 난 우리 별로 돌아가지 못해."

토리 얼굴에 슬픈 기운이 묻어났다.

"흠. 그럼 이제 어떡하냐?"

"어떡하긴 뭘 어떡해. 쳐들어가서 조치를 취해야지. 우리 정보가 드러나기 전에."

"호랑이 굴에 다시 가자고? 난 절대 못 가!"

"아자씨 정보도 다 밝혀질 텐데?"

으이그, 어쩌다 일이 이렇게 꼬였나.

"아자씨, 갑시다!"

토리는 오른팔을 높이 쳐들고, 적진을 향해 진격하는 장수처럼 결연하게 외쳤다. 착륙하려던 비행접시가 휭 하고 다시 날아올랐다.

나는 두 눈을 감고 깊은숨을 내쉬었다. 그래, 주사위는 던져졌다!

부록

—

조선 시대 왕계표

동아시아의 역사 변천

연표로 보는 한국사와 세계사

조선 시대 왕계표

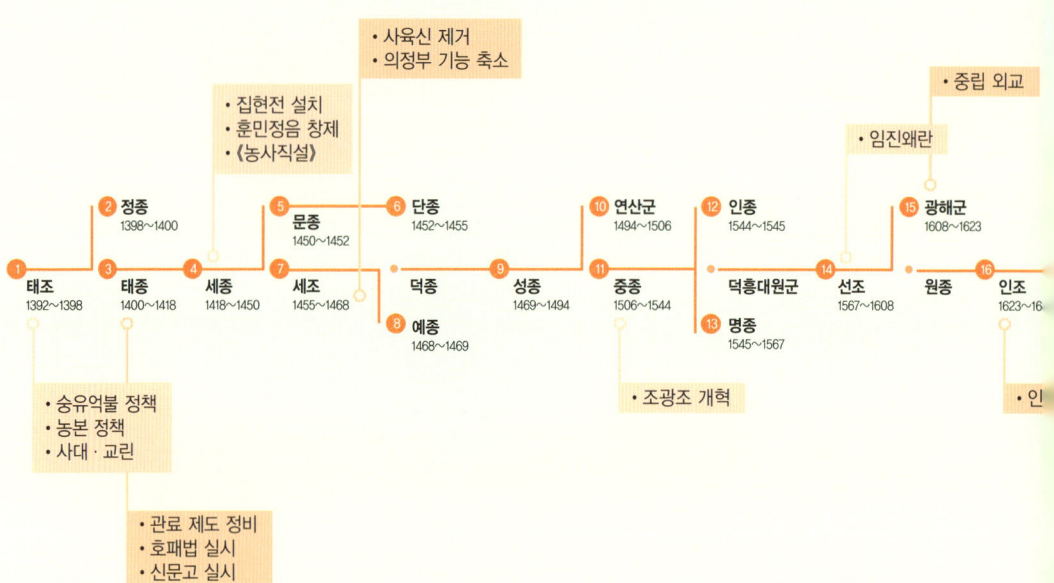

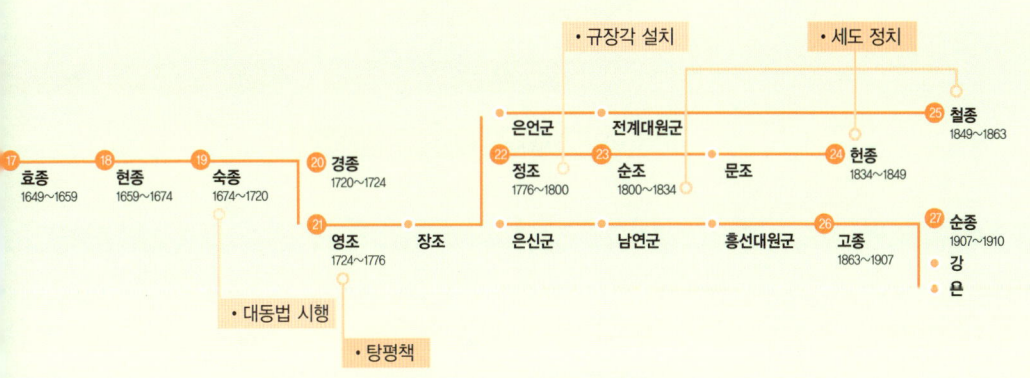

동아시아의 역사 변천

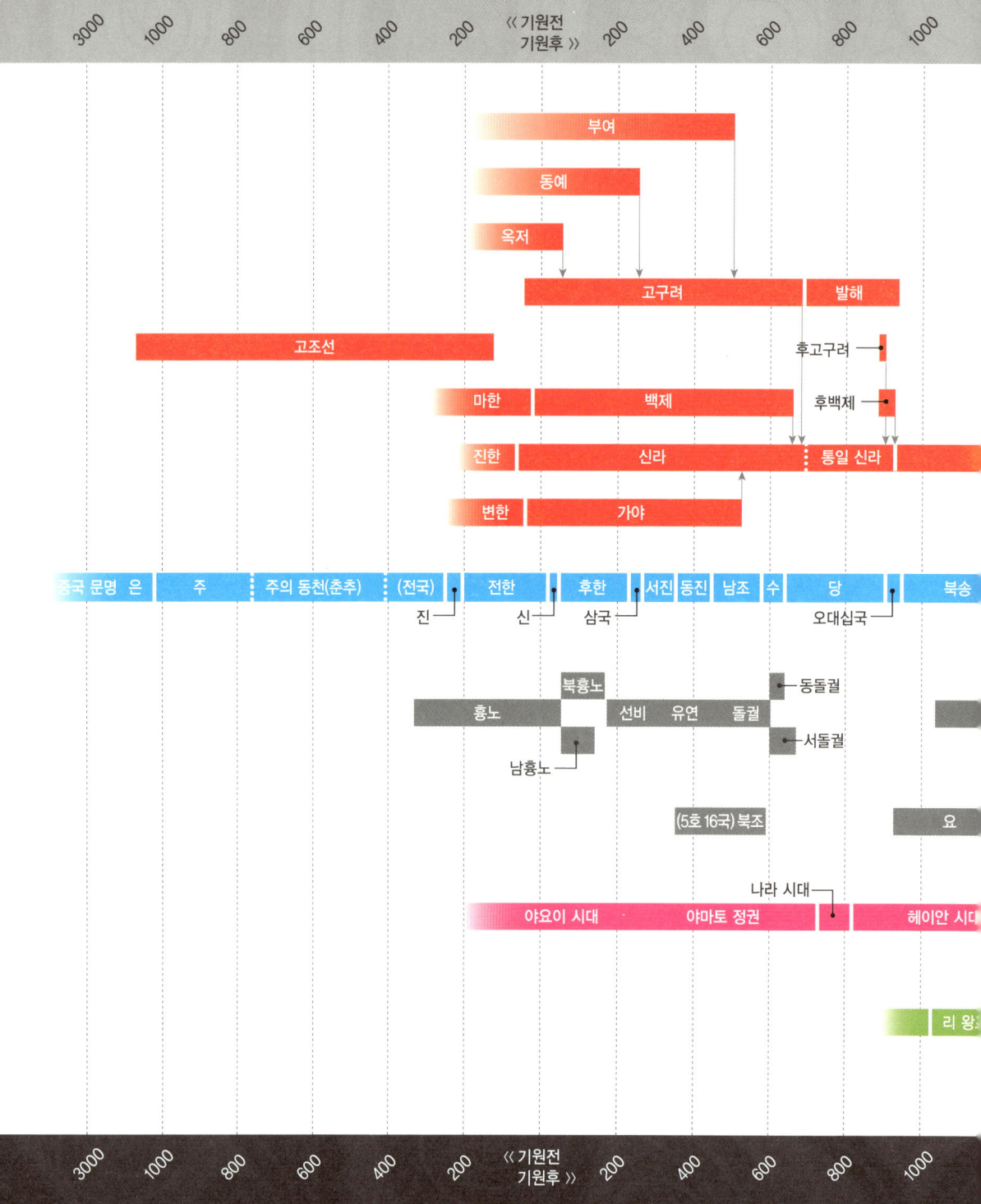

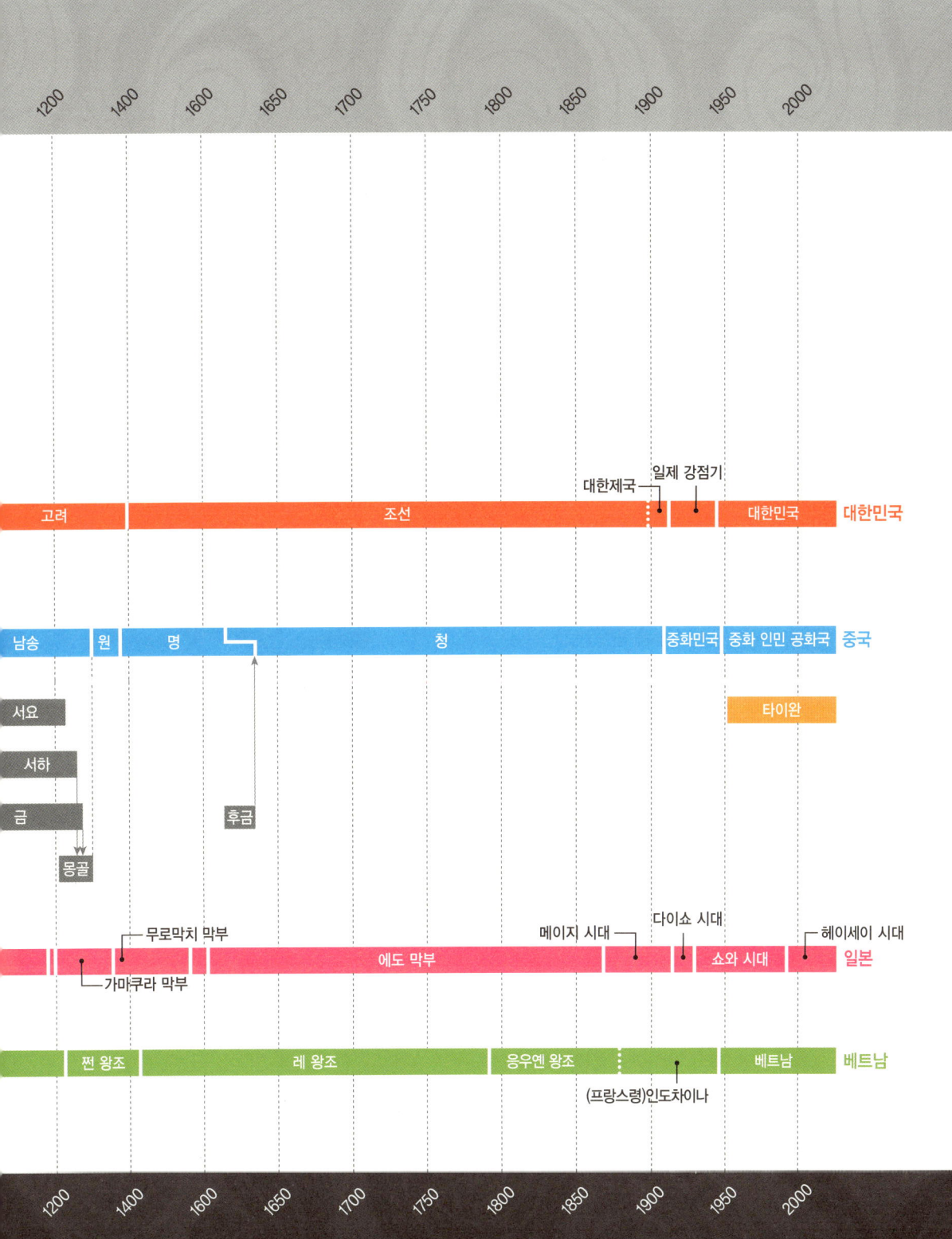

연표로 보는 한국사와 세계사

한국사

조선 시대

1392년 이성계, 조선 건국
1394년 한양 천도
1395년 경복궁 완공
1398년 1차 왕자의 난

경복궁 근정전

1400년 2차 왕자의 난, 태종 즉위
1413년 호패법 실시
1416년 4군 설치
1418년 세종 즉위
1419년 이종무, 쓰시마 정벌
1420년 집현전 설치
1431년 측우기 제작
1434년 6진 설치
1446년 훈민정음 반포
1466년 직전법 실시

간의

1485년 《경국대전》 완성
1498년 무오사화

1506년 중종반정
1510년 삼포왜란
1519년 기묘사화
1543년 주세붕, 백운동 서원 세움
1555년 을묘왜변
1592년 임진왜란
1594년 훈련도감 설치

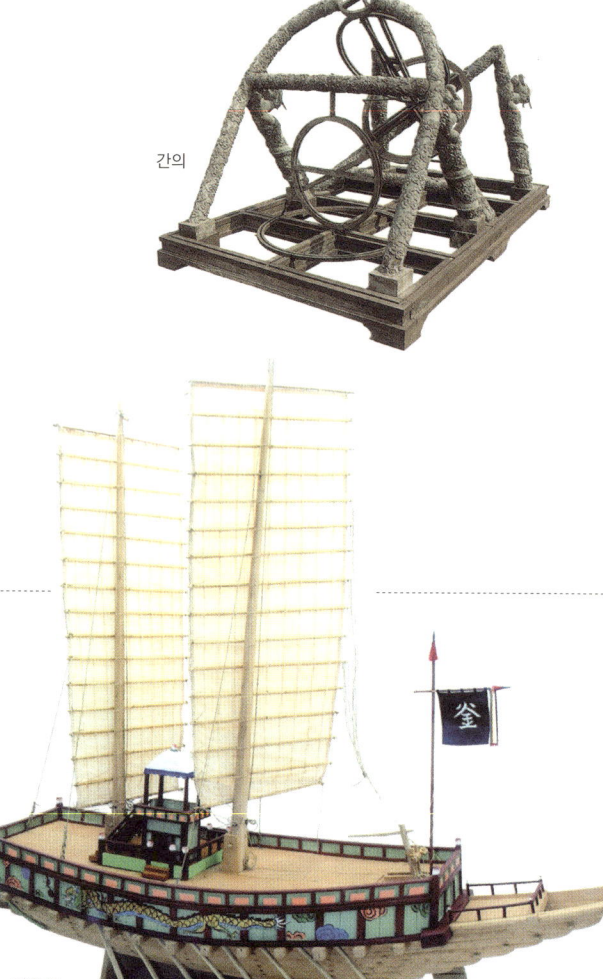
판옥선

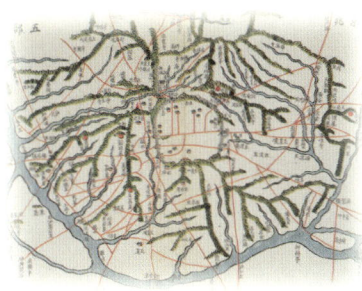
경조오부도

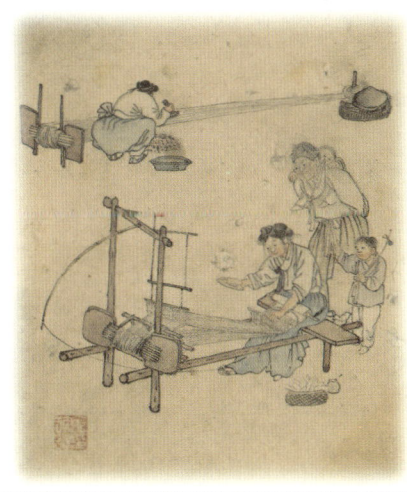
김홍도 〈길쌈〉

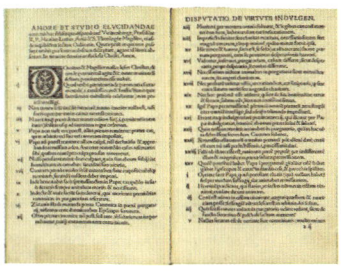
마틴 루터가 발표한 로마 가톨릭 교회에
대한 95개 조항 반박문

세계사

1300

1400

일본과 명 국교 성립　1401년
정화의 남해 원정(~1433)　1405년

잔 다르크, 영국군 격파　1429년
구텐베르크, 활판 인쇄술 발명　1450년
비잔티움 제국 멸망　1453년
장미전쟁(~1485)　1455년
일본, 오닌의 난으로 전국 시대 시작　1467년
바스쿠 다 가마, 희망봉 발견　1488년
콜럼버스, 서인도 제도 도착　1492년

1500

독일, 루터의 종교 개혁　1517년
마젤란 세계 일주(~1522)　1519년
인도, 무굴 제국 건설　1526년
코페르니쿠스, '지동설' 주장　1543년
위그노전쟁(~1598)　1562년
마테오 리치, 중국 도착　1582년

조선 시대

1597년 명량해전 승리

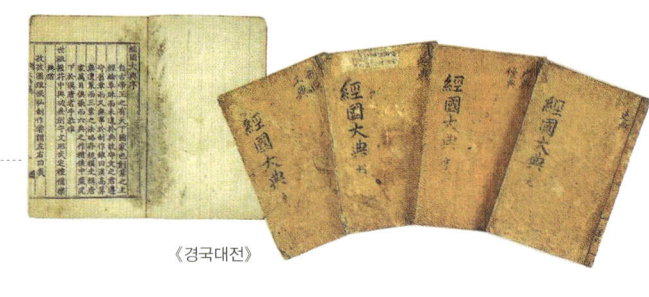
《경국대전》

1608년 대동법 실시
1610년 《동의보감》 완성
1623년 인조반정
1627년 정묘호란 발발
1636년 병자호란 발발
1653년 하멜, 제주도 표착
1658년 나선 정벌
1659년 예송 논쟁
1678년 상평통보 사용

탕평비

1708년 전국 대동법 실시
1712년 백두산 정계비 세움
1725년 영조, 탕평책 실시
1750년 균역법 실시
1762년 사도세자 사망
1776년 규장각 설치
1778년 박제가, 《북학의》 집필
1784년 이승훈, 천주교 전도
1791년 정조, 금난전권 폐지
1796년 수원 화성 완성

거중기

수원 화성

도요토미 히데요시, 일본 전국 시대 통일 1590년
낭트 칙령 발표 1598년

1600

영국, 동인도 회사 설립 1600년
네덜란드, 동인도 회사 설립 1602년
일본, 에도 막부 시작 1603년
누르하치, 후금 건국 1616년
독일, 30년전쟁(~1648) 1618년
영국, 권리 청원 제출 1628년
후금, 국호 '청'으로 고침 1636년
영국, 청교도 혁명(~1649) 1642년
프랑스 루이 14세 즉위 1643년
명 멸망, 청 중국 통일 1644년
신성 로마 제국 멸망 1648년
인도 타지마할 완성 1649년
뉴턴, 만유인력 발견 1687년
영국 명예 혁명 1688년
청·러시아, 네르치스크 조약 체결/영국, 권리장전 발표 1689년

신윤복
〈아기 업은 여인〉

1700

와트, 증기 기관 완성 1765년
미국 독립 선언 1776년
프랑스 혁명 1789년

인도 무굴 제국의 상징
타지마할

조선 시대

1801년 　신유박해
1805년 　안동 김씨의 세도 정치 시작
1811년 　홍경래의 난
1818년 　정약용, 《목민심서》 완성

《대동여지도》

1860년 　최제우, 동학 창시
1861년 　김정호, 《대동여지도》 제작
1863년 　고종 즉위/흥선대원군 집권
1866년 　병인박해/병인양요
1869년 　경복궁 중건 완공
1871년 　신미양요/전국에 척화비 세움
1873년 　고종의 친정
1875년 　운요호 사건
1876년 　강화도 조약 체결
1881년 　영선사 청나라에 파견/별기군 창설
1882년 　임오군란/미국과 통상 조약 체결
1883년 　〈한성순보〉 발간/영국·독일과 통상 조약 체결
1884년 　갑신정변
1894년 　동학농민운동/갑오개혁
1895년 　을미사변/유길준 《서유견문》 간행
1896년 　아관파천/〈독립신문〉 창간/독립협회 설립
1897년 　대한제국 성립

조선 해안 측량을 핑계로 강화도 앞바다를
불법 침투한 일본 군함 운요호

절두산 척화비

1800

나폴레옹 황제 즉위 **1804년**

나폴레옹

프랑스, 7월 혁명 **1830년**
청 · 영국 아편전쟁 **1840년**
독일 마르크스, 공산당 선언 발표 **1848년**
청, 태평천국 운동 **1850년**
다윈 〈종의 기원〉 발표 **1859년**
미국 남북전쟁(~1865)/청, 양무 운동 시작 **1861년**
링컨, 노예 해방 선언 발표 **1863년**
일본 메이지 유신 **1867년**
독일 통일 **1871년**

독일 · 오스트리아 · 이탈리아 삼국 동맹 성립 **1882년**
청 · 프랑스전쟁(~1885) **1884년**
청 · 일본 톈진 조약 체결 **1885년**
청 · 일전쟁 시작 **1894년**
제1회 올림픽 대회 **1896년**

들라크루아
〈민중을 이끄는 자유의 여신〉

찾아보기

ㄱ

갑자사화 80, 86
강화도 조약 305~317
건륭제 225
《경국대전》 43, 82, 318~329
경복궁 95, 414~423
계유정난 74
고경명 113
고니시 유키나가 128
고증학 253
공조 96
과거 시험 38, 178
곽재우 113, 137~145
관혼상제 320~323
광해군 147~155
군포 268~270
규장각 227
균역법 224, 246
금난전권 228
기대승 332~344
기묘사화 80, 87~90
김덕령 113
김득신 183, 348
김상헌 166
김정호 249, 387~398
김종서 62, 67~74

김종직 85
김천일 113
김홍도 403~405
김효원 200

ㄴ

남인 201
노량해전 132~133
노론 205
노비 260
《농사직설》 61
누르하치 149~150, 152

ㄷ

다산 초당 432~436
당백전 283
대동법 246
《대동여지도》 387~398
도요토미 히데요시 110~111, 115~117
도쿠가와 이에야스 118
《동의보감》 378~380
동인 200

ㅁ

메이지 유신 307
명량해전 131~132
명성황후 422
모화관 384
무오사화 80, 85
민화 401~406

ㅂ

박연 61
박제가 249, 356~368
박지원 249, 362~363
박팽년 76
《발해고》 366
백골징포 270
백정 261
병인박해 292
병인양요 287~303
병자호란 40, 157~164
병조 96
북벌론 187~194
북인 201
《북학의》 363
북학파 249, 359

붕당 정치　197~209
붕당　199

ㅅ

사단칠정 논쟁　334~338
사도세자　211~221
사림파　83
사부 학당　177
사설시조　408~409
사육신　77
사직　95~97
사초　428
사헌부　96
사화　81~92
삼전도　162~164
삼정　270
상민　257~259
생육신　77
서당　177
서얼　39, 352
서운관　61
서원　282
서인　200
서학　292
성리학　175~176
성삼문　75~77

세도 정치　212, 271, 279~281
세종대왕　55~67, 370~376
소론　205
소현세자　167~168
손홍록　430
쇄국 정책　301
수양대군　69~79
숭유억불　44
신립　111
신미양요　287~303
신숙주　61, 71, 78
신윤복　405~406
신재효　407
신헌　395
신흥 사대부　37
실록청　428
실학　237~253
실학사상　237~253
심의겸　200
쌍기　38

ㅇ

아편전쟁　289
안위　430
안정복　249

양명학　253
양천제　39
여전제　248
연산군　83~86
영규　113
영조　224
예송 논쟁　197, 202~206
예조　96
옥포해전　124
왕자의 난　43~53
운요호 사건　311
운종가　96
원균　116, 128, 130
유교　37, 174~183
유득공　249, 366
유생　178
유성룡　129
유응부　76
유형원　247
유희　249
유희춘　377
6조　96
을사사화　80, 90
의병　137~145
의정부　96
이괄　153
이극돈　84

이덕무 348, 360
이방원 43~53
이성계 35~36, 46~47
이순신 113, 116~118, 121~135
이이 182
이이첨 352~354
이익 248
이조 96
이황 332~344
인조반정 147~155
임진왜란 40, 107~145, 170~173

ㅈ

장영실 61, 370~376
장용영 227~228
정도전 43~53, 95
정몽주 46
정묘호란 149~155
정약용 237~253
정약전 249
정유재란 115, 130, 132
정전 270, 416
정조 61, 223~235, 237~253

정초부 409~410
제너럴셔먼호 사건 296~298
조광조 87~89
《조선경국전》 43
《조선왕조실록》 424~431
〈조의제문〉 85
조헌 113
종묘 95~97
중농학파 248
중상학파 248, 359
중인 39, 257
중종반정 87
중추부 96
집현전 60

ㅊ

척화비 301
천인 260
최명길 160, 166
최영 46
최윤덕 62
최한기 394
칠서의 옥 352~353
칠천량해전 130
침전 416

ㅌ

탈놀이 407~408
탈춤 → 탈놀이
탕평책 197~209
태종 56~58

ㅍ

판소리 407
편전 416
풍속화 401~406

ㅎ

하멜 191
한글 소설 408
한명회 71, 76
한산도대첩 124~127
향교 177
향약 88
허균 345~357
허난설헌 347
허준 376~380
형조 96
형평운동 261
호조 96

홍경래 봉기　267~275
홍경래　267~275
홍대용　249, 362
홍문관　255
홍순언　380~385
홍의 장군 → 곽재우
홍패　178
환곡　270
환국 정치　205
황구첨정　270
훈구파　83
흥선대원군　277~285